वेदों में शैक्षिक मूल्य एवं मानवाधिकार

वेदों में शैक्षिक मूल्य एवं मानवाधिकार

डॉ. रमेश ए. वाला

रावत प्रकाशन
नई दिल्ली-110 002

रावत प्रकाशन
4264/3, अंसारी रोड, दरियागंज, नई दिल्ली - 110 002
दूरभाष : 011-23244078, 43559448, फैक्स : 011-23280028
ई-मेल : rawatprakashan@yahoo.com

वेदों में शैक्षिक मूल्य एवं मानवाधिकार

पेज : 184

मूल्य : ₹ 900/-

संस्करण : 2015
ISBN : 978-93-83447-88-6

गौतम सिंह रावत द्वारा 'रावत प्रकाशन' के लिए प्रकाशित एवं एशियन ऑफसेट प्रिन्टर्स, दिल्ली से मुद्रित।

प्रस्तावना

वेद प्राचीन भारत में रचित एक साहित्य है, जो हिन्दुओं के प्राचीनतम् और आधारभूत धर्मग्रन्थ भी है। भारतीय संस्कृति में सनातन धर्म के मूल और सबसे प्राचीन ग्रन्थ है, जिन्हें ईश्वर की वाणी समझा जाता है। वेदों को अपौरुषेय (जिसे कोई व्यक्ति न कर सकता हो, यानि ईश्वर कृत) माना जाता है तथा ब्रह्मा को इनका रचयिता माना जाता है। इन्हें श्रुति भी कहते हैं जिसका अर्थ है सुना हुआ। अन्य हिन्दू ग्रंथों को स्मृति कहते हैं, यानी मनुष्यों की बुद्धि या स्मृति पर आधारित। ये विश्व के उन प्राचीनतम धार्मिक ग्रंथों में हैं जिनके मन्त्र आज भी इस्तेमाल किये जाते हैं।

प्राचीन काल से भारत में वेदों के अध्ययन और व्याख्या की परम्परा रही है। हिन्दू धर्म के अनुसार आर्षयुग में ब्रह्मऋषि से लेकर जैमिनि तक के ऋषि-मुनियों ने शब्द-प्रमाण के रूप में इन्हीं को माने हैं और इनके आधार पर अपने ग्रन्थों का निर्माण भी किये हैं। पराशर, कात्यायन, याज्ञवल्क्य, व्यास, पाणिनी आदि को प्राचीन काल के वेदवेत्ता कहते हैं। वेदों के विदित होने यानी चार ऋषियों के ध्यान में आने के बाद इनकी व्याख्या करने की परम्परा रही है। इसी के फलस्वरूप ब्राह्मण, आरण्यक, उपनिषद्, इतिहास आदि महाग्रन्थ वेदों का व्याख्यान स्वरूप रचे गए। प्राचीन काल और मध्ययुग में शास्त्रार्थ इसी व्याख्या और अर्थांतर के कारण हुए हैं। मुख्य विषय–देव, अग्नि, रूद्र, विष्णु, मरुत, सरस्वती इत्यादि जैसे शब्दों को लेकर हुए। वेदवेत्ता महर्षि स्वामी दयानन्द सरस्वती के विचार में ज्ञान, कर्म, उपासना और विज्ञान वेदों के विषय हैं। जीव, ईश्वर, प्रकृति इन तीन अनादि नित्य सत्ताओं का निज स्वरूप का ज्ञान केवल वेद से ही उपलब्ध होता है।

वैदिक कालीन शिक्षा व्यवस्था कैसी थी, इसके विषय में ठोस प्रयास अभी तक नहीं हो सके हैं। वेद के मंत्र रटे जाते थे। छात्रों द्वारा शिक्षकों के कथित शब्दों की पुनरावृत्ति का उल्लेख भी ऋग्वेद के मंत्र में है। पाठ संबंधी नियम भी कुछ मंत्रों में मिलते हैं। विश्वामित्र का वेदपाठ काफी प्रौढ़ था। विद्यार्थी के आत्म-शिक्षण का प्रमाण भी ऋग्वेद में मिलता है। अथर्ववेद में उत्तर वैदिक कालीन शिक्षा पद्धति का विवरण मिलता है। उसके अनुसार सबसे पहले उपनयन संस्कार होता है और तभी आचार्य विद्यार्थी को एक अन्य जीवन में प्रविष्ट कराता है। उस समय शिक्षक और विद्यार्थी में पवित्र बंधन था। अथर्ववेद में श्रद्धा, मेधा, प्रज्ञा, धन, आयु और अमरत्व शिक्षा का उद्देश्य बताया गया है। प्रसिद्ध एवं कुशल आचार्यों के यहाँ दूर-दूर से छात्र पढ़ने आते थे। विभिन्न प्रकार के विषय जैसे—देवविद्या, ब्रह्मविद्या, भूतविद्या, नक्षत्रविद्या, देवजनविद्या, कल्प, श्राद्ध, राशि, तर्कशास्त्र, इतिहास, उपनिषद्, आख्यान, व्याख्यान आदि की शिक्षा प्रदान की जाती थी। शिक्षा के महत्व पर विशेष जोर दिया जाता था। इससे मनुष्य का मानसिक विकास होता था। इसके लिए विभिन्न विषयों का अध्ययन कराया जाता था।

प्राचीन भारत की शिक्षा का प्रारंभिक रूप हम ऋग्वेद में देखते हैं। ऋग्वेद युग की शिक्षा का उद्देश्य था तत्व-साक्षात्कार। ब्रह्मचर्य, तप और योगाभ्यास से तत्व का साक्षात्कार करने वाले ऋषि, विप्र, कवि, मुनि, मनीषी के नामों से प्रसिद्ध थे। साक्षात्कृत तत्वों का मंत्रों के आकार में संग्रह होता गया। वैदिक संहिताओं में, जिनका स्वाध्याय, सांगोपांग अध्ययन, श्रवण, मनन और निदिध्यासन वैदिक शिक्षा रही।

—लेखक

अनुक्रम

1

वेद

वेद प्राचीन भारत में रचित साहित्य हैं जो हिन्दुओं के प्राचीनतम और आधारभूत धर्मग्रन्थ भी हैं। भारतीय संस्कृति में सनातन धर्म के मूल और सब से प्राचीन ग्रन्थ हैं जिन्हें ईश्वर की वाणी समझा जाता है। वेदों को अपौरुषेय (जिसे कोई व्यक्ति न कर सकता हो, यानि ईश्वर कृत) माना जाता है तथा ब्रह्मा को इनका रचयिता माना जाता है। इन्हें श्रुति भी कहते हैं जिसका अर्थ है सुना हुआ। अन्य हिन्दू ग्रंथों को स्मृति कहते हैं यानि मनुष्यों की बुद्धि या स्मृति पर आधारित। ये विश्व के उन प्राचीनतम धार्मिक ग्रंथों में हैं जिनके मन्त्र आज भी इस्तेमाल किये जाते हैं।

वेद शब्द संस्कृत भाषा के विद् धातु से बना है, इस तरह वेद का शाब्दिक अर्थ ज्ञान के ग्रंथ हैं, इसी धातु से विदित (जाना हुआ), विद्या (ज्ञान), विद्वान (ज्ञानी) जैसे शब्द आए हैं। आज चतुर्वेदों के रूप में ज्ञात इन ग्रंथों का विवरण इस प्रकार है–

ऋग्वेद–इसमें देवताओं का आह्वान करने के लिये मन्त्र हैं -- यही सर्वप्रथम वेद है (यह वेद मुख्यतः ऋषि मुनियों के लिये होता है)

सामवेद–इसमें यज्ञ में गाने के लिये संगीतमय मन्त्र हैं (यह वेद मुख्यतः गन्धर्व लोगो के लिये होता है)

यजुर्वेद–इसमें यज्ञ की असल प्रक्रिया के लिये गद्य मन्त्र हैं (यह वेद मुख्यतः क्षत्रियो के लिये होता है)

अथर्ववेद–इसमें जादू, चमत्कार, आरोग्य, यज्ञ के लिये मन्त्र हैं (यह वेद मुख्यतः व्यापारियो के लिये होता है)

वेद के असल मन्त्र भाग को संहिता कहते हैं। वैदिक साहित्य के अन्तर्गत उपर लिखे सभी वेदों के कई उपनिषद, आरण्यक तथा उपवेद आदि भी आते जिनका विवरण नीचे दिया गया है। इनकी भाषा संस्कृत है जिसे अपनी अलग पहचान के अनुसार वैदिक संस्कृत कहा जाता है - इन संस्कृत शब्दों के प्रयोग और अर्थ कालान्तर में बदल गए या लुप्त हो गए माने जाते हैं। ऐतिहासिक रूप से प्राचीन भारत और हिन्द-आर्य जाति के बारे में इनको एक अच्छा संदर्भ माना जाता है। संस्कृत भाषा के प्राचीन रूप को लेकर भी इनका साहित्यिक महत्व बना हुआ है।

वेदों को समझना प्राचीन काल में भारतीय और बाद में विश्व भर में एक विवाद का विषय रहा है। प्राचीन काल में, भारत में ही, इसी विवेचना के अंतर के कारण कई मत बन गए थे। मध्ययुग में भी इसके भाष्य (अनुवाद और व्याख्या) को लेकर कई शास्त्रार्थ हुए। कई लोग इसमें वर्णित चरित्रों देव को पूज्य और मूर्ति रूपक आराध्य समझते हैं जबकि दयानन्द सरस्वती सहित अन्य कईयों का मत है कि इनमें वर्णित चरित्र (जैसे अग्नि, इंद्र आदि) एकमात्र ईश्वर के ही रूप और नाम हैं। इनके अनुसार देवता शब्द का अर्थ है - (उपकार) देने वाली वस्तुएँ, विद्वान लोग और सूक्त मंत्र (और नाम) ना कि मूर्ति-पूजनीय आराध्य रूप। प्राचीन काल के जैमिनी, व्यास, पराशर, कात्यायन, याज्ञवल्क्य इत्यादि ऋषियों को वेदों का अच्छा ज्ञाता माना जाता है। मध्यकाल में रचित व्याख्याओं में सायण का रचा भाष्य बहुत मान्य है। यूरोप के विद्वानों का वेदों के बारे में मत हिन्द-आर्य जाति के इतिहास की जिज्ञासा से प्रेरित रही है। अठारहवीं सदी उपरांत यूरोपियनों के वेदों और उपनिषदों में रूचि आने के बाद भी इनके अर्थों पर विद्वानों में असहमति बनी रही है।

वेदों का निरूपम महत्व

प्राचीन काल से भारत में वेदों के अध्ययन और व्याख्या की परम्परा रही है। हिन्दू धर्म अनुसार आर्षयुग में ब्रह्माऋषि से लेकर जैमिनि तक के ऋषि-मुनियोंने शब्दप्रमाण के रूप में इन्हीं को माने हैं और इनके आधार पर अपने ग्रन्थों का निर्माण भी किये हैं। पराशर, कात्यायन, याज्ञवल्क्य, व्यास, पाणिनी आदि को प्राचीन काल के वेदवेत्ता कहते हैं। वेदों के विदित होने यानि चार ऋषियों के ध्यान में आने के बाद इनकी व्याख्या करने की परम्परा रही है। इसी के फलस्वरूप ब्राह्मण, आरण्यक, उपनिषद्, इतिहास आदि महाग्रन्थ वेदों का व्याख्यान स्वरूप रचे गए। प्राचीन काल और मध्ययुग में शास्त्रार्थ इसी व्याख्या और अर्थांतर के कारण हुए हैं। मुख्य विषय - देव, अग्नि, रूद्र, विष्णु, मरुत, सरस्वती इत्यादि जैसे शब्दों को लेकर हुए। वेदवेत्ता

महर्षि स्वामी दयानन्द सरस्वती के विचार में ज्ञान, कर्म, उपासना और विज्ञान वेदों के विषय हैं। जीव, ईश्वर, प्रकृति इन तीन अनादि नित्य सत्ताओं का निज स्वरूप का ज्ञान केवल वेद से ही उपलब्ध होता है।

ऋषिदेवरूकोटी कणाद तद्वचनादाम्नायस्य प्राणाण्यम्ब और बुद्धिपूर्वा वाक्यकृतिर्वेदे कहकर वेद को दर्शन और विज्ञान का भी स्रोत माना है। हिन्दू धर्म अनुसार सबसे प्राचीन नियमविधाता महर्षि मनु ने कहा वेदोऽखिलो धर्ममूलम् - खिलरहित वेद अर्थात् मूल संहिता रूप वेद धर्मशास्त्र का आधार है।

न केवल धार्मिक किन्तु ऐतिहासिक दृष्टि से भी वेदों का असाधारण महत्त्व है। वैदिक युग के आर्यों की संस्कृति और सभ्यता जानने का एक साधन है। मानव-जाति और विशेषतः आर्यों ने अपने शैशव में धर्म और समाज का किस प्रकार विकास किया इसका ज्ञान वेदों से मिलता है। विश्व के वाङ्मय में इनको प्राचीनतम पुस्तक माना जाता है। आर्य-भाषाओं का मूलस्वरूप निर्धारित करने में वैदिक भाषा अत्यधिक सहायक सिद्ध हुई है।

हिन्द-आर्य भाषा

यूरोप के कई विद्वानों ने संस्कृत और आर्यभाषाओं और जाति के बारे में जानने के लिए वेदों का अध्ययान किया है। मैक्समूलर जैसे विद्वानों ने इनके अध्ययन के बाद संस्कृत भाषा और यूरोपीय शब्दों और व्याकरण का विश्लेषण किया था। इनके अनुसार लैटिन, ग्रीक, जर्मन आदि सहित कई यूरोपीय, फारसी और संस्कृत का मूल एक रहा होगा। इस सिद्धांत के प्रमाण लिए कई शब्दों का उल्लेख किया जाता है, जैसे--

दांत - लैटिनः ओडोंटोस, संस्कृत - दंत, फारसीरू दंदान

घोड़ा - लैटिनः इक्वस, संस्कृतः अश्व, फारसीः इश्ब

इसी प्रकार पिता, माता, भाई, पानी इत्यादि जैसे शब्दों के लिए भी समान शब्द मिलते हैं। लेकिन कई शब्दों के बिल्कुल मेल नहीं खाने जैसे कारणों से इस सिद्धांत को संपूर्ण मान्यता नहीं मिली है। सिंधु घाटी सभ्यता के विनाश का एक कारण आर्य जाति का आक्रमण माना जाता है। लगभग इसी समय 1900 ईसापूर्व में यूनान और ईरान में एक नई मानव जाति के आगमन के चिह्न मिलते हैं। लेकिन पक्के प्रमाणों की कमी की वजह से ये नहीं सिद्ध हो पाया है कि ये वास्तव में एक ही मूल से निकली मानव जाति के समूह थे या नहीं। ईरान और भारत में आर्य शब्द के अर्थ में थोड़ी भिन्नता पाई जाती है। जहाँ ये ईरान में ईरानी जाति का द्योतक है वहीं भारत में ये कुशल, शिक्षित और संपूर्ण पुरुष को जताता है।

वैदिक वाङ्मय और विभाजन

वर्तमान काल में वेद चार माने जाते हैं। परंतु इन चारों को मिलाकर एक ही वेद ग्रंथ समझा जाता था।

एक एव पुरा वेदः प्रणवः सर्ववाङ्मय - महाभारत

बाद में वेद को पढ़ना बहुत कठिन प्रतीत होने लगा, इसलिए उसी एक वेद के तीन या चार विभाग किए गए। तब उनको वेदत्रयी अथवा चतुर्वेद कहने लगे। उनके नाम हैं–

(1) ऋग्वेद, (2) यजुर्वेद, (3) सामवेद तथा (4) अथर्ववेद।

वेदों को तीन भागों में बांटा जा सकता है - ज्ञानकाण्ड, उपासनाकाण्ड और कर्मकाण्ड।

वेदत्रयी

विश्व में शब्द-प्रयोग की तीन शैलियाँ होती हैय जो पद्य (कविता), गद्य और गानरुप से प्रसिद्ध हैं। पद्य में अक्षर-संख्या तथा पाद एवं विराम का निश्चित नियम होता है। अतः निश्चित अक्षर-संख्या तथा पाद एवं विराम वाले वेद-मन्त्रों की संज्ञा ऋक है। जिन मन्त्रों में छन्द के नियमानुसार अक्षर-संख्या तथा पाद एवं विराम ऋषिदृष्ट नहीं है, वे गद्यात्मक मन्त्र यजुः कहलाते हैं और जितने मन्त्र गानात्मक हैं, वे मन्त्र 'साम' कहलाते हैं। इन तीन प्रकार की शब्द-प्रकाशन-शैलियों के आधार पर ही शास्त्र एवं लोक में वेद के लिये 'त्रयी' शब्द का भी व्यवहार किया जाता है।

वेदों के मंत्रों के पद्य, गद्य और गान ऐसे तीन विभाग होते हैं। हर एक भाषा के ग्रंथों में पद्य, गद्य और गान ऐसे तीन भाग होते ही हैं। वैसे ही ये वैदिक वाङ्मय के तीन भाग है–

(1) वेद का पद्य भाग - ऋग्वेद, अथर्ववेद
(2) वेद का गद्य भाग - यजुर्वेद
(3) वेद का गायन भाग - सामवेद

चतुर्वेद

द्वापरयुग की समाप्ति के पूर्व वेदों के उक्त चार विभाग अलग-अलग नहीं थे। उस समय तो ऋक, यजुः और साम - इन तीन शब्द-शैलियों की संग्रहात्मक एक विशिष्ट अध्ययनीय शब्द-राशि ही वेद कहलाती थी। वेद के पठन-पाठन के क्रम में गुरुमुख से श्रवण एवं याद करने का वेद के संरक्षण एवं सफलता की दृष्टि से अत्यन्त

महत्त्व है। इसी कारण वेद को 'श्रुति' भी कहते हैं। वेद परिश्रमपूर्वक अभ्यास द्वारा संरक्षणीय है, इस कारण इसका नाम 'आम्नाय' भी है।

द्वापरयुग की समाप्ति के समय श्रीकृष्णद्वैपायन वेदव्यास जी ने यज्ञानुष्ठान के उपयोग को दृष्टिगत उस एक वेद के चार विभाग कर दिये और इन चारों विभागों की शिक्षा चार शिष्यों को दी। ये ही चार विभाग ऋग्वेद, यजुर्वेद, सामवेद और अथर्ववेद के नाम से प्रसिद्ध है। पैल, वैशम्पायन, जैमिनि और सुमन्तु नामक -चार शिष्यों को क्रमशः ऋग्वेद, यजुर्वेद, सामवेद और अथर्ववेद की शिक्षा दी। इन चार शिष्यों ने शाकल आदि अपने भिन्न-भिन्न शिष्यों को पढ़ाया। इन शिष्यों के द्वारा अपने-अपने अधीत वेदों के प्रचार व संरक्षण के कारण वे शाखाएँ उन्हीं के नाम से प्रसिद्ध हैं।

वेद चार हैं- ऋग्वेद, यजुर्वेद, सामवेद एवं अथर्ववेद। प्रत्येक वेद की अनेक शाखाएं बतायी गयी हैं। यथा ऋग्वेद की 21, यजुर्वेद की 101, सामवेद की 1001, अर्थववेद की 91 इस प्रकार 1131 शाखाएं हैं परन्तु 12 शाखाएं ही मूल ग्रन्थों में उपलब्ध हैं। वेद की प्रत्येक शाखा की वैदिक शब्द राशि चार भागों में उपलब्ध है। 1. संहिता 2. ब्राह्मण 3. आरण्यक 4. उपनिषद्। इनमें संहिता को ही वेद माना जाता है। शेष वेदों के व्याख्या ग्रन्थ हैं (नीचे विवरण दिया गया है)।

ऋग्वेद

ऋग्वेद को चारों वेदों में सबसे प्राचीन माना जाता है। इसको दो प्रकार से बाँटा गया है। प्रथम प्रकार में इसे 10 मण्डलों में विभाजित किया गया है। मण्डलों को सूक्तों में, सूक्त में कुछ ऋचाएं होती हैं। कुल ऋचाएं 1052 हैं। दूसरे प्रकार से ऋग्वेद में 64 अध्याय हैं। आठ-आठ अध्यायों को मिलाकर एक अष्टक बनाया गया है। ऐसे कुल आठ अष्टक हैं। फिर प्रत्येक अध्याय को वर्गों में विभाजित किया गया है। वर्गों की संख्या भिन्न-भिन्न अध्यायों में भिन्न भिन्न ही है। कुल वर्ग संख्या 2024 है। प्रत्येक वर्ग में कुछ मंत्र होते हैं। सृष्टि के अनेक रहस्यों का इनमें उद्घाटन किया गया है। पहले इसकी 21 शाखाएं थीं परन्तु वर्तमान में इसकी शाकल शाखा का ही प्रचार है।

यजुर्वेद

इसमें गद्य और पद्य दोनों ही हैं। इसमें यज्ञ कर्म की प्रधानता है। प्राचीन काल में इसकी 101 शाखाएं थीं परन्तु वर्तमान में केवल पांच शाखाएं हैं - काठक,

कपिष्ठल, मैत्रायणी, तैत्तिरीय, वाजसनेयी। इस वेद के दो भेद हैं - कृष्ण यजुर्वेद और शुक्ल यजुर्वेद।

कृष्ण यजुर्वेद का संकलन महर्षि वेद व्यास ने किया है। इसका दूसरा नाम तैत्तिरीय संहिता भी है। इसमें मंत्र और ब्राह्मण भाग मिश्रित हैं। शुक्ल यजुर्वेद - इसे सूर्य ने याज्ञवल्क्य को उपदेश के रूप में दिया था। इसमें 15 शाखाएं थीं परन्तु वर्तमान में माध्यन्दिन को जिसे वाजसनेयी भी कहते हैं प्राप्त हैं। इसमें 40 अध्याय, 303 अनुवाक एवं 1975 मंत्र हैं। अन्तिम चालीसवां अध्याय ईशावास्योपनिषद है।

सामवेद

यह गेय ग्रन्थ है। इसमें गान विद्या का भण्डार है, यह भारतीय संगीत का मूल है। ऋचाओं के गायन को ही साम कहते हैं। इसकी 1001 शाखाएं थीं। परन्तु आजकल तीन ही प्रचलित हैं - कोथुमीय, जैमिनीय और राणायनीय। इसको पूर्वार्चिक और उत्तरार्चिक में बांटा गया है। पूर्वार्चिक में चार काण्ड हैं - आग्नेय काण्ड, ऐन्द्र काण्ड, पवमान काण्ड और आरण्य काण्ड। चारों काण्डों में कुल 640 मंत्र हैं। फिर महानाम्न्यार्चिक के 10 मंत्र हैं। इस प्रकार पूर्वार्चिक में कुल 650 मंत्र हैं। छः प्रपाठक हैं। उत्तरार्चिक को 21 अध्यायों में बांटा गया। नौ प्रपाठक हैं। इसमें कुल 1225 मंत्र हैं। इस प्रकार सामवेद में कुल 1875 मंत्र हैं। इसमें अधिकतर मंत्र ऋग्वेद से लिए गए हैं। इसे उपासना का प्रवर्तक भी कहा जा सकता है।

अथर्ववेद

इसमें गणित, विज्ञान, आयुर्वेद, समाज शास्त्र, कृषि विज्ञान, आदि अनेक विषय वर्णित हैं। कुछ लोग इसमें मंत्र-तंत्र भी खोजते हैं। यह वेद जहां ब्रह्म ज्ञान का उपदेश करता है, वहीं मोक्ष का उपाय भी बताता है। इसे ब्रह्म वेद भी कहते हैं। इसमें मुख्य रूप में अथर्वण और आंगिरस ऋषियों के मंत्र होने के कारण अथर्व आंगिरस भी कहते हैं। यह 20 काण्डों में विभक्त है। प्रत्येक काण्ड में कई-कई सूत्र हैं और सूत्रों में मंत्र हैं। इस वेद में कुल 5977 मंत्र हैं। इसकी आजकल दो शाखाएं शौणिक एवं पिप्पलाद ही उपलब्ध हैं। अथर्ववेद का विद्वान् चारों वेदों का ज्ञाता होता है। यज्ञ में ऋग्वेद का होता देवों का आह्वान करता है, सामवेद का उद्गाता सामगान करता है, यजुर्वेद का अध्वर्यु देवरूकोटीकर्म का वितान करता है तथा अथर्ववेद का ब्रह्म पूरे यज्ञ कर्म पर नियंत्रण रखता है।

चार उपवेद

आयुर्वेद, धनुर्वेद, गान्धर्ववेद तथा स्थापत्यवेद- ये क्रमशः चारों वेदों के उपवेद कात्यायन ने बतलाये हैं।

1. स्थापत्यवेद - स्थापत्यकला के विषय, जिसे वास्तु शास्त्र या वास्तुकला भी कहा जाता है, इसके अन्तर्गत आता है।
2. धनुर्वेद
3. गन्धर्वेद
4. आयुर्वेद।

इनको वेदत्रयी कहते हैं, अर्थात् ये वेद के तीन विभाग हैं। ऋग्वेद, यजुर्वेद और सामवेद यह त्रयी विद्या है। इसका भाव यह है कि ऋग्वेद पद्यसंग्रह है, यजुर्वेद गद्यसंग्रह है और सामवेद गानसंग्रह है। इस ऋक्संग्रह में अथर्ववेद सम्मिलित है, ऐसा समझना चाहिए। इसका कारण यह है कि अथर्ववेद भी पद्यसंग्रह ही है। यजुर्वेद गद्यसंग्रह है, अतः यजुर्वेद में जो ऋग्वेद के छंदोबद्ध मंत्र हैं, उनको भी यजुर्वेद पढ़ने के समय गद्य जैसा ही पढ़ा जाता है।

वेदों की शाखाएँ

इसके अनुसार वेदोक्त यज्ञों का अनुष्ठान ही वेद के शब्दों का मुख्य उपयोग माना गया है। सृष्टि के आरम्भ से ही यज्ञ करने में साधारणतया मन्त्रोच्चारण की शैली, मन्त्राक्षर एवं कर्म-विधि में विविधता रही है। इस विविधता के कारण ही वेदों की शाखाओं का विस्तार हुआ है। यथा-ऋग्वेद की 21 शाखा, यजुर्वेद की 101 शाखा, सामवेद की 1000 शाखा और अथर्ववेद की 9 शाखा- इस प्रकार कुल 1,131 शाखाएँ हैं। इस संख्या का उल्लेख महर्षि पतूजलि ने अपने महाभाष्य में भी किया है। उपर्युक्त 1,131 शाखाओं में से वर्तमान में केवल 12 शाखाएँ ही मूल ग्रन्थों में उपलब्ध हैः-

ऋग्वेद की 21 शाखाओं में से केवल 2 शाखाओं के ही ग्रन्थ प्राप्त हैं- शाकल-शाखा और शांखायन शाखा।

यजुर्वेद में कृष्णयजुर्वेद की 86 शाखाओं में से केवल 4 शाखाओं के ग्रन्थ ही प्राप्त है- तैत्तिरीय-शाखा, मैत्रायणीय शाखा, कठ-शाखा और कपिष्ठल-शाखा

शुक्लयजुर्वेद की 15 शाखाओं में से केवल 2 शाखाओं के ग्रन्थ ही प्राप्त है- माध्यन्दिनीय-शाखा और काण्व-शाखा।

सामवेद की 1,000 शाखाओं में से केवल 2 शाखाओं के ही ग्रन्थ प्राप्त है- कौथुम-शाखा और जैमिनीय-शाखा।

अथर्ववेद की 9 शाखाओं में से केवल 2 शाखाओं के ही ग्रन्थ प्राप्त हैं- शौनक-शाखा और पैप्पलाद-शाखा।

उपर्युक्त 12 शाखाओं में से केवल 6 शाखाओं की अध्ययन-शैली प्राप्त है-शाकल, तैत्तरीय, माध्यन्दिनी, काण्व, कौथुम तथा शौनक शाखा। यह कहना भी अनुपयुक्त नहीं होगा कि अन्य शाखाओं के कुछ और भी ग्रन्थ उपलब्ध हैं, किन्तु उनसे शाखा का पूरा परिचय नहीं मिल सकता एवं बहुत-सी शाखाओं के तो नाम भी उपलब्ध नहीं हैं।

साहित्यिक दृष्टि से

इसके अनुसार प्रत्येक शाखा की वैदिक शब्द-राशि का वर्गीकरण- उपर वर्णित प्रत्येक वेद के चार भाग होते हैं। पहले भाग (संहिता) के अलावा हरेक में टीका अथवा भाष्य के तीन स्तर होते हैं। कुल मिलाकर ये हैं–

1. संहिता (मन्त्र भाग)
2. ब्राह्मण-ग्रन्थ (गद्य में कर्मकाण्ड की विवेचना)
3. आरण्यक (कर्मकाण्ड के पीछे के उद्देश्य की विवेचना)

उपनिषद (परमेश्वर, परमात्मा-ब्रह्म और आत्मा के स्वभाव और सम्बन्ध का बहुत ही दार्शनिक और ज्ञानपूर्वक वर्णन)

उपर के खंड में दिये चारों वेदों से अर्थ संहिता का है।

वेद के अंग, उपांग–वेदों के सर्वांगीण अनुशीलन के लिये शिक्षा, कल्प, व्याकरण, निरुक्त, छन्द और ज्योतिष- इन 6 अंगों के ग्रन्थ हैं। प्रतिपदसूत्र, अनुपद, छन्दोभाषा (प्रातिशाख्य), धर्मशास्त्र, न्याय तथा वैशेषिक- ये 6 उपांग ग्रन्थ भी उपलब्ध है।

वैदिक स्वर प्रक्रिया–वेद की संहिताओं में मंत्राक्षरों में खड़ी तथा आड़ी रेखायें लगाकर उनके उच्च, मध्यम, या मन्द संगीतमय स्वर उच्चारण करने के संकेत किये गये हैं। इनको उदात्त, अनुदात्त घर स्वारित के नाम से अभिहित किया गया है। ये स्वर बहुत प्राचीन समय से प्रचलित हैं और महामुनि पतंजलि ने अपने महाभाष्य में इनके मुख्य मुख्य नियमों का समावेश किया है।

स्वरों को अधिक या न्यून रूप से बोले जाने के कारण इनके भी दो-दो भेद हो जाते हैं। जैसे उदात्त-उदात्ततर, अनुदात्त-अनुदात्ततर, स्वरित-स्वरितोदात्त। इनके अलावे एक और स्वर माना गया है - श्रुति - इसमें तीनों स्वरों का मिलन हो जाता है। इस प्रकार कुल स्वरों की संख्या 7 हो जाती है। इन सात स्वरों में भी आपस में

मिलने से स्वरों में भेद हो जाता है जिसके लिए स्वर चिह्नों में कुछ परिवर्तन हो जाता है। यद्यपि इन स्वरों के अंकण और टंकण में कई विधियाँ प्रयोग की जाती हैं और प्रकाशक-भाष्यकारों में कोई एक विधा सामान्य नहीं है, अधिकांश स्थानों पर अनुदात्त के लिए अक्षर के नीचे एक आड़ी लकीर तथा स्वरित के लिए अक्षर के ऊपर एक खड़ी रेखा बनाने का नियम है। उदात्त का अपना कोई चिह्न नहीं है। इससे अंकण में समस्या आने से कई लेखक-प्रकाशक स्वर चिह्नों का प्रयोग ही नहीं करते।

वैदिक छंद

वैदिक मंत्रों में प्रयुक्त छंद कई प्रकार के हैं जिनमें मुख्य हैं -

गायत्री - सबसे प्रसिद्ध छंद। आठ वर्णों (मात्राओं) के तीन पाद। गीता में भी इसके सर्वोत्तम बताया गया है (ग्यारहवें अध्याय में)। इसी में प्रसिद्ध गायत्री मंत्र ढला है।

त्रिष्टुप - 11 वर्णों के चार पाद - कुल 44 वर्ण।

अनुष्टुप - 8 वर्णों के चार पाद, कुल 32 वर्ण। वाल्मीकि रामायण तथा गीता जैसे ग्रंथों में भई इस्तेमाल हुआ है। इसी को श्लोक भी कहते हैं।

जगती - 8 वर्णों के 6 पाद, कुल 48 वर्ण।

वेद-भाष्यकार

प्राचीन काल में माना जाता है कि अग्नि, वायु, आदित्य और अङ्गिरा ऋषियों को वेदों का ज्ञान मिला जिसके बाद सात ऋषियों (सप्तर्षि) को ये ज्ञान मिला - इसका जध्क्रि गीता में हुआ है। ऐतिहासिक रूप से ब्रह्मा, उनके पुत्र बादरायण और पौत्र व्यास और अन्य यथा जैमिनी, पातंजलि, मनु, वात्स्यायन, कपिल, कणाद आदि मुनियों को वेदों का अच्छा ज्ञान था। व्यास ऋषि ने गीता में कई बार वेदों (श्रुति ग्रंथों) का जध्क्रि किया है। अध्याय 2 में कृष्ण, अर्जुन से ये कहते हैं कि वेदों की अलंकारमयी भाषा के बदले उनके वचन आसान लगेंगे। प्राचीन काल में ही निरूक्त, निघण्टु तथा मनुस्मृति को वेदों की व्याख्या मानते हैं।

मध्यकाल में सायणाचार्य को वेदों का प्रसिद्ध भाष्यकार मानते हैं - लेकिन साथ ही यह भी मानते हैं कि उन्होंने ही प्रथम बार वेदों के भाष्य या अनुवाद में देवी-देवता, इतिहास और कथाओं का उल्लेख किया जिसको आधार मानकार महीधर और अन्य भाष्यकारों ने ऐसी व्याख्या की। महीधर और उव्वट इसी श्रेणी के भाष्यकार थे।

आधुनिक काल में राजा राममोहन राय का ब्रह्म समाज और दयानन्द सरस्वती का आर्य समाज लगभग एक ही समय में (1860) वेदों के सबसे बड़े प्रचारक बने। इनके अतिरिक्त शंकर पाण्डुरंग ने सायण भाष्य के अलावे अथर्ववेद का चार जिल्दों में प्रकाशन किया। लोकमान्य तिलक ने ओरायन और द आर्कटिक होम इन वेदाज नामक दो ग्रंथ वैदिक साहित्य की समीक्षा के रूप में लिखे। बालकृष्ण दीक्षित ने सन् 1877 में कलकत्ते से सामवेद पर अपने ज्ञान का प्रकाशन कराया। श्रीपाद दामोदर सातवलेकर ने सातारा में चारों वेदों की संहिता का श्रमपूर्वक प्रकाशन कराया। तिलक विद्यापीठ, पुणे से पाँच जिल्दों में प्रकाशित ऋग्वेद के सायण भाष्य के प्रकाशन को भी प्रामाणिक माना जाता है।

वैदिक संहिताओं के अनुवाद में रमेशचंद्र दत्त बंगाल से, रामगोविन्द त्रिवेदी एवं जयदेव विद्यालंकार के हिन्दी में एवं श्रीधर पाठक का मराठी में कार्य भी लोगों को वेदों के बारे में जानकारी प्रदान करता रहा है। इसके बाद गायत्री तपोभूमि के श्रीराम शर्मा आचार्य ने भी वेदों के भाष्य प्रकाशित किये हैं - इनके भाष्य सायणाधारित हैं।

विदेशी प्रयास

सत्रहवीं सदी में मुगल बादशाह औरंगजेब के भाई दारा शिकोह ने कुछ उपनिषदों का फारसी में अनुवाद किया जो पहले फ्रांसिसी और बाद में अन्य भाषाओं में अनूदित हुईं। यूरोप में इसके बाद वैदिक और संस्कृत साहित्य की ओर ध्यान गया। मैक्स मूलर जैसे यूरोपीय विद्वान ने भी संस्कृत और वैदिक साहित्य पर बहुत अध्ययन किया है। लेकिन यूरोप के विद्वानों का ध्यान हिन्द आर्य भाषा परिवार के सिद्धांत को बनाने और उसको सिद्ध करने में ही लगी हुई है। शब्दों की समानता को लेकर बने इस सिद्धांत में ऐतिहासिक तथ्य और काल निर्धारण को तोड़-मरोड़ करना ही पड़ता है। इस कारण से वेदों की रचना का समय 1800-1000 इस्वी ईसा पूर्व माना जाता है जो संस्कृत साहित्य और हिन्दू सिद्धांतों पर खरा नहीं उतरता। लेकिन आर्य जातियों के प्रयाण के सिद्धांत के तहत और भाषागत दृष्टि से यही काल इन ग्रंथों की रचना का मान लिया जाता है।

अन्य मतों की दृष्टि

जैसा कि उपर लिखा है, वेदों के कई शब्दों का समझना उतना सरल नहीं रहा है। इसकी वजह से इनमें वर्णित श्लोंकों को अलग-अलग अर्थों में व्यक्ति किया गया

है। सबसे अधिक विवाद-वार्ता ईश्वर के स्वरूप, यानि एकमात्र या अनेक देवों के सदृश्य को लेकर हुआ है। यूरोप के संस्कृत विद्वानों की व्याख्या भी हिन्द-आर्य जाति के सिद्धांत से प्रेरित रही है। प्राचीन काल में ही इनकी सत्ता को चुनौती देकर कई ऐसे मत प्रकट हुए जो आज भी धार्मिक मत कहलाते हैं लेकिन कई रूपों में भिन्न हैं। इनका मुख्य अन्तर नीचे स्पष्ट किया गया है–

जैन - इनको मूर्ति पूजा के प्रवर्तक माना जाता है। ये अहिंसा के मार्ग पर जोर देते हैं पर वेदों को श्रेष्ठ नहीं मानते।

बौद्ध - इस मत में महात्मा बुद्ध के प्रवर्तित ध्यान और तृष्णा को दुःखों का कारण बताया है। वेदों में लिखे ध्यान के महत्व को ये तो मानते हैं पर ईश्वर की सत्ता से नास्तिक हैं।

शैव - वेदों में वर्णित रूद्र के रूप शिव को सर्वोपरि समझने वाले। सनातन (यानि वैदिक) धर्म के मानने वाले शिव को एकमात्र ईश्वर का कल्याणकारी रूप मानते हैं, लेकिन शैव लोग शंकर देव के रूप (जिसमें नंदी बैल, जटा, बाघंबर इत्यादि हैं) को विश्व का कर्ता मानते हैं।

वैष्णव - विष्णु और उनके अवतारों को ईश्वर मानने वाले। वैदिक मत विष्णु को एक ईश्वर का ही वो नाम बताते हैं जिसके अनुसार सर्वत्र फैला हुआ ईश्वर विष्णु कहलाता है।

सिख - मुख्यतः उपनिषदों एवम मुस्लिम ग्रंथों पर श्रद्धा रखने वाले। इनका विश्वास एकमात्र ईश्वर में तो है, लेकिन वेदों को ईश्वर की वाणी नहीं समझते हैं।

जिन विषयों पर विवाद रहा है उनका वर्णन नीचे दिया है–

विवादित विषय

यज्ञ–यज्ञ के वर्तमान रूप के महत्व को लेकर कई विद्वानों, मतों और भाष्कारों में विरोधाभाष है। यज्ञ में आग के प्रयोग को प्राचीन पारसी पूजन विधि के इतना समान होना और हवन की अत्यधिक महत्ता के प्रति विद्वानों में रूचि रही है।

देवता–देव शब्द का लेकर ही कई विद्वानों में असहमति रही है। कई मतों में (जैसे - शैव, वैष्णव और शाक्त) इसे महामनुष्य के रूप में विशिष्ट शक्ति प्राप्त साकार चरित्र मसझते हैं और उनका मूर्ति रूप में पूजन करते हैं तो अन्य कई इन्हें ईश्वर (ब्रह्म, सत्य) के ही नाम बताते हैं। परोपकार (भला) करने वाली वस्तुएँ (यथा नदी, सूर्य), विद्वान लोग और मार्गदर्शन करने वाले मंत्रों को देव कहा गया है।

उदाहरणार्थ अग्नि शब्द का अर्थ आग न समझकर सबसे आगे यानि प्रथम यानि परमेश्वर समझते हैं। देवता शब्द का अर्थ दिव्य, यानि परमेश्वर (निराकार, ब्रह्म) की शक्ति से पूर्ण माना जाता है - जैसे पृथ्वी आदि। इसी मत में महादेव, देवों के अधिपति होने के कारण ईश्वर को कहते हैं। इसी तरह सर्वत्र व्यापक ईश्वर विष्णु और सत्य होने के कारण ब्रह्मा कहलाता है। इस प्रकार ब्रह्मा, विष्णु और महादेव किसी चरित्र के नाम नहीं बल्कि ईश्वर के ही नाम हैं। इसी प्राकर गणेश (गणपति), प्रजापति, देवी, बुद्ध, लक्ष्मी इत्यादि परमेश्वर के ही नाम हैं। ऐसे लोग मूर्तिपूजा के विरूद्ध हैं और ईश्वर को एकमात्र सत्य, सर्वोपरि समझते हैं।

अश्वमेध—अस्वमेध से हिंसा और बलि का विचार आता है। यह कई हिन्दुओं को भी आश्चर्यजनक लगता है क्योंकि कई स्थानों पर शुद्धतावादी हिंसा (और मांस भक्षण) से परहेज करते रहे हैं। कईयों का मानना है कि मेध शब्द में अध्वरं का भी प्रयोग हुआ है जिसका अर्थ है अहिंसा। अतः मेध का भी अर्थ कुछ और रहा होगा। इसी प्रकार अश्व शब्द का अर्थ घोड़ा न रहकर शक्ति रहा होगा। श्रीराम शर्मा आचार्य कृत भाषयों के अनुसार अश्व शब्द का अर्थ शक्ति, गौ शब्द का अर्थ पोषण है। इससे अश्वमेध का अर्थ घोड़े का बलि से इतर होती प्रतीत होती है।

सोम—कुछ लोग इसे शराब (मद्य) मानते हैं लेकिन कई अनुवादों के अनुसार इसे कूट-पीसकर बनाया जाता था। अतः ये शराब जैसा कोई पेय नहीं लगता। पर इसके असली रूप का निर्धारण नहीं हो पाया है।

2

वैदिक कालीन शिक्षा व्यवस्था

वैदिक कालीन शिक्षा व्यवस्था कैसी थी, इसके विषय में ठोस प्रयास अभी तक के नहीं हो सके है। वेद के मंत्र रटे जाते थे। छात्रों द्वारा शिक्षकों के कथित शब्दों की पुनरावृत्ति का उल्लेख भी ऋग्वेद के मंत्र में है। पाठ संबंधी नियम भी कुछ मंत्रों में मिलते हैं। विश्वामित्र का वेदपाठ काफी प्रौढ़ था। विद्यार्थी के आत्मशिक्षण का प्रमाण भी ऋग्वेद में मिलता है। अथर्ववेद में उत्तर वैदिक कालीन शिक्षा पद्धति का विवरण मिलता है। उसके अनुसार सबसे पहले उपनयन संस्कार होता है और तभी आचार्य विद्यार्थी को एक अन्य जीवन में प्रविष्ट कराता है। उस समय शिक्षक और विद्यार्थी में पवित्र बंधन था। अथर्ववेद में श्रद्धा, मेधा, प्रज्ञा, धन, आयु और अमरत्व शिक्षा का उद्देश्य बताया गया है। प्रसिद्ध एवं कुशल आचार्यों के यहाँ दूर-दूर से छात्र पढ़ने आते थे। विभिन्न प्रकार के विषय जैसे– देवविद्या, ब्रह्मविद्या, भूतविद्या, क्षात्रविद्या, नक्षत्रविद्या, देवजनविद्या, कल्प, श्राद्ध, राशि, तर्कशास्त्र, इतिहास, उपनिषद्, आख्यान, व्याख्यान आदि की शिक्षा प्रदान की जाती थी। शिक्षा के महत्व पर विशेष जोर दिया जाता था। इसे मनुष्य का मानसिक विकास होता था। इसके लिए विभिन्न विषयों का अध्ययन कराया जाता था।

वैदिक साहित्य का अध्ययन आवश्यक माना जाता था। स्त्री-शिक्षा का भी प्रचलन था। लोपमुद्रा, घोषा, सिकता, निवावरी, विश्वारा, आदि स्त्रियों ने ऋचाओं की रचना की थी। ऋग्वेद काल में स्त्रियों को यज्ञ करने का अधिकार भी था, अतः स्पष्ट है कि मंत्रों के सम्यक् पाठ के लिए उन्हें वेदाध्ययन करना पड़ता था। उत्तर वैदिक काल के पाठ्यक्रम में भी वैदिक ग्रंथों का ही विशेष महत्व था। संहिताओं और ब्राह्मणों

के भिन्न पाठों के कारण देश में वैदिक अध्यापकों और अध्येताओं की भिन्न-भिन्न शाखाएं (चरण) स्थापित हो चुकी थीं। धार्मिक एवं दार्शनिक शंकाओं को लेकर समय-समय पर विद्वानों के द्वारा वाद विवाद का आयोजन भी किया जाता था। अतः वैदिक कालीन शिक्षा मुख्य रूप से ऋग्वेद पर निर्भर थी परन्तु यजुर्वेद भी उस काल की शिक्षा-व्यवस्था के विषय में पर्याप्त ज्ञान प्रदान करता है। विश्व में जितनी भी प्राचीन संस्कृतियाँ हैं उनकी सामान्य विशेषता यह रही है कि उनमें धर्म का स्थान विशेष रूप से महत्वपूर्ण था। धर्म का जिस अर्थ में आज प्रयोग किया जाता है, उससे बहुत विस्तृत अर्थ में उसका प्रयोग प्राचीन काल में प्रचलित था। समाज के समस्त आचरण को नियमित करने वाली संहिता धर्म के नाम से जानी जाती थी। इस धर्म की प्रतिष्ठा और एक पीढ़ी से दूसरी पीढ़ी तक उसके चलन को बनाए रखने के लिए एक सामाजिक प्रक्रिया की आवश्यकता प्रतीत हुई होगी। यह सामाजिक प्रक्रिया जब भी, जिस रूप में अपनाई गई होगी, उसी रूप में शिक्षा का आरंभ हुआ होगा। प्राचीन भारत में जब आर्य आए तो उन्हें यहाँ के मूल निवासियों का सामना करना पड़ा। अनेक संघर्ष हुए धीरे-धीरे इस देश में आर्यों का विस्तार हुआ।

आर्यों की एक अपनी सभ्यता और संस्कृति थी। इस सभ्यता और संस्कृति का टकराव यहाँ के मूल निवासियों की सभ्यता एवं संस्कृति से होता रहा। आर्यों की नवोदित सभ्यता खंडित न हो जाए, इसलिए आर्य समाज के कुछ चुने हुए लोगों को उसके संरक्षण और प्रसार का भार दिया। ये ही लोग कालांतर में ब्राह्मण हुए और समाज को शिक्षित करने का भार इन्हीं लोगों पर पड़ा। उस समय शिक्षा का सभ्यता और संस्कृति से बहुत ही सीधा संबंध था। जो व्यक्ति शिक्षित नहीं होता था, उससे आर्य सभ्यता के संरक्षण और विकास की आशा नहीं की जा सकती थी। अतः धर्म और शिक्षा बहुत अर्थों में पर्यायवाची और बहुत अर्थों में एक दूसरे के पूरक थे। धर्महीन शिक्षा और शिक्षाहीन धर्म असंभव सी बात थी। आर्यों का प्रभुत्व स्थापित होने के पश्चात् धीरे-धीरे शिक्षा की प्रक्रिया सुसंगठित होती गई। धर्म के भी अनेक पक्ष विकसित होने लगे, साहित्य विशाल होने लगा और इस प्रकार शिक्षा की सीमा कुछ संकुचित सी होने लगी। फिर भी वैदिक काल में शिक्षा जीवन की समस्त प्रक्रियाओं का प्रशिक्षण थी। इतना ही नहीं, इस जीवन के परे पारलौकिक विचारधारा का शिक्षा पर पूरा पूरा प्रभाव था। दोनों ही दृष्टियों से संपूर्णता को प्राप्त करना शिक्षा का प्रमुख उद्देश्य था।

प्राचीन भारत की शिक्षा का प्रारंभिक रूप हम ऋग्वेद में देखते हैं। ऋग्वेद युग की शिक्षा का उद्देश्य था तत्वसाक्षात्कार। ब्रह्मचर्य, तप, और योगाभ्यास से तत्व का

साक्षात्कार करनेवाले ऋषि, विप्र, वैघस, कवि, मुनि, मनीषी के नामों से प्रसिद्ध थे। साक्षात्कृत तत्वों का मंत्रों के आकार में संग्रह होता गया वैदिक संहिताओं में, जिनका स्वाध्याय, सांगोपांग अध्ययन, श्रवण, मनन और निदिध्यासन वैदिक शिक्षा रही।

विद्यालय गुरुकुल, आचार्यकुल, गुरुगृह इत्यादि नामों से विदित थे। आचार्य के कुल में निवास करता हुआ, गुरुसेवा और ब्रह्मचर्य व्रतधारी विद्यार्थी षडंग वेद का अध्ययन करता था। शिक्षक को आचार्य और गुरु कहा जाता था और विद्यार्थी को ब्रह्मचारी, व्रतधारी, अंतेवासी, आचार्यकुलवासी। मंत्रों के द्रष्टा अर्थात्‌ साक्षात्कार करनेवाले ऋषि अपनी अनुभूति और उसकी व्याख्या और प्रयोग को ब्रह्मचारी, अंतेवासी को देते थे। गुरु के उपदेश पर चलते हुए वेदग्रहण करनेवाले व्रतचारी श्रुतर्षि होते थे। वेदमंत्र कंठस्थ किए जाते थे। आचार्य स्वर से मंत्रों का परायण करते और ब्रह्मचारी उनको उसी प्रकार दोहराते चले जाते थे। इसके पश्चात अर्थबोध कराया जाता था। ब्रह्मचर्य का पालन सभी विद्यार्थियों के लिए अनिवार्य था। स्त्रियों के लिए भी आवश्यक समझा जाता था। आजीवन ब्रह्मचर्य पालन करनेवाले विद्यार्थी को नैष्ठिक ब्रह्मचारी कहते थे। ऐसी विद्यार्थिनी ब्रह्मवादिनी कही जाती थी।

यज्ञों का अनुष्ठान विधि से हो, इसलिए होता, उद्‌गाता, अध्वर्यु और ब्रह्मा को आवश्यक शिक्षा दी जाती थी। वेद, शिक्षा, कल्प, व्याकरण, छंद, ज्योतिष और निरुक्त उनके पाठ्य होते थे। पाँच वर्ष के बालक की प्राथमिक शिक्षा आरंभ कर दी जाती थी। गुरुगृह में रहकर गुरुकुल की शिक्षा प्राप्त करने की योग्यता उपनयन संस्कार से प्राप्त होती थी। 8वें वर्ष में ब्राह्मण बालक के, 11वें वर्ष में क्षत्रिय के और 12 वें वर्ष में वैश्य के उपनयन की विधि थी। अधिक से अधिक यह 16, 22, और 24 वर्षों की अवस्था में होता था। ब्रह्मचर्य का पालन करते हुए विद्यार्थी गुरुगृह में 12 वर्ष वेदाध्ययन करते थे। तब वे स्नातक कहलाते थे। समावर्तन के अवसर पर गुरुदक्षिणा देन की प्रथा थी। समावर्तन के पश्चात्‌ भी स्नातक स्वाध्याय करते रहते थे। नैष्ठिक ब्रह्मचारी आजीवन अध्ययन करते थे। समावर्तन के सम ब्रह्मचारी दंड, कमंडलु, मेखला, आदि को त्याग देते थे। ब्रह्मचर्य व्रत में जिन जिन वस्तुओं का निषेध था अब से उनका उपयोग हो सकता था। प्राचीन भारत में किसी प्रकार की परीक्षा नहीं होती थी और न कोई उपाधि ही दी जाती थी। नित्य पाठ पढ़ाने के पूर्व ब्रह्मचारी ने पढ़ाए हुए षष्ठ को समझा है और उसका अभ्यास नियम से किया है या नहीं, इसका पता आचार्य लगा लेते थे। ब्रह्मचारी अध्ययन और अनुसंधान में सदा लगे रहते थे तथा वाद विवाद और शास्त्रार्थ में संम्मिलित होकर अपनी योग्यता का प्रमाण देते थे।

भारतीय शिक्षा में आचार्य का स्थान बड़ा ही गौरव का था। उनका बड़ा आदर और सम्मान होता था। आचार्य पारंगत विद्वान, सदाचारी, क्रियावान्ध, निरूस्पृह, निरभिमान होते थे और विद्यार्थियों के कल्याण के लिए सदा कटिबद्ध रहते थे। अध्यापक, छात्रों का चरित्रनिर्माण, उनके लिए भोजनवस्त्र का प्रबंध, रुग्ण छात्रों की चिकित्सा, शुश्रूषा करते थे। कुल में सम्मिलित ब्रह्मचारी मात्र को आचार्य अपने परिवार का अंग मानते थे और उनसे वैसा ही व्यवहार रखते थे। आचार्य धर्मबुद्धि से निःशुल्क शिक्षा देते थे।

विद्यार्थी गुरु का सम्मान और उनकी आज्ञा का पालन करते थे। आचार्य का चरणस्पर्श कर दिनचर्या के लिए प्रातःकाल ही प्रस्तुत हो जाते थे। गुरु के आसन के नीचे आसन ग्रहण करना सुसंयत वेश में रहना, गुरु के लिए दातौन इत्यादि की व्यवस्था करना, उनके आसन को उठाना और बिछाना, स्नान के लिए जल ला देना, समय पर वस्त्र और भोजन के पात्र को साफ करना, ईंधन संग्रह करना, पशुओं को चराना इत्यादि छात्रों के कर्तव्य माने जाते थे। विद्यार्थी ब्रह्ममुहूर्त में उठते थे और प्रातः कृत्यों से निवृत्त होकर, स्नान, संध्या, होम आदि कर लेते थे। फिर अध्ययन में लग जाते थे। इसके उपरांत भोजन करते थे और विश्राम के पश्चात आचार्य के पाठ ग्रहण करते थे। सांयकाल समिधा एकत्र कर ब्रह्मचारी संध्या ओर होम का अनुष्ठान करते थे। विद्यार्थी के लिए भिक्षाटन अनिवार्य कृत्य था। भिक्षा से प्राप्त अन्न गुरु को समर्पित कर विद्यार्थी मनन औरनिदिध्यासन में लग जाते थे।

वेदों का अध्ययन श्रावण पूर्णिमा को उपाकर्म से प्रारंभ होकर पौष पूर्णिमा को उपसर्जन से समाप्त होता था। शेष महीनों में अधीत पाठों की आवृत्ति, पुनरावृत्ति होती रहती थी। विद्यार्थी अलग-अलग पाठ ग्रहण करते थे, एक साथ नहीं। प्रतिपदा और अष्टमी को अनध्याय होता था। गाँव, नगर अथवा पड़ोस मे आकस्मिक विपत्ति से और शिष्टजनों के आगमन से विशेष अनध्याय होते थे। अनध्याय में अधीत वेदमंत्रों की पुनरावृत्ति और विषयांतर का अध्ययन निषिद्ध न थे। विनय के नियमों का उल्लंघन करनेवाले विद्यार्थी को दंड देने की परिपाटी थी। पाठ्यक्रम के विस्तार के साथ वेदों ओर वेदांगों के अतिरिक्त साहित्य, दर्शन, ज्योतिष, व्याकरण और चिकित्साशास्त्र इत्यादि विषयों का अध्यापन होने लगा। टोल पाठशाला, मठ ओर विहारों में पढ़ाई होती थी। काशी, तक्षशिला, नालंदा, विक्रमशिला, वलभी, ओदंतपुरी, जगद्दल, नदिया, मिथिला, प्रयाग, अयोध्या आदि शिक्षा के केंद्र थे। दक्षिण भारत के एन्नारियम, सलौत्गि, तिरुमुक्कुदल, मलकपुरम्ध तिरुवोरियूर में प्रसिद्ध विद्यालय थे। अग्रहारों के द्वारा शिक्षा का प्रचार और प्रसार शताब्दियों तक होता रहा। कादिपुर और

सर्वज्ञपुर के अग्रहार विशिष्ट शिक्षाकेंद्र थे। प्राचीन शिक्षा प्रायः वैयक्तिक ही थी। कथा, अभिनय इत्यादि शिक्षा के साधन थे। अध्यापन विद्यार्थी के योग्यतानुसार होता था अर्थात विषयों को स्मरण रखने के लिए सूत्र, कारिका और सारनों से काम लिया जाता था। पूर्वपक्ष और उत्तरपक्ष पद्धति किसी भी विषय की गहराई तक पहुँचने के लिए बड़ी उपयोगी थी। भिन्न भिन्न अवस्था के छात्रों को कोई एक विषय पढ़ाने के लिए समकेंद्रिय विधि का विशेष रूप से उपयोग होता था सूत्र, वृत्ति, भाष्य, वार्तिक इस विधि के अनुकूल थे। कोई एक ग्रंथ के बृहद और लघु संस्करण इस परिपाटी के लिए उपयोगी समझे जाते थे।

वैदिक कालीन शिक्षा व्यवस्था की विशेषताएँ

वैदिक कालीन भारतीय शिक्षा व्यवस्था की विभिन्न विशेषताएँ थीं जिनमें निम्नांकित प्रमुख हैं–

1. वैदिक काल में गुरू आश्रम में अविवाहित छात्र ही प्रवेश पाते थे और संपूर्ण अध्ययन काल तक ब्रह्मचर्य का पालन करते हुए विद्याध्ययन करते थे। विवाहित छात्रों का आश्रमों में प्रवेश वर्जित था। इंद्रियनिग्रह, सात्विक जीवन तथा ब्रह्म में ध्यान को स्थिर रखने पर विशेष बल दिया जाता था।
2. गुरूकुल में चौबीस वर्ष तक अध्ययन करनेवाले छात्र 'वसु', छत्तीस वर्ष तक 'रूद्र' तथा अड़तालीस वर्ष तक अध्ययन करनेवाले छात्र 'आदित्य' कहलाते थे।
3. गुरूकुल में प्रवेश आचरण के आधार पर होता था। सदाचरण एवं उच्च चरित्रवालों का ही प्रवेश वहाँ होता था।
4. इस युग में गुरू-सेवा एवं गुरू-भक्ति की प्रधानता थी। छात्र आश्रम के सभी कार्य स्वयं करते थे। गुरू की आज्ञा का पालन वे तन-मन-धन से करते थे। आज्ञा के उल्लंघन करनेवालों को कठोर दंड दिया जाता था। इस तरह छात्र श्रद्धा एवं भक्ति से गुरू की पूजा ईश्वर के समान करते थे।
5. वैदिक शिक्षा वैयक्तिक थी। हरेक विद्यार्थी पर व्यक्तिगत रूप से ध्यान दिया जाता था। व्यक्ति का शारीरिक, मानसिक तथा आध्यात्मिक विकास कर उसे शाश्वत सत्य का साक्षात्कार कराना तत्कालीन शिक्षा का विशिष्ट उद्देश्य था।
6. वैदिक युग में यद्यपि शिक्षा में धर्म एवं दर्शन की प्रधानता थी, फिर भी जनसाधारण को लौकिक शिक्षा अर्थात् शस्त्र विद्या, चिकित्सा इत्यादि का ज्ञान दिया जाता था।

7. अपने तथा गुरू के भरण पोषण के लिए छात्र भिक्षाटन करते थे। इससे छात्रों में विनम्रता एवं सामाजिकता की भावना उत्पन्न होती थी।
8. दर्शन एवं धार्मिक शिक्षा के साथ ही छात्र जीवनोपयोगी शिक्षा भी प्राप्त करते थे। गुरू या ऋषि के आश्रम छात्र जीवन की प्रयोगशालाएँ होते थे। छात्र गुरू की गायों को वनों में चराकर पशुपालन की शिक्षा ग्रहण करते थे। वे गुरू के खेतों को जोतकर अन्न उपजाते और कृषि विद्या में निपुणता प्राप्त करते थे।
9. वैदिक युग में पुस्तकों का अभाव था जिसके कारण श्रवण और मनन पर अधिक बल दिया जाता था। गुरू से सुनकर याद करना तथा उस पर मनन करना और पुनः उस पर चर्चा करना आवश्यक था। कुछ लोग भ्रमवश यह मानते हैं कि उस समय रटने पर ही बल दिया जाता था।
10. प्राचीन काल की शिक्षा का आरंभ छात्र अपने उपनयन-संस्कार से करते थे। प्रायः आठ से बारह वर्ष के बीच के बालकों का उपनयन संस्कार होता था। इसमें बालक को मुंडन के बाद कोपीन धारण करना पड़ता था। फिर हवन करने के बाद गुरू के पास पढ़ने के लिए भेज दिया जाता था।
11. अंतिम परीक्षा की प्रणाली गुरूकुलों में नहीं थी। गुरू जब अपने छात्र से संतुष्ट हो जाते थे तो उसे समाज में लौटने की आज्ञा दे देते थे। शिक्षा जीवन की दी जाती थी, अतः परीक्षा भी जीवन में ही होती थी।
12. प्राचीन भारत में गुरूकुल प्रणाली शिक्षा के क्षेत्र में विख्यात थी। छात्र बचपन में ही अपने गुरू के घर पर रहते थे और गुरू की देख-रेख में संपूर्ण अध्ययन काल तक विद्योपार्जन करते थे। ये गुरूकुल गाँवों तथा नगरों के बाहर होते थे। शहर से दूर रहकर एक आदर्श वातावरण में शिक्षण का काम होता था। गुरू तथा गुरूपत्नी छात्र के माता-पिता के समान ही उनकी देख रेख करते थे।

उपर्युक्त वर्णित समस्त तथ्यों के अलावा यह स्वीकार करना पड़ेगा कि वैदिक शिक्षा बहुत दृढ़ आधार पर स्थित थी। शिक्षा का अर्थ संकुचित नहीं था। जीवन नहीं था। जीवन के समस्त अंग प्रत्यंगों को विकसित करते हुए मोक्ष तक पहुँचना प्रत्येक आर्य आवश्यक मानता था। शिक्षा ऐसे जीवन की तैयारी थी।

इस काल की शिक्षा के प्रमुख उद्देश्य अग्रलिखित हैं–

1. जीवन को पवित्र रखकर मोक्ष की प्राप्ति करना प्राचीन भारतीय शिक्षा का प्रमुख उद्देश्य था। इसी उद्देश्य पर तत्कालीन शिक्षा का संपूर्ण पाठ्यक्रम आधारित था। इससे यह नहीं समझना चाहिए कि भारतीय शिक्षा जीवन के

यथार्थ से दूर और पलायनवादी थी। जीवन के चार चरम पुरुषार्थ माने गए थे–अर्थ, धर्म, काम और मोक्ष। भारतीय संस्कृति यह मानती थी कि प्रथम तीन की प्राप्ति के पश्चात् ही मोक्ष की प्राप्ति हो सकती है

2. वैदिक काल की शिक्षा ज्ञान की शिक्षा के अतिरिक्त जीवन की शिक्षा थी। शिक्षा-प्राप्ति के समय ही विद्यार्थियों को स्वावलंबन की शिक्षा दी जाती थी।
3. वैदिक काल में शिक्षक छात्रों को वेदों के किसी न किसी अध्याय को रटा दिया करते थे। इससे वैदिक ज्ञान कागज के अभाव में लुप्त न हो पाता था। फलतः संस्कृति की सुरक्षा भी तत्कालीन शिक्षा का उद्देश्य था।
4. मानसिक शिक्षा के साथ-साथ विद्यार्थी सामाजिक कुशलता को भी प्राप्त करते थे। गुरू के आश्रम में ही विद्यार्थी श्रम की महता सीखकर समाजोपयोगी कार्यों में सहायता पहुँचाते थे।
5. वैदिक शिक्षा का एक प्रमुख उद्देश्य व्यक्ति के व्यक्तित्व का सर्वांगीण विकास करना था। शिक्षा का आदर्श व्यक्ति के शारीरिक, मानसिक और आत्मिक विकास में था। शिक्षक की देख-रेख में छात्र आत्म-संयम एवं आत्म-सम्मान के पाठ पढ़ते थे।
6. वैदिक युग में छात्रों को चरित्र निर्माण की शिक्षा दी जाती थी। छात्र सदाचारपूर्ण जीवन बिताकर विद्याध्ययन करते थे। इसके लिए वे अपने गुरू के चरित्र से प्रेरणा लेते थे।

ऊपर के वर्णन से यह स्पष्ट हो जाता है कि प्राचीन भारत की शिक्षा बहुमुखी थी। इस सन्दर्भ में ए. एस. अल्तेकर ने भी स्पष्ट शब्दों में कहा है–''ईश्वर भक्ति तथा धार्मिक भावना, चरित्र निर्माण, व्यक्तित्व का विकास, नागरिक सामाजिक कर्तव्य का पालन, सामाजिक कुशलता की उन्नति तथा राष्ट्रीय संस्कृति का संरक्षण और प्रसार प्राचीन भारतीय शिक्षा के उद्देश्य थे।'

वैदिक काल में गुरू को सबसे अधिक महत्व प्रदान किया जाता था। कठोपनिषद् और छान्दोग्य उपनिषद् में गुरू का स्थान सर्वोपरि बतलाया गया है। गुरू सर्वदृष्टा एवं ब्रह्मज्ञानी होते थे। गुरू का आचरण पवित्र और उदार होता था। समाज में गुरू का स्थान नेता, पथप्रदर्शक, निर्माणकर्ता और प्रेरक का था। इतना ही नहीं, समाज में गुरू का स्थान ब्रह्मा के समान था–शासक वर्ग भी गुरू को सम्मान की दृष्टि से देखते थे। नैतिक, धार्मिक, शैक्षिक, आध्यात्मिक तथा आर्थिक सभी क्षेत्रों में शिक्षक का प्रभाव आश्चर्यजनक एवं व्यापक था। समाज में वे पूज्य एवं आदर्श माने जाते थे। वैदिक काल में गुरू-शिष्य का आदर्श संबंध था। उपनयन के बाद

ही गुरू विद्यार्थी के जीवन में पूर्ण रूप से व्याप्त हो जाते थे। शिष्य गुरू के परिवार का सदस्य हो जाता था। गुरू शिष्य के ज्ञान की आँखें खोलते थे। इस प्रकार दोनों में आध्यात्मिक संबंध हो जाता था। अतः समाज एवं विद्यार्थी के प्रति गुरू में अग्रलिखित गुण एवं कर्तव्य पाए जाते थे–

1. वे सभी वैदिक ज्ञान के प्रकांड पंडित होते थे।
2. वे अतिरिक्त शुद्धता पर विशेष बल देते थे।
3. उनमें उच्चतम आध्यात्मिक एवं चारित्रिक गुण पाए जाते थे।
4. रुग्नावस्था के समय गुरू का संबंध छात्रों के प्रति अपने बच्चे के समान होता था।
5. सत्य के उद्घाटन में सावधानी बरतते थे।
6. उनमें उच्च प्रतिभा एवं व्यावहारिकता पाई जाती थी।
7. विद्यार्थियों के नैतिक पतन तथा दोषों का उत्तरदायित्व भी गुरू पर होता था।
8. वे समाज एवं जाति के पथ-प्रदर्शन होते थे।
9. भेद-भाव को त्यागकर सभी छात्रों के साथ पुत्रवत् व्यवहार करते थे।
10. गुरू ब्रह्मानिष्ठ होते थे।

उपर्युक्त गुणों से विभूषित गुरू के बताए गए आदर्श मार्ग पर चलकर छात्र भी गुरू के प्रति अधिक आस्था एवं विश्वास रखते थे। गुरू के प्रति उनकी श्रद्धा, भक्ति एवं सेवा सराहनीय होती थी। वे तपमय जीवन बिताते हुए गुरूप्रदत ज्ञानार्जन में सतत् प्रयत्नशील रहते थे। वे 'समावर्तन' के समय गुरू के दीक्षांत भाषण को ध्यान से सुनते थे तथा उनके कथनानुसार भावी जीवन में सफलता पाते थे।

इस शिक्षा पद्धति में कालक्रम से थोड़ा अन्तर पड़ गया है। वेदकाल के प्रांरभ में शिक्षक का स्थान प्रधान था। शिक्षक की बातों को सुनकर शिष्य उन्हें स्मरण करते थे। शिक्षक स्वयं विषय चुनकर उसका प्रतिपादन करते थे। वे वेदमंत्रों का शुद्ध पाठ करते थे, जिन्हें सुनकर शिष्य कंठस्थ कर जाते थे। उतर वैदिक काल की शिक्षा में गुरू की प्रधानता न रहकर शिष्य की प्रधानता रही। शिक्षण विधि में अग्रलिखित बातों की प्रधानता रही–

1. शिष्य की सक्रियता–वाद-विवाद में शिष्य निष्क्रिय श्रोता नहीं होते थे। उनमें सक्रियता लाने के लिए अपने विचारों को प्रकट करने की स्वतंत्रता प्रदान की गई थी।

2. शुद्ध उच्चारण की महत्ता–उच्चारण की शुद्धता पर विशेष ध्यान दिया जाता था। गुरू के उच्चारण को सुनकर शिष्य अपने उच्चारण में सुधार लाते थे।

3. प्रश्नोत्तर या वार्तालाप विधि—धार्मिक प्रश्नों पर वाद-विवाद के लिए विद्वानों की बैठकें होती थीं, जिनमें समस्याओं का समाधान प्रश्नोत्तर रूप में होता था। इसका उल्लेख शतपथ ब्राह्मण में भी मिलता था।

4. मौखिक शिक्षा—संपूर्ण वेदकालीन शिक्षा प्रायः मौखिक थी। गुरू-मुख से सुने हुए पाठों का विद्यार्थी पुनरावृति करते थे और उन्हें फिर याद कर लेते थे। इससे विद्यार्थियों को याद करने की शक्ति तथा स्मरण-शक्ति में वृद्धि होती थी। मुद्रण कला का प्रचार होने पर ब्राह्मण काल में भी यही धारणा बनी रही, क्योंकि वैदिक मंत्रों का मुद्रण पाप समझा जाता था।

5. भूल-सुधार के लिए मौखिक परीक्षा—गुरू अपने छात्रों की भूलों में सुधार के लिए छात्रों के संपूर्ण पठित पाठ की मौखिक परीक्षा लेते थे और तब बाद में नए पाठ का प्रारंभ करते थे।

6. तर्कशास्त्र का विकास—उपनिषद् काल में तो वाद-विवाद प्रणाली को प्रमुख स्थान मिला। इसी काल में तर्कशास्त्र का विकास हुआ। अन्योक्ति, प्रश्नोत्तर एवं रोचक कथाओं आदि का प्रयोग धड़ल्ले से होने लगा। इस काल में शिष्य न मूक रहा और न श्रोता वरन् वह क्रियाशील एवं जागरूक हो गया।

प्रो. जगन्नाथ राय शर्मा ने अपनी पुस्तक 'निबंध रत्नकार' में वैदिक कालीन शिक्षण पद्धति के बारे में लिखा है कि, "इस समय शिक्षण पद्धति निःशुल्क एवं वैयक्तिक थी। सामूहिक वर्गों में व्याख्यान देने का नियम न था। इसका अर्थ यह है कि गुरू अपने शिष्यों के मानसिक, नैतिक एवं आध्यात्मिक विकास का पूरा-पूरा उत्तरदायित्व लेते थे। ये शिष्य अपने गुरू से स्वयं रुचि और योग्यता के अनुसार पाठ ग्रहण करते थे। उनके लिए वर्ग जैसी कोई चीज नहीं थी। आधुनिक परीक्षाओं जैसी पद्धति का उन्हें न तो ज्ञान था और न ही आवश्यकता। वे गुरू परिवार के सदस्य बनकर रहते थे।"

महिला शिक्षा की स्थिति

वैदिक समाज भारतीय इतिहास का सर्वाधिक आदर्श समाज रहा है जिसमें महिलाओं ने समस्त अधिकारों का पूर्णता के साथ उपयोग किया था। ऋग्वेद युग में योग्य कन्या सुख का कारण मानी जाती थी। फिर भी वेद-पुराणों में महिलाएं पुत्र प्राप्ति की कामना करती हुई दृष्टिगत होती हैं।ऋग्वेद में बताया गया है- वैदिक समाज में यद्यपि कन्या को भी पुत्रवत स्नेह एवं आदर प्राप्त था। तथापि कन्या जन्म के समय पुत्र-जन्म के समान संस्कारों का सम्पादन नहीं किया जाता था। गार्गी और

मैत्रेयी जैसी विदुषी महिलाएं इस काल में थी। वैदिक युग में ब्रह्मचर्य का अनुपालन करना लड़कों की तरह कन्याओं के लिए जरूरी था क्योंकि कन्याओं का भी उपनयन संस्कार होता था। उपनयन संस्कार के पश्चात् कन्याएं भी पुत्रों के समान ही शिष्टाचार करती थी। उपनयन संस्कार के बाद कन्याएं समुचित शिक्षा-दीक्षा प्राप्त कर सकती थी। तीसरी शताब्दी ई.पू. में जैसी जानकारी मिलती है कि कन्याएं 16 साल की उम्र तक शिक्षा ग्रहण कर सकती थी। अर्थववेद में यह बतलाया गया है- यदि कोई कन्या शिक्षा उचित ढंग से प्राप्त कर लेती थी तो उसे विवाह के अनुकूल माना जाता था।

"ब्रह्मचर्येण कन्यानं युवाविब्दते पतिम" वैदिक युग में शिक्षा के क्षेत्र में लिंग के आधार पर कोई भेद-भाव नहीं किया जाता था। गार्गी एवं मैत्रेयी ब्रह्मविद्या जो कि सर्वोच्च ज्ञान था में पारंगत थी। गृहसूत्र में बहुत से ऐसे मंत्र हैं जो कि महिलाओं द्वारा ही सम्पादित होते थे जिनके बिना अग्निहोत्र के कार्य पूर्ण नहीं हो सकते थे। पाणिनी एवं पतंजलि दोनों ने महिलाओं के लिए वैदिक ज्ञान को स्वीकार किया है। इस प्रकार कथा क्षेत्र में कार्य करने वाली महिला 'कथी' ऋग्वैदिक ब्रह्ममृचा क्षेत्र की महिलाएं वहवऋषि और 'मीमांसा' का अध्ययन व मीमांसा-सूत्र के ऋषि 'कृषतिस्ना' कहलाती थी। उस समय छात्री (महिला छात्रायें) और उपाध्यायी (महिला शिक्षक) थे।

प्रागैतिहासिक काल में बहुत सारी स्त्रियाँ ऋचाओं की रचनाकार और कवियत्री के रूप में उद्यृत की गयी हैं। उनमें से कुछ ने वैदिक संहिताओं की रचना की। जैसा कि 'सर्व अनुक्रमणिका' में उद्यृत है कि लगभग 20 महिलाओं ने ऋग्वेद के लेखन में अपना योगदान दिया था। लोपायुद्रा, सिवावरा, सिकिता, निवा-वारी तथा घोशा इत्यादि ऋग्वेद के ऋचाओं की रचनाकार थी। कहा गया है कि ऋग्वेद के 10 भाग के 145 और 159 ऋचाओं की रचनाकार निःसंदेह रूप से महिलाएं हैं। इंद्राणी और साचि जैसे नाम परम्पराओं में आये हैं। इनके अलावा सुलभा, मैत्री, विदव प्रतकृति तथा गार्गी इत्यादि महिलायें ऋचाओं की रचनाकार हैं। इन महिलाओं का योगदान विद्वता के क्षेत्र में अप्रतिम है।

वेद युगीन महिलाएं वैदिक वाड्मय का विधिवत अध्ययन करती थी एवं यज्ञों में भाग लेकर मंत्रोच्चारण भी करती थी। विवाह संस्कार हो जाने से कन्याएं अधिक सम्मान की पात्र हो जाती थी। प्रारम्भिक वेद युग में पत्नी ही यज्ञ में सोमगीतों का गान करती थी। पी.एन. प्रभु ने 'हिन्दू सोशल-आर्गेनाईजेशन में लिखा है कि जहाँ तक शिक्षा का सम्बन्ध है, स्त्री-पुरुष में कोई भेद नहीं था और इस युग में दोनों की सामाजिक स्थिति समान रूप से महत्वपूर्ण थी। वैदिक युग में महिला पावन एवं

पवित्र मानी जाती थी। किन्तु मासिक धर्म के समय वह अपवित्र एवं अस्पृश्य मानी जाती थी। छात्राएं दो भागों में विभाजित थी- ब्रह्मवादिनी और दूसरी सधोद्वाहा। पहली प्रकार की छात्राएं आजीवन नीतिशास्त्र, धर्म और दर्शन शास्त्र की छात्राएं थी, जबकि दूसरी प्रकार की कन्याएं विवाह के पूर्व तक यानि 15-16 वर्ष तक छात्राएं रहती थी। इस प्रकार 9-10 वर्षों तक वह शिक्षा प्राप्त करती थी और इस दौरान वैदिक ऋचाओं को कण्ठस्थ करती थी। प्रार्थना के साथ-साथ कुछ धार्मिक प्रथाओं या संस्कारों को सम्पन्न करती थी और इन प्रथाओं एवं संस्कारों को वह विवाह के पश्चात् भी जारी रख सकती थी। ऐसे अनेक साक्ष्य मिलते हैं जिनके आधार पर कहा जा सकता है कि महिलाएं प्रातः और संध्या के समय वैदिक प्रार्थना किया करती थी। उदाहरणस्वरूप रामायण में सीता को प्रतिदिन वैदिक प्रार्थना करते बतलाया गया है। ब्रह्मवादिनी महिलाएं शिक्षा के ऊँचे प्रतिमान स्थापित करती थी और चौथी शताब्दी ई.पू. में वेद और दर्शनशास्त्र के प्रति महिलाएं अधिक आकर्षित थी। वेदों के अध्ययन के साथ-साथ बहुत सारी महिलाएं पूर्व मीमांसा का भी विशेष रूप से अध्ययन करती थी, जिसमें वैदिक कर्मकांडों को लेकर दार्शनिक विवाद तक थे। यद्यपि दर्शन का यह विषय काफी कठिन और रसहीन था, यहाँ तक गणित से भी कठिन विषय था, फिर भी तत्कालीन महिलाओं में इसके प्रति अभिरुचि थी। एक धर्म शास्त्री महिला कृशतिस्ना ने मीमांसा के ऊपर एक वृहद रचना प्रस्तुत की जिसका नाम कृस्तिस्नी था।

ए.एस. अल्तेकर 'द पोजिशन ऑफ विमेन इन हिन्दू सिविलाइजेशन' में निष्कर्ष निकालते हैं कि जिस अनुपात में उच्च शिक्षित महिला की जानकारी मिलती है उससे यह स्पष्ट होता है कि साधारण शिक्षा प्राप्त महिलाओं का अनुपात अधिक होगा। महाभारत एवं रामायण में भी शिक्षित महिलाओं का उल्लेख मिलता है। स्मृति के समय उनकी शिक्षा घरेलू ज्ञान तक है जिससे कि वह अच्छी गृहणियाँ बन सकें। नृत्य, संगीत, चित्रकला और अन्य प्रकार की विद्याएं थी। वात्सायन अन्य विषयों का भी उल्लेख करते हैं-जैसे उपवन में वृक्ष एवं पौधे लगाना, जैसे यफलों के वृक्ष, जड़ी-बूटी आदि इसके अतिरिक्त भोजन बनाना, सूत कातना, पीसने के कार्य, सेवकों को उनका वेतन देना, पालतू पशुओं की देखभाल, यातायात के साधन, नित्यप्रति के व्यय आदि। वात्सायन 64 कलाओं का भी उल्लेख करते हैं। जिसमें पुस्तकवाचनम्, दवा तैयार करना, कठिन श्लोकों को गाना जिसे दुरवाचक योग कहा है। नाटकों का ज्ञान, अन्य देशों की भाषाओं का ज्ञान जिसे देश-भाषा विज्ञान कहा गया है। इसके अतिरिक्त शारीरिक विकास के योग जिसे व्यायाम विद्या विज्ञान कहा गया है।

दशकुमारचरित में हमें शिक्षा के बारे में जानकारी मिलती है। उसमें नृत्य, कला, अभिनय, वाद्ययंत्रों का ज्ञान, गीत, गायन, चित्रकारी, विशेष गद्यों का निर्माण और व्याकरण, तर्क व ज्योतिष के क्षेत्र में विशेष ज्ञान के दर्शन होते हैं। इसमें वही पाठ्यक्रम देखने को मिलता है जैसा कि वात्सायन ने 64 कलाओं में बताया है। जिसके द्वारा देश गौरवान्तित हो सकता था जिसमें गृह विज्ञान एक ऐसा विशद विषय है जिस पर आधुनिक विश्वविद्यालय भी चकित रह सकते हैं।

दामोदर गुप्ता कुटीमातम के समय भी महिलाएं न केवल यौन शिक्षा में पारंगत थी, बल्कि नाट्यशास्त्र, कला, संगीत, वृक्ष आयुर्वेद, चित्रकला, सिलाई-कड़ाई, काश्तकारी, धातुशास्त्र, पाकशास्त्र, वाद्ययंत्र, गायन व नृत्य में पारंगत थीं। इस काल में विजिका विकतानिताणं, अवन्तिसुन्दरी ने संस्कृत काव्य में योगदान दिया। कवि राजशेखर अनेक राजकुमारियों, कवियित्रियों से मिले जिससे ज्ञात हुआ कि संस्कृति का सम्बन्ध आत्मा से है न कि भौतिकता से।

जब वैदिक कर्मकाण्ड की आलोचनाएं प्रारम्भ हुई और बलि प्रथा के विरुद्ध सुगबुगाहट होने लगी तो महिला विदुषियों ने इस नए आंदोलन में महत्वपूर्ण भूमिका निभाई। याज्ञवलक्य की पत्नी मैत्री ने यज्ञ और बलि प्रथा के विरुद्ध आंदोलन छेड़ा, बल्कि उन महिलाओं को भी आगे आने को प्रेरित किया जो फैशन, रूपसज्जा और गहनों में विशेष रुचि रखती थी। विदेह के राजा जनक के दरबार में एक दार्शनिक प्रतिस्पर्धा आयोजित की गयी जिसमें गार्गी जैसी महिला ने भाग लिया। उसने दार्शनिक प्रतिस्पर्धा के लिए याज्ञवलक्य को ललकारा लेकिन याज्ञवलक्य ने प्रतिस्पर्धा में भाग लेने से सार्वजनिक रूप से इंकार कर दिया। अत्रेयी वेदांत की दूसरी महत्वपूर्ण छात्रा थी जो ऋषि वाल्मिकी और अग्रत्रस्त के सान्निध्य में थी। महिला दार्शनिकों ने आजीवन अविवाहित रहने का फैसला किया ताकि आध्यात्मिक दर्शन को महत्वपूर्ण परिणाम दिया जा सके।

प्राचीनकाल से ही छठी शताब्दी ई.पू. में धर्म सुधार आंदोलन चला और उसके अंतर्गत महिला शिक्षा को महत्वपूर्ण स्थान दिया गया। कुलीन और व्यापारी वर्ग की महिलाओं ने शिक्षा के क्षेत्र में आगे आने का प्रयास किया। ठीक उसी प्रकार से जिस प्रकार से ब्राह्मण व्यवस्था में ब्रह्मवादिनी शिक्षा क्षेत्र में आगे आये थे। बहुत सारी बौद्ध महिलाओं ने अपने पूरे जीवन को अविवाहित होकर शिक्षा हेतु खासतौर से धर्म की सच्चाई और दर्शन को समझने के लिए उत्सर्ग किया, उनमें से कुछ काफी प्रसिद्धी हुई। उदाहरणस्वरूप संघमित्रा जो सम्राट अशोक की पुत्री थी, धर्मशिक्षा प्रसारित करने के लिए श्रीलंका गयी और वहाँ धर्म की प्रसि(शिक्षिका हुई। त्रिगाथा के अनुसार

32 अविवाहित महिलाओं सुभा, अनुकम्पा और सुमेधा जैसी अनेक राजघराने और धनी श्रेणियों के घरों की महिलाएं थी।

जैन परम्परा के अनुसार जयंती जो कि राजा सहस्त्रानिका और कौशाम्बी की पुत्री भी अविवाहित थी और उसने भगवान महावीर से शिक्षा प्राप्त की थी। जातक कथा में भी यह कहा गया है कि एक जैन पिता की चार बुद्धिमान पुत्रियाँ थी जिन्होंने देश-विदेश घूमकर दर्शन के क्षेत्र में काफी सुनाम पाया। बहुत सारी शिक्षित महिलाओं ने शिक्षा को अपनी जीविका का साधन बनाया। इनमें से कुछ ने तो शिक्षा के प्रति अगाध श्रद्धा से और कुछ ने आजीविका के रूप में शिक्षा को अपनाया।

संस्कृत साहित्य में ऐसी शिक्षित महिलाओं के लिए जो शिक्षित भी थी और पत्नी भी, उनके लिए विशेष शब्द मिलता है। ऐसी महिलाएं जो विदुषी नहीं थी उन्हें उपाध्यायनी तथा ऐसी महिलाएं जो शिक्षित तथा शिक्षिका थी उपाध्याय कहलाती थीं। संस्कृत में महिला शिक्षक के लिए एक विशेष शब्द का मिलना इस बात को दर्शाता है कि स्त्री बड़ी संख्या में शिक्षिका होगी अन्यथा उनके लिए नये शब्द का चयन न होता। महिला विदुषियों के बारे में पुराण और भागवत गीता में उदहारण है। एक उदाहरण मिलता है कि दक्षायना की दो पुत्रियाँ धर्मशास्त्र और दर्शन में अत्यंत विदुषी थी।

घर से बाहर जाकर उच्च शिक्षा प्राप्त करने वाली महिलाओं की संख्या बहुत ज्यादा नहीं थी। तक्षशिला विश्वविद्यालय में महिला छात्राओं के उच्च शिक्षा ग्रहण करने की घटनाएं नहीं दिख पड़ती हैं।

पइली सहस्त्राब्दी में हिन्दू समाज में सात महत्वपूर्ण महिलाओं की कविता संग्रह उपलब्ध हैं। रेवा, रोहा, माधवी, अनुलक्ष्मी, पहाय, वधवाही और शशिप्रभा। इसी प्रकार देवी नाम की गुजराती कवयित्री थी। कालिदास के पश्चात् विजयंका का स्थान था क्योंकि संस्कृत के आलोचक राजशेखर ने उनकी तुलना सरस्वती से की है। राजशेखर की पत्नी एक प्रसिद्ध कवयित्री थी। कौमुदी महोत्सव में मुरला मौरिका और सुभद्रा जैसी महिलाओं का जिक्र संस्कृत साहित्य के कवयित्री के रूप में हुआ। इतना ही नहीं शंकराचार्य और मण्डनामिश्र की जो गाथा है उसमें मण्डनामिश्र की पत्नी ने शंकराचार्य से धर्म और दर्शन पर शास्त्रार्थ किया। कुछ महिलाएं चिकित्सा के क्षेत्र में भी आगे आयी थीं। राजकीय परिवारों की महिलाएं प्राचीनकाल से ही सैनिक और प्रशासनिक शिक्षाएं ग्रहण करती थी और जैसा कि सातवाहन वंश की प्रभावती गुप्त के बारे में जानकारी मिलती है। चौथी शताब्दी में चालुक्य वंश की विजय भट्टारिका, 7 वीं शताब्दी में कश्मीर में द्वदा और 10 वीं शताब्दी में सुगंधा ने प्रशासन चलाने

और सैनिक जानकारी में महारथ हासिल की। साधारण क्षत्रिय परिवारों में साधारण सैनिक शिक्षा देने की प्रथा शुरू से थी। दक्षिण में भी इस तरह की शिक्षा स्त्रियों के लिए महत्वपूर्ण थी। वेद युगीन महिलाएं समस्त अधिकारों की भोक्ता थी उनकी स्थिति उच्च तथा आदरणीय थी। के.एम. कापडिया के अनुसार वह घरेलू दिनचर्या की प्रमुख केन्द्र थी, वह अपने घर की साम्राज्ञी समझी जाती थी।

उत्तर वैदिक काल को सामान्यतः ईसा से 600 वर्ष पूर्व से ईसा के 300 वर्ष बाद तक माना जाता है। इस युग में पुत्री की अपेक्षा पुत्रागमन अधिक मांगलिक एवं आनन्ददायक माना गया है। फिर भी पुत्री का स्थान सम्मानजनक था। आपस्तम्ब गृहसूत्र से ज्ञात होता है कि यात्रा से लौटने पर पिता पुत्री को भी मंत्रोच्चारण सहित आशीर्वाद देता था। महिलाओं को शिक्षा प्राप्त करने का पूरा अधिकार था महिलाओं के उपनयन संस्कार का चलन पूर्णतः समाप्त प्रतीत होता है। महिलाएं अध्ययन करती थी। पाणिनी ने भी उपाध्याय एवं आचार्य महिलाओं पर प्रकाश डाला है। शिक्षा जगत में माता का स्थान पिता एवं उपाध्याय से उच्च माना जाता था। माता को त्रिअतिगुसे में स्थान प्राप्त था। पुत्र के लिए माता से बढ़कर कोई वेद एवं शास्त्र नहीं माना जाता था।

सोलहवीं शताब्दी से लेकर अठारहवीं शताब्दी तक का समय मध्यकाल में रखा जा सकता है। इस काल में महिलाओं की स्थिति में जितना पतन हुआ उतना कभी नहीं हुआ। यद्यपि पूर्व मध्ययुगीन समाज में महिलाओं की स्थिति निम्न होने का उल्लेख अनेक स्थानों पर दिखाई देता है। पूर्व मध्ययुग में समाज में महिलाओं की स्थिति अच्छी नहीं रह गयी थी। पहले की अपेक्षा वे निरंतर पतनोन्मुख थी। इस युग के स्मृतिकारों ने बार-बार इस बात पर जोर दिया कि पत्नी के लिए सबसे बड़ा धर्म पति की सेवा है। मध्यकाल के पुरुष संतों के बारे में जितना विस्तारपूर्वक लिखा गया है उतनी ही उदासीनता महिला संतों के बारे में साहित्य और इतिहास में दिखती है। उदाहरण के लिए कश्मीरी साहित्य का प्रारम्भ संत कवयित्री लल्भेद से होता है। परन्तु समकालीन साहित्यकारों ने उसकी घोर उपेक्षा की है।

मध्यकालीन कवयित्रियों की कविताएं विधिवत मंदिरों या मठों में दीक्षा लेकर नहीं हुई बल्कि घरों में हुई है। जिसका विशद विवरण डा. सावित्री सिन्हा के शोध ग्रन्थों में मिलता है। हिन्दी संत कवियित्रियों में मीराबाई जो कृष्ण की अनन्य भक्त है। इसी प्रकार ताज मध्यकालीन भक्ति कवयित्री है जो कृष्ण भक्ति में लीन है और कृष्ण प्रेम में खुल्लम खुल्ला हिन्दुआनी ही रहने की घोषणा करती है। चन्द्रसखी की लोकप्रियता राजस्थान में मीरा ही की भांति है। रत्नावली तुलसीदास की परिणीता

पत्नी के रूप में विख्यात है। कुछ मराठी संत कवियित्रियों का जिक्र हुआ है जिनमें महदम्बा का नाम प्रमुख है। इसी प्रकार मुक्ताबाई का उल्लेख है। सहजो और दयाबाई सम्भवतया संत कवियित्रियां भी इसी प्रकार सहजोबाई है। मध्यकाल भक्ति आंदोलन का काल रहा जिसमें जन सामान्य की भागीदारी थी। स्त्री इस आंदोलन से स्वयं को अलग कैसे रख सकती थी।

वैदिक कालीन शिक्षा पाठ्यक्रम

इस युग की शिक्षा के पाठ्यक्रम में प्रमुख स्थान वेदों का था। प्रातः काल ब्रह्मबेला में विद्यार्थी जागकर वेदों के मंत्रोच्चारण सस्वर करते थे। उच्चारण की शुद्धता पर अधिक ध्यान रखा जाता था। गुरू द्वारा वेद मंत्रों के मौखिक उच्चारणों का विद्यार्थी अनुकरण कर उन्हें कंठस्थ करते थे। अतः प्रारंभिक वैदिककालीन शिक्षा पाठ्यक्रम में 'परब्रह्मज्ञान' पर विशेष बल दिया गया। उतर-वैदिक तथा उपनिषद् काल में वैदिक साहित्य की अभिवृद्धि हुई। अनेक विषयों से संबंधित अनेक ग्रंथ रचे गए। वेद अनिवार्य विषय के रूप में था। पुराण, ब्राह्मण ग्रंथ, आख्यान, गाथा, उपनिषद्, ब्रह्मविद्या, व्याकरण, वेदांग आदि प्रमुख विषय थे।

वैदिक साहित्य के बाद सूत्रसाहित्य का युग आया जिसमें वैदिक साहित्य एवं उपनिषदों की काफी वृद्धि हुई। फलस्वरूप संक्षेप के लिए सूत्र-रचना की आवश्यकता पड़ी। श्रौतसूत्र, गृहसूत्र, धर्मसूत्र तथा सुत्वसूत्र के नाम इन सूत्र ग्रंथों में प्रमुख हैं। वेदांग वैदिक काल का प्रमुख विषय था। वेदागों को समझने के लिए छंद, व्याकरण, निरुक्त, ज्योतिष इत्यादि का पूर्वज्ञान होना आवश्यक समझा गया। इस युग में विज्ञान एवं कला संबंधी विभिन्न विषयों का भी विकास हुआ। जैसे- ज्यामिति, बीजगणित, व्याकरण, खगोल विद्या, ज्योतिष, अर्थशास्त्र, न्यायशास्त्र, मीमांसा, मनुस्मृति इत्यादि। अतः इस युग के पाठ्क्रम में आध्यात्मिक ज्ञान के साथ-साथ नृत्यकला, संगीत तथा भौतिक विज्ञान का भी समावेश हुआ। इस प्रकार हम देखते हैं कि इस काल का पाठ्यक्रम धार्मिक शिक्षा तक सीमित न होकर सामान्य शिक्षा का पाठ्क्रम बन गया।

ज्ञान और वाङ्मय

वैदिक कालीन आर्य काफी प्रतिभाशाली तथा चिन्तनशील प्रकृति के थे और उनका मस्तिष्क अत्यंत उर्वर था। इसी युग में 'ऋग्वेद' का निर्माण किया गया। ऋग्वेद जिस रूप में हमें उपलब्ध है, उसमें दस मंडल हैं, जिसमें कुल 1017 सूक्त

हैं। पहले मंडल में प्रथम पचास सूक्त तथा समूचा आठवां मंडल काण्ववंश के ऋषियों का है। उसी प्रकार, दूसरे से सातवें तक प्रत्येक मंडल एक-एक ऋषिवंश का है। जैसे गृत्समद, विश्वामित्र, वामदेव, आत्रेय, बार्हस्पत्य और वशिष्ठ। ये उन वंशों के नाम हैं। नवें मंडल में एक ही देवता–सोम पवमान के विविध ऋषियों के सूक्त हैं और दसवें तथा पहले शेषांश विविध ऋषियों के और विविध विषयक हैं।

कालान्तर में अलग-अलग ऋषियों की ऋचाएं उनकी वंश-परंपरा या शिष्य-परंपरा में चलती आई। उन्हीं संकलनों को संहिता कहा गया। इस युग को हम संहिता-युग भी कहते हैं। वेद का अंतिम प्रमाणिक संकलन कृष्णद्वपायन वेदव्यास मुनि ने किया। उन्होंने वेदों की पाँच संहिताएं कर दीं। ऋक्, यजुष् और साम की तीन धाराएँ मिलकर 'त्रयी' कहलाईं और 'अथर्ववेद' तथा 'इतिहासवेद' मिलाकर कुल पाँच वेद हुए। वेद का आशय है ज्ञान और वेदव्यास का आशय वेद का संपादक है। ऋग्वेद में आर्यों का कर्मक्षेत्र पंजाब है। यजुर्वेद का कार्यक्षेत्र कुरूपंचाल है। यजुर्वेद के दो भेद हैं–कृष्ण और शुक्ल। कृष्ण यजुर्वेद में मंत्रों का संग्रह है। शुक्ल में छंदोबद्ध मंत्रों के साथ गद्यात्मक भाग भी है। सामवेद में गेय मंत्रों का संग्रह है। 'उद्गाता' उचित उच्चारण पद्धति से देवता का स्तुतिमंत्र गाता था। सामवेद के 1549 मंत्रों में केवल 75 ही नए हैं। अथर्ववेद में विभिन्न प्रकार की सामग्री का सम्मिश्रण है। 'पृथ्वीसूक्त' बहुत ही महत्वपूर्ण है। ऋग्वेद की पाँच शाखाएं हैं–शाकल, वाष्कल, अश्वलायन, शाखायन एवं मांडूकेय हैं। इनमें अब पहली शाखा ही उपलब्ध है। यजुर्वेद की दो प्रधान शाखाएंः मध्यंदिन और काण्व हैं। पहली शाखा उत्तर भारत और दूसरी महाराष्ट्र में मिलती है। कृष्ण-यजुर्वेद की चार शाखाएं तैत्तरीय, मैत्रायणि, काठक (कठ) तथा कौपिञ्जल हैं। सामवेद की दो शाखाएँ कौथुम और रणायनीय हैं। कौथुम का केवल सातवाँ प्रपाठक मिलता है। अथर्ववेद की दो शाखाएँ पैप्लाद और शौनक हैं।

संहिता के बाद ब्राह्मणग्रंथों की रचना हुई। इनमें कर्मकांडों का विशद विवरण है। प्रत्येक वेद के अलग-अलग ब्राह्मण हैं–ऋग्वेद के दो ब्राह्मण है–ऐतरेय और कौषीतकि। शुक्ल-यजुर्वेद का शतपथब्राह्मण है। सामवेद के अन्य ब्राह्मणों में से पंचविंश ब्राह्मण महत्वपूर्ण है। अथर्ववेद का गोपथब्राह्मण है। अरण्यक भी वैदिक साहित्य का प्रमुख अंग है। उपनिषदों का इन्हीं से विकास हुआ। उपनिषद का मुख्य विषय 'ब्रह्मविद्या' का प्रतिपादन है। वैदिक साहित्य में इनका स्थान सबसे अंत में होने से ये वेदांत कहलाए। यों तो 102 उपनिषद गिनाए गए हैं, किंतु केवल 11 उपनिषद ही (ईश, केन, कठ, प्रश्न, मुंडक, मांडूक्य, तैत्तरीय, छांदोग्य, वृहदारण्यक और श्वेताश्वर) अधिक प्रसिद्ध हैं। श्रौत, गृह्य, धर्म और शुल्व ये चार सूत्र हैं। श्वोतसूत्र

में यज्ञ संबंधी कर्मकांड का वर्णन है, गृह्यसूत्र में गृहस्थ के दैनिक यज्ञों का, धर्मसूत्र में सामाजिक नियमों का और शुल्वसूत्र में यज्ञ-वेदियों के निर्माण का। ऋग्वेद के दो श्रौतसूत्र हैं–शाखायन और आश्वालायन, शुल्क-यजुर्वेद का कात्यायन; कृष्ण-यजुर्वेद के आपस्तंब, हिरण्यकेशी, बौधायन, भारद्वाज, मानव, वैखानस; सामवेद के लाट्यायन, बगाह्म और आर्षेय तथा अथर्ववेद का वैतानसूत्र। ऋग्वेद के गृहसूत्र हैं शखायन और अष्वलायन; शुल्क-यजुर्वेद के आपस्तंब, हिरण्यकेशी, बोधायन, मानव, कठक, बैखानस; शुल्क-यजुर्वेद का पारस्कर; कृष्ण-यजुर्वेद के आपस्तंब, हिरण्यकेशी, बौद्धायन, मानव, कठक, वैखानस; सामवेद के गोभिल तथा खादिर और अथर्ववेद का कौशिक। वेद से संबद्ध केवल तीन ही धर्मसूत्र आपस्तंब, हिरण्यकेशी और बौधायन प्राप्त हो सके हैं। ये यजुर्वेद की 'तैत्तरीय' शाखा से संबद्ध हैं। वेदांग छह हैं–शिक्षा, छंद, व्याकरण, निरूक्त, कल्प तथा ज्योतिष। व्याकरण को वेद का मुख कहा गया है, ज्योतिष को नेत्र, निरूक्त को श्रोत्र, कल्प को हाथ, शिक्षा को नासिका तथा छंद को दोनों पैर। ब्राह्मण, उपनिषद् और सूत्रग्रंथों को मिलाकार हम उत्तरवैदिक वांङ्मय कहते हैं।

वेद काल में साहित्य का उत्तरोत्तर विकास हुआ। गीतिकाव्य का सुंदर एवं अतिप्राचीन उदाहरण तो हमें ऋग्वेद में मिलता है। आर्यों की सुंदरतम कल्पना उषा है। ऋग्वेद में 'उषा' का सरस वर्णन है; जैसे "समुद्र की तरंगों की भांति अपनी उज्ज्वल विभूति के साथ प्रकाशमयी उषा कीर्ति के लिए ऊपर उठ गई है। प्रत्येक पथ को वह सरल, सुगम्य और संपन्न बनाती है और वह अपने हितौषिणी तथा कल्याणकारिणी व्यक्त करती है।" सभी को उषा से प्रेरणा मिलती है। वेद में अनेक देवताओं की स्तुति पाई जाती है। उत्तरवैदिक काल में साहित्य में काफी अभिवृद्धि हुई। ऊपर हम साहित्यिक प्रगति की शाखाओं में विवरण दे चुके हैं।

कला

वैदिक युग में लेखन तथा स्थापत्य दोनों कलाओं की उत्तरोत्तर प्रगति हुई। ऐसा अनुमान लगाया जाता है, यद्यपि इसके स्पष्ट प्रमाण के रूप में कुछ भी नहीं मिलता। मूर्तिनिर्माण कला के प्रारंभ का संकेत भी है, जबकि मूर्तिपूजा नामक कोई चीज वैदिककाल में नहीं थी। चिकित्साशास्त्र का भी विकास हुआ था। खगोलविद्या का भी विकास उस समय हुआ था। उस युग के कलात्मक अवशेष नहीं मिले हैं। व्याकरण और छंदशास्त्र जैसे ग्रंथों के प्रणयन से इस बात का अंदाजा लगाया जा सकता है कि वैदिककालीन भारत के लोग किसी प्रकार की लेखनकला से अवश्य ही अवगत रहे होंगे, अन्यथा इन शास्त्रों का विकास कैसे संभव था। यज्ञ की वेदी

के संबंध में इन लोगों ने कुछ वैज्ञानिक रेखाओं का निर्माण किया था। गणित का आरंभ यहीं से होता है।

उपर्युक्त वर्णित समस्त तथ्यों का अध्ययन करने के बाद यह स्पष्ट रूप से कहा जा सकता है कि वैदिक कालीन आर्यों का सामाजिक, सांस्कृतिक एवं आर्थिक जीवन काफी सुखमय था। पशुपालन, कृषि, आखेट इनके जीविका के प्रमुख साधन थे। आर्यों की अचल सम्पत्ति भूमि और चल सम्पत्ति प्रधान रूप में पशु था। इस काल के मानव ने आर्थिक क्षेत्र में काफी विकास किया। इस युग में सम्पूर्ण आर्यों का एक वर्ग था।

प्राचीन भारतीय शिक्षा दर्शन

जीवन-दर्शन और शिक्षा-दर्शन के मध्य वैषम्य की कोई कल्पना नहीं की जा सकती है। वे एक-दूसरे के पूरक हैं और एक-दूसरे को प्रभावित भी करते हैं। जीवन-दर्शन की दृष्टि से प्राचीन भारतीय दर्शन के विभिन्न कालों के बीच गहरी रेखायें नहीं खींची जा सकती हैं। प्राचीन भारत की संस्कृति शाश्वत और सतत् रही है, अविभाज्य रही है। विद्वानों ने वैदिक संस्कृति से महाकाव्य (रामायण और महाभारत) कालीन संस्कृति में प्राथक्य स्थापित करने के प्रयत्न किये हैं किन्तु बाद वाले काल में भी वैदिक संस्कृति और जीवन शैली का स्पष्ट प्रभाव है साम्य भी है। वैदिक जीवन शैली महाकाव्यकालीन जीवन शैली में प्राचुर्य है। यह सत्य है कि रामायण और महाभारत में वर्णित कुछ जीवन पद्धतियाँ वैदिक काल में नहीं हैं। अतः वेदकालीन जीवन-दर्शन का अस्तित्व पृथक से स्वीकार किया जा सकता है। इसी तारतम्य में यदि हम महाकाव्यकालीन युग का पृथक अस्तित्व भी स्वीकार करते हैं तब भी वैदिक संस्कारों का युग में भी विद्यमान होना स्वीकार करना ही होगा।

इस परिप्रेक्ष्य में प्राचीन भारत के इतिहास को एक इकाई के रूप में होना चाहिए। इसी तारतम्य में प्राचीन भारतीय शिक्षा-दर्शन को भी सर्वप्रथम एक इकाई के रूप में ही मान्य किया जाना चाहिए। यह हो सकता है कि सूक्ष्म दृष्टि से विचार करने के लिए उपर्युक्त दोनों युगों की सीमायें निर्धारित की जायें किन्तु विशेषकर बाद वाले युग में प्रथम युग की इतनी अधिक विशेषतायें विद्यमान हैं कि दोनों युगों के जीवन-दर्शन और शिक्षा-दर्शन पर एक साथ विचार करना भी उपयोगी होगा।

प्राचीन भारतीय जीवन-दर्शन धर्ममय था। जीवन के सभी कार्यकलाप धर्म से ओत-प्रोत थे, धर्म से नियंत्रित थे। धर्म द्वारा, धर्म के लिए और धर्ममय जीवन शैली

प्राचीन भारत की विशेषता थी। वर्तमान जीवन में राजनीति का प्रभुत्व है। धर्म, समाज, अर्थ आदि सभी में राजनीति का प्रवेश है। सभी पर राजनीति हावी है। प्राचीन युग की प्रधानता होने से राजनीति में हिंसा और शत्रुता, द्वेष और ईर्षा परिग्रह और स्वार्थ का बहुल्य न होकर, प्रेम, सदाचार त्याग और अपरिग्रह महत्वपूर्ण थे। उदात्त भावनायें बलवती थीं। दिव्य सिद्धान्त जीवन के मार्गदर्शक थे। सामाजिक व्यवस्था में व्यक्ति प्रधान नहीं था, अपितु वह परिवार और समाज के लिए व्यक्तिगत स्वार्थ का त्याग करने को तत्पर था। उदात्त वृत्ति की सीमा सम्पूर्ण वसुधा थी। जीवन का आदर्श 'वसुधैवकुटुम्बम' था। जीवन का उद्देश्य धर्म था। धर्ममय जीवन भौतिक उपलब्धियों से श्रेष्ठ माना जाता था।

प्राचीन भारत का शिक्षा-दर्शन भी धर्म से ही प्रभावित था। शिक्षा का उद्देश्य धर्माचरण की वृत्ति जाग्रत करना था। शिक्षा, धर्म, अर्थ, काम और मोक्ष के लिए थी। इनका क्रमिक विकास ही शिक्षा का एकमात्र लक्ष्य था। धर्म का सर्वप्रथम स्थान था। धर्म से विपरीत होकर अर्थ लाभ करना मोक्ष प्राप्ति का मार्ग अवरुद्ध करना था। मोक्ष जीवन का सर्वोपरि लक्ष्य था और यही शिक्षा का भी अन्तिम लक्ष्य था। प्राचीन काल में जीवन-दर्शन ने शिक्षा के उद्देश्यों को निर्धारित किया था। जीवन की आध्यात्मिक पृष्ठभूमि का प्रभाव शिक्षा दर्शन पर भी पड़ा था। उस काल के शिक्षकों, ऋषियों आदि ने चित्त-वृत्ति-निरोध को शिक्षा का उद्देश्य माना था। शिक्षा का लक्ष्य यह भी था कि आध्यात्मिक मूल्यों का विकास हो। उस समय भौतिक सुविधाओं के विकास की ओर ध्यान देना किंचित भी आवश्यक नहीं था क्योंकि भूमि धन-धान्य से पूर्ण थी, भूमि पर जनसंख्या का भार नहीं था। किन्तु इसका यह भी अर्थ नहीं था कि लोकोपयोगी शिक्षा का आभाव था। प्रथमतः लोकोपयोगी शिक्षा परिवार में, परिवार के मध्यम से ही सम्पन्न हो जाती थीं। वंश की परंपरायें थीं और ये परम्परायें पिता से पुत्र को हस्तान्तरित होती रहती थीं। व्यवसायों के क्षेत्र में प्रतियोगिता नहीं के बराबर थीं। सभी के लिए काम उपलब्ध था। सभी की आवश्यकताएँ पूर्ण हो जाती थीं।

चाहे वैदिक युग में हो अथवा महाकाव्य काल में हो, प्राचीन भारतीय जीवन पद्धति में ऋषिगण समाज के मित्र, दार्शनिक और मार्गदर्शक थे। वे सभी शिक्षक के समधर्मी थे। वे सदा ही आध्यात्मिक सत्ता के गुण गाते थे। उनका जीवन भौतिकता से मुक्त और आध्यात्मिकता में लिप्त रहता था। समाज को भी वे यही शिक्षा और मार्गदर्शन देते थे। वैदिक काल से प्रारम्भ होकर, महाकाव्य काल में यह जीवन-दर्शन परवान चढ़ा। इस प्रकार प्राचीन काल में भारतीय जीवन-दर्शन पूर्णतः आध्यात्मिक रहा और शिक्षा को भी यही दिशा मिली। गुरु परंपरा अत्यंत ही

महत्वपूर्ण रही। वेदों का प्रादुर्भाव भी गुरु परंपरा से ही हुआ। तत्पश्चात भी शिक्षा गुरु परम्परा के माध्यम से ही दी जाती रही।

यद्यपि व्यवसायों का शिक्षण अधिकतर गृह प्रांगण में ही होता था किन्तु गुरु-गृह भी गृहस्थी की शिक्षा के समुन्नत केन्द्र थे। भारत उस काल में भी कृषि प्रधान देश था। कृषि, वनोपज और पशुपालन का शिक्षण प्रायः गुरु-गृह में निवास कर प्राप्त होता था। मानव प्रकृति की गोद से दूर नहीं रहता था। गुरु-गृह अधिकतर बस्तियों से दूर होते थे। उनमें रहने वाले विद्याभ्यामी प्रकृति के प्रांगण में निवास करते थे, विचरते थे, शिक्षा प्राप्त करते थे और अभ्यास एवं अनुप्रयोग करते थे। चाहे धनवान-पुत्र हो या निर्धन-पुत्र, कृषि कार्य एवं वनवास और वनविचरण के कार्यों एवं प्रवृत्तियों द्वारा शिक्षा प्राप्त करते थे। दोनों ही वर्ग के शिष्यों के लिए ऐसे कार्यों द्वारा श्रम का गौरव आत्मसात करना और व्यवहार में लाना उपयोगी माना जाता था। श्रम का गौरव समाज में पूर्णरूपेण प्रतिष्ठित और महिमा मण्डित था। इसके अतिरिक्त सेवा-कार्य को भी महत्वपूर्ण स्थान प्राप्त था। गुरु-गृह में गुरु, गुरु-परिवार तथा सहपाठियों की सेवा को उत्कृष्ठ कार्य माना जाता था। गुरु की गायों की सेवा भी शिष्य का कर्त्तव्य था। गुरुकुल में मानवोपयोगी पशुओं की संख्या सैकड़ों और हजारों में होती थी।

सामूहिकता का अत्याधिक महत्व था। गुरु सैकड़ों की संख्या में गौपालन इसलिए नहीं करता था कि उसे निजी लाभ हो और उसका परिवार भौतिक सुविधायें भोग सके अपितु इस उद्यम का लाभ गुरुकुल में निवास करने वाले सभी शिष्य आदिवासियों को मिलता था। छान्दोग्य उपनिषद् में महासन्त सत्यकाम की कथा का वर्णन है। प्रारम्भ में तो वे गुरु की गायों की रक्षा में रत रहते थे बाद में उनकी देख-रेख में सहस्त्र गायों का पालन करते थे। विभिन्न प्रकार के दानों में गौदान का सार्वाधिक महत्व था। गौदान को स्वर्णदान से भी अधिक महान माना जाता था। शिक्षा की आर्थिक व्यवस्था में गोधन सर्वोपरि था। गृहस्थाश्रम के लिए उपयुक्त इस शिक्षा की पृष्ठभूमि में वही सिद्धान्त था जिसको वर्तमान में हम 'क्रिया से शिक्षा' की संज्ञा देते हैं। उच्चतम शिक्षा में भी 'शारीरिक श्रम' और 'क्रिया' का अत्याधिक महत्व था। आध्यात्मिक उन्नति में संलग्न ऋषि एवं शिष्य भी शारीरिक श्रम से दूर नहीं रहते थे। इसका यही अर्थ है कि शिक्षा केवल सैद्धान्तिक नहीं थी। व्यवहार और वास्तविकता का भी शिक्षा से उतना ही गहन संबंध था जितना सैद्धांतिक अध्ययन-अध्यापन का। किसी भी कार्य को छोटा नहीं समझा जाता था। ऋग्वेद में ऐसे उदाहरण हैं कि ऋषि स्वयं कवि थे, उनके पिता चिकित्सक थे, उनकी माता

उपल प्रक्षिणी अर्थात् आटा पीसने वाली थी और परिवार के तीनों ही सदस्य शिक्षा दान में कार्यरत थे।

क्रिया द्वारा शिक्षा के लिए जीवन एक प्रयोगशाला के समान था। ऋषि कुल में जीवनयापन के मध्य शिक्षा संबंधी प्रयोग और परीक्षण सम्पन्न होते थे। इन प्रयोगों के आधार पर ही शिक्षाशास्त्र विकसित हुआ था। यहाँ तक शिक्षण विधि का प्रश्न है, श्रवण, मनन और चिंतन, प्रयोग और व्यवहार को समुचित स्थान प्राप्त था। स्मरण शक्ति का यथोचित उपयोग किया जाता था। गुरु परंपरा का महत्व भी अत्यधिक था। यह गुरु परंपरा की ही देन है कि वेद आज तक जीवित हैं। प्राचीन भारतीय शिक्षा का विकास, आध्यात्मिकता, चित्त-वृत्ति-निरोध, लोकोपयोग, गृहस्थ-जीवन-प्रशिक्षण, श्रम की पूजा, कृषि का प्रायोगिक ज्ञान आदि को सम्मिलित कर हुआ था।

ऋषिकुल अथवा गुरुकुल में निवास करने वाले किसी भी शिष्य या उसके परिवार से शुल्क लेने की प्रथा नहीं थी। प्रायः वे आश्रम आत्म निर्भर होते थे। पशुपालन या कृषि उत्पादन से इन आश्रमों या गुरुकुल का सम्पूर्ण व्यय वहन होता था। अनेक आश्रम ऐसे भी थे जिनके लिए इस प्रकार से व्यय पूर्ति संभव नहीं थी। उनके लिए भिक्षा प्राप्त करने का उपाय था। शिष्यगण और स्वयं गुरु भी भिक्षा माँगने को अधम अथवा हीन नहीं मानते थे।

भिक्षा स्वयं माँगने वाले के लिए नहीं होकर समूह के लिए होती थी। वे भिक्षा प्राप्त करने में किसी प्रकार की लज्जा या ग्लानि का अनुभव नहीं करते थे। निर्धन और धनिक दोनों ही प्रकार के परिवारों से आये शिष्य भिक्षा प्राप्ति में समान रूप से भाग लेते थे। 'एक सब के लिए और सब एक के लिए' वाले सिद्धान्त पर सम्पूर्ण व्यवस्था आधारित थी।

गुरु भी भिक्षा माँगने में किसी प्रकार का संकोच नहीं करते थे। भिक्षा उनके स्वयं के उदर पोषण या भौतिक सुविधाओं के लिए नहीं होती थी अपितु आश्रम के संचालन और विकास के लिए वे राजा या धनिकों के द्वार पर दान प्राप्त करने के लिए भिक्षु के रूप में उपस्थित होते थे। वे दान में गौएं और स्वर्ण प्राप्त करते थे। जब शिष्य अपने ब्रह्मचर्य आश्रम की समाप्ति पर अपने परिवार में पहुँचते थे और गृहस्थ का जीवन अपनाते थे तब उन्हें इस भिक्षा की वृत्ति की उपादेयता ज्ञात रहती थी। उनके पास उनका स्वयं का अनुभव होता था कि किस प्रकार उनके शिष्य काल में प्राप्त भिक्षा सर्वाहिताय होती थी। अतः वे मुक्त हृदय से दान देने में पीछे नहीं रहते थे।

ऋषि की ख्याति के अनुरूप आश्रम चयन की सुविधा शिष्य के परिवार को रहती थी किन्तु आश्रम, धनवानों के आश्रम और निर्धनों के आश्रम में बंटे नहीं थे। आश्रम में सभी स्तर के शिष्य एक साथ शिक्षा प्राप्त करते थे। राजा और रंक में किसी प्रकार का भेद नहीं था। सभी एक साथ गुरु की छत्र-छाया में निवास करते थे, विद्याभ्यास करते थे। महाकाव्य काल में संपादिनी ऋषि के आश्रम में कृष्ण और सुदामा राजपुत्र और रंक-पुत्र के एक साथ शिक्षा प्राप्त करने और जीवनपर्यन्त मित्रता निभाने का उदाहरण स्मरणीय है। गुरु का महत्व अत्यधिक था। शिक्षा शिल्प-केन्द्रित थी। ऋषियों के अपने आश्रम थे। आश्रम उनके ही नाम से विख्यात थे। उनके स्थान निश्चित थे। गुरु परंपरा में एक पीढ़ी के पश्चात् दूसरी पीढ़ी आती रहती थी।

3

वैदिक साहित्य

वैदिक साहित्य भारतीय संस्कृति के प्राचीनतम स्वरूप पर प्रकाश डालने वाला तथा विश्व का प्राचीनतम् साहित्य है। वैदिक साहित्य को श्रुति भी कहा जाता है, क्योंकि पुराने ऋषियों ने इस साहित्य को श्रवण-परम्परा से ग्रहण किया था। वेद के असल मन्त्र भाग को संहिता कहते हैं। वैदिक साहित्य के अन्तर्गत उपर लिखे सभी वेदों के कई उपनिषद, आरण्यक तथा उपवेद आदि भी आते जिनका विवरण नीचे दिया गया है। इनकी भाषा संस्कृत है जिसे अपनी अलग पहचान के अनुसार वैदिक संस्कृत कहा जाता है - इन संस्कृत शब्दों के प्रयोग और अर्थ कालान्तर में बदल गए या लुप्त हो गए माने जाते हैं। ऐतिहासिक रूप से प्राचीन भारत और हिन्द-आर्य जाति के बारे में इनको एक अच्छा संदर्भ माना जाता है। संस्कृत भाषा के प्राचीन रूप को लेकर भी इनका साहित्यिक महत्व बना हुआ है।

रचनाके अनुसार प्रत्येक शाखा की वैदिक शब्द-राशि का वर्गीकरण- चार भाग होते हैं। पहले भाग (संहिता) के अलावा हरेक में टीका अथवा भाष्य के तीन स्तर होते हैं। कुल मिलाकर ये हैं–

संहिता (मन्त्र भाग)–उपनिषद (परमेश्वर, परमात्मा-ब्रह्म और आत्मा के स्वभाव और सम्बन्ध का बहुत ही दार्शनिक और ज्ञानपूर्वक वर्णन)

ब्राह्मण-ग्रन्थ (गद्य में कर्मकाण्ड की विवेचना)

आरण्यक (कर्मकाण्ड के पीछे के उद्देश्य की विवेचना)

जब हम चार वेदों का बात करते हैं तो उससे संहिता भाग का ही अर्थ लिया जाता है। उपनिषद (ऋषियों की विवेचना), ब्राह्मण (अर्थ) आदि मंत्र भाग (संहिता) के .हायक ग्रंथ समझे जाते हैं। वेद 4 हैं - ऋक, साम, यजुः और अथर्व।

वैदिक साहित्य का काल

इस विषय के विद्वानों में पर्याप्त मतभेद है कि वेदों की रचना कब हुई और उनमें किस काल की सभ्यता का वर्णन मिलता है। भारतीय वेदों को अपौरुषेय (किसी पुरुष द्वारा न बनाया हुआ) मानते हैं अतः नित्य होने से उनके काल-निर्धारण का प्रश्न ही नहीं उठताय किन्तु पश्चिमी विद्वान इन्हें ऋषियों की रचना मानते हैं और इसके काल के सम्बन्ध में उन्होंने अनेक कल्पनाएँ की हैं। उनमें पहली कल्पना मैक्समूलर की है। उन्होंने वैदिक साहित्य का काल 1200 ई. पू. से 600 ई. पू. माना है।

दूसरी कल्पना जर्मन विद्वान विण्टरनिट्ज की है। उसने वैदिक साहित्य के आरम्भ होने का काल 2500-2000 ई. पू. तक माना। तिलक और याकोबी ने वैदिक साहित्य में वर्णित नक्षत्रों की स्थिति के आधार पर इस साहित्य का आरम्भ काल 4500 ई.पू. माना। श्री अविनाशचन्द्र दास तथा पावगी ने ऋग्वेद में वर्णित भूगर्भ-विषयक साक्षी द्वारा ऋग्वेद को कई लाख वर्ष पूर्व का ठहराया है।

वैदिक साहित्य का वर्गीकरण

वैदिक साहित्य निम्न भागों में बँटों है–

(1) संहिता, (2) ब्राह्मण और आरण्यक, (3) उपनिषद् (4) वेदांग (5) सूत्र-साहित्य।

संहिता

संहिता का अर्थ है संग्रह। संहिताओं में देवताओं के स्तुतिपरक मंत्रों का संकलन है। संहिताएँ चार हैं-(1) ऋक् (2) यजु, (3) साम और (4) अथर्व प्राचीन परम्परा के अनुसार वेद नित्य और अपौरुषेय हैं। उनकी कभी मनुष्य द्वारा रचना नहीं हुई। सृष्टि के प्रारम्भ में परमात्मा ने इनका प्रकाश अग्नि, वायु आदित्य और अंगिरा नामक ऋषियों को दिया। प्रत्येक वैदिक मन्त्र का देवता और ऋषि होता है। मन्त्र में जिसकी स्तुति की जाय वह उस मन्त्र का देवता है और जिसने मन्त्र के अर्थ का सर्वप्रथम प्रदर्शन किया हो वह उसका ऋषि है। पाश्चात्य विद्वान ऋषियों को ही वेद-मन्त्रों का रचयिता मानते हैं। वैदिक साहित्य को श्रुति भी कहा जाता है, क्योंकि पुराने ऋषियों ने इस साहित्य को श्रवण-परम्परा से ग्रहण किया था। बाद में इस ज्ञान को स्मरण करके जो ग्रन्थ लिखे गए, वे स्मृति कहलाए। श्रुति के शीर्ष स्थान पर उपर्युक्त चार संहिताएँ हैं।

ऋग्वेद

ऋग्वेद में 10,600 मन्त्र और 1,028 सूक्त हैं, ये दस मण्डलों में विभक्त हैं। सूक्तों में देवताओं की स्तुतियाँ हैं। ये बड़ी भव्य, उदात्त और काव्यमयी हैं। इनमें कल्पना की नवीनता, वर्णन की प्रौढ़ता और प्रतिभा की ऊँची उड़ान मिलती है। 'उषा' आदि कई देवताओं के वर्णन बड़े हृदयग्राही हैं। पाश्चात्य विद्वान ऋग्वेद की संहिता को सबसे प्राचीन मानते हैं। उनका विचार है कि इसके अधिकांश सूक्तों की रचना पंजाब में हुई। उस समय आर्य अफगानिस्तान से गंगा-यमुना तक के प्रदेशों में फैले हुए थे। उनके मत में ऋग्वेद में कुभा (काबुल), सुवास्तु (स्वात), क्रमु (कुर्रम), गोमती (गोमल), सिन्धु, गंगा, यमुना सरस्वती तथा पंजाब की पाँच नदियों शतुद्रि (सतलुज), विपाशा (व्यास), परुष्णी (रावी), असिवनी (चनाब) और वितस्ता (झेलम) का उल्लेख है। इन नदियों से सिंचित प्रदेश भारत में आर्य-सभ्यता का जन्म-स्थान माना जाता है।

यजुर्वेद

इसमें यज्ञ-विषयक मन्त्रों का संग्रह है। इनका प्रयोग यज्ञ के समय अध्वर्यु नामक पुरोहित किया करता था। यजुर्वेद में 40 अध्याय हैं। पाश्चात्य विद्वान इसे ऋग्वेद से काफी समय बाद का मानते हैं। ऋग्वेद में आर्यों का कार्य-क्षेत्र पंजाब है, इसमें कुरु-पांचाल। कुरु सतलुज यमुना का मध्यवर्ती भू-भाग (वर्तमान अम्बाला डिवीजन) है और पांचाल गंगा-यमुना का दोआब था। इसी समय से गंगा-यमुना का प्रदेश आर्य-सभ्यता का केन्द्र हो गया। ऋग्वेद का धर्म उपासना-प्रधान था, किन्तु यजुर्वेद के दो भेद हैं-कृष्ण यजुष् और शुक्ल यजुष। दोनों के स्वरूप में बड़ा अन्तर है, पहले में केवल मन्त्रों का संग्रह है और दूसरे में छन्दोबद्ध मन्त्रों के साथ गद्यात्मक भाग सभी है।

सामवेद

इसमें गेय मन्त्रों का संग्रह है। यज्ञ के अवसर पर जिस देवता के लिए होम किया जाता था, उसे बुलाने के लिए उद्गाता उचित स्वर में उस देवता का स्तुति-मन्त्र गाता था। इस गायन को 'साम' कहते थे। प्रायः ऋचाएँ ही गाई जाती थीं। अतः समस्त सामवेद में ऋचाएँ ही हैं। इनकी संख्या 1,549 है। इनमें से केवल 75 ही नई हैं, बाकी सब ऋग्वेद से ली गईं हैं। भारतीय संगीत का मूल सामवेद में उपलब्ध होता है।

अथर्ववेद

इसका यज्ञों से बहुत कम सम्बन्ध है। इसमें आयुर्वेद सम्बन्धी सामग्री अधिक है। इसका प्रतिपाद्य विषय विभिन्न प्रकार की ओषधियाँ, ज्वर, पीलिया, सर्पदंश, विष-प्रभाव को दूर करने के मन्त्र सूर्य की स्वास्थ्य-शक्ति, रोगोत्पादक कीटाणुओं तथा विभिन्न बीमारियों को नष्ट करने के उपाय हैं। पाश्चात्य विद्वान इसे जादू-टोने और अन्ध-विश्वास का भण्डार मानते हैं। वे इसमें आर्य और अनार्य धार्मिक विचारों का सम्मिश्रण देखते हैं, किन्तु वस्तुतः इसमें राजनीति तथा समाज-शास्त्र के अनेक ऊँचे सिद्धान्त हैं। इसमें 20 काण्ड, 34 प्रपाठक, 111 अनुवाक, 731 सूक्त तथा 5,839 मन्त्र हैं, इनमें 1200 के लगभग मन्त्र ऋग्वेद से लिए गए हैं।

वेदों की शाखाएँ

प्राचीन काल में वेदों की रक्षा गुरु-शिष्य परम्परा द्वारा होती थी। इनका लिखित एवं निश्चित स्वरूप न होने से वेदों के स्वरूप में कुछ भेद आने लगा और इनकी शाखाओं का विकास हुआ। ऋग्वेद की पाँच शाखाएँ थीं - शाकल, बाष्कल, आश्वलायन, शांखायन और माण्डूकेय। इनमें अब पहली शाखा ही उपलब्ध होती है। शुक्ल यजुर्वेद की दो प्रधान शाखाएँ हैं - माध्यंदिन और काण्व। पहली उत्तरी भारत में मिलती है और दूसरी महाराष्ट्र में। इनमें अधिक भेद नहीं है। कृष्ण यजुर्वेद की आजकल चार शाखाएँ मिलती हैं - तैत्तिरीय मैत्रायणी, काटक, कठ तथा कापिष्ठल संहिता। इनमें दूसरी-तीसरी पहली से मिलती हैं, क्रम में थोड़ा ही अन्तर है। चौथी शाखा आधी ही मिली है। सामवेद की दो शाखाएँ थीं - कौथुम और राणायनीय। इसमें कौथुम का केवल सातवाँ प्रपाठक मिलता है। अथर्ववेद की दो शाखाएँ उपलब्ध हैं-पैप्पलाद और शौनक।

ब्राह्मण-ग्रन्थ

संहिताओं के बाद ब्राह्मण-ग्रन्थों का निर्माण हुआ। इनमें यज्ञों के कर्मकाण्ड का विस्तृत वर्णन है, साथ ही शब्दों की व्युत्पत्तियाँ तथा प्राचीन राजाओं और ऋषियों की कथाएँ तथा सृष्टि-सम्बन्धी विचार हैं। प्रत्येक वेद के अपने ब्राह्मण हैं। ऋग्वेद के दो ब्राह्मण हैं - (1) ऐतरेय और (2) कौषीतकी। ऐतरेय में 40 अध्याय और आठ पंचिकाएँ हैं, इसमें अग्निष्टोम, गवामयन, द्वादशाह आदि सोमयागों, अग्निहोत्र तथा राज्यभिषेक का विस्तृत ऐतरेय ब्राह्मण-जैसा ही है। इनसे तत्कालीन इतिहास पर काफी प्रकाश पड़ता है। ऐतरेय में शुनःशेप की प्रसिद्ध कथा है। कौषीतकी से प्रतीत

होता है कि उत्तर भारत में भाषा के सम्यक् अध्ययन पर बहुत बल दिया जाता था। शुक्ल यजुर्वेद का ब्राह्मण शतपथ के नाम से प्रसिद्ध है, क्योंकि इसमें सौ अध्याय हैं।

ऋग्वेद के बाद प्राचीन इतिहास की सबसे अधिक जानकारी इसी से मिलती है। इसमें यज्ञों के विस्तृत वर्णन के साथ अनेक प्राचीन आख्यानों, व्युत्पत्तियों तथा सामाजिक बातों का वर्णन है। इसके समय में कुरु-पांचाल आर्य संस्कृति का केन्द्र था, इसमें पुरूरवा और उर्वशी की प्रणय-गाथा, च्यवन ऋषि तथा महा प्रलय का आख्यान, जनमेजय, शकुन्तला और भरत का उल्लेख है। सामवेद के अनेक ब्राह्मणों में से पंचविंश या ताण्ड्य ही महत्त्वपूर्ण है। अथर्ववेद का ब्राह्मण गोपथ के नाम से प्रसिद्ध है।

आरण्यक

ब्राह्मणों के अन्त में कुछ ऐसे अध्याय भी मिलते हैं जो गाँवों या नगरों में नहीं पढ़ जाते थे। इनका अध्ययन-अध्यापन गाँवों से दूर अरण्यों (वनों) में होता था, अतः इन्हें आरण्यक कहते हैं। गृहस्थाश्रम में यज्ञविधि का निर्देश करने के लिए ब्राह्मण-ग्रन्थ उपयोगी थे और उसके बाद वानप्रस्थ आश्रम में वनवासी आर्य यज्ञ के रहस्यों और दार्शनिक तत्त्वों का विवेचन करने वाले आरण्यकों का अध्ययन करते थे। उपनिषदों का इन्हीं आरण्यकों से विकास हुआ।

उपनिषद्

उपनिषदों में मानव-जीवन और विश्व के गूढ़तम प्रश्नों को सुलझाने का प्रयत्न किया गया है। ये भारतीय अध्यात्म-शास्त्र के देदीप्यमान रत्न हैं। इनका मुख्य विषय ब्रह्म-विद्या का प्रतिपादन है। वैदिक साहित्य में इनका स्थान सबसे अन्त में होने से ये 'वेदान्त' भी कहलाते हैं। इनमें जीव और ब्रह्म की एकता के प्रतिपादन द्वारा ऊँची-से-ऊँची दार्शनिक उड़ाने ली गई है। भारतीय ऋषियों ने गम्भीरतम चिन्तन से जिन आध्यात्मिक तत्त्वों का साक्षात्कार किया, उपनिषद उनका अमूल्य कोष हैं। इनमें अनेक शतकों की तत्त्व-चिन्ता का परिणाम है।

मुक्तिकोपनिषद् चारों वेदों से सम्बद्ध 108 उपनिषद् गिनाये गए हैं, किन्तु 11 उपनिषद् ही अधिक प्रसिद्ध हैं-ईश, केन, कठ, प्रश्न, मुण्डक, माण्डूक्य, तैत्तिरीय, ऐतरेय, छान्दोग्य, बृहदारण्यक और श्वेताश्वतर इनमें छान्दोग्य और बृहदारण्यक अधिक प्राचीन और महत्त्वपूर्ण माने जाते हैं।

सूत्र-साहित्य

वैदिक साहित्य के विशाल एवं जटिल होने पर कर्मकाण्ड से सम्बद्ध सिद्धान्तों को एक नवीन रूप दिया गया। कम-से-कम शब्दों में अधिक-से-अधिक अर्थ-प्रतिपादन करने वाले छोटे-छोटे वाक्यों में सब महत्त्वपूर्ण विधि-विधान प्रकट किये जाने लगे। इन सारगर्भित वाक्यों को सूत्र कहा जाता था। कर्मकाण्ड-सम्बन्धी सूत्र-साहित्य को चार भागों में बाँटा गया–

(1) श्रौत सूत्र (2) गृह्य सूत्र (3) धर्म सूत्र और (4) शुल्ब सूत्र।

पहले में वैदिक यज्ञ सम्बन्धी कर्मकाण्ड का वर्णन है। दूसरे में गृहस्थ के दैनिक यज्ञों का, तीसरे में सामाजिक नियमों का और चौथे में यज्ञ-वेदियों के निर्माण का।

श्रौत सूत्र

श्रौत का अर्थ है श्रुति (वेद) से सम्बद्ध यज्ञ याग। अतः श्रौत सूत्रों में तीन प्रकार की अग्नियों के आधान अग्निहोत्र, दर्श पौर्णमास, चातुर्मास्यादि साधारण यज्ञों तथा अग्निष्टोम आदि सोमयागों का वर्णन है। ये भारत की प्राचीन यज्ञ-पद्धति पर बहुत प्रकाश डालते हैं।

ऋग्वेद के दो श्रौत सूत्र हैं-शांखायन और आश्वलायन। शुक्ल यजुर्वेद का एक-कात्यायनः कृष्ण यजुर्वेद के छः सूत्र हैं-आपस्तम्ब, हिरण्यकेशी, बौधायन, भारद्वाज, मानव, वैखानस। सामवेद के लाट्यायन, द्राह्मायण और आर्षेय नामक तीन सूत्र हैं। अथर्ववेद का एक ही वैतान सूत्र है।

गृह्य सूत्र

इनमें उन विचारों तथा जन्म से मरणपर्यन्त किये जाने वाले संस्कारों का वर्णन है, जिनका अनुष्ठान प्रत्येक हिन्दू-गृहस्थ के लिए आवश्यक समझा जाता था। उपनयन और विवाह-संस्कार का विस्तार से वर्णन है। इन ग्रन्थों के अध्ययन से प्राचीन भारतीय समाज के घरेलू आचार-विचार का तथा विभिन्न प्रान्तों के रीति-रिवाज का परिचय पूर्ण रूप से हो जाता है। ऋग्वेद के गृह्य सूत्र शांखायन और आश्वलायन हैं।

शुक्ल यजुर्वेद का पारस्कर, कृष्ण यजुर्वेद के आपस्तम्ब, हिरण्यकेशी, बौधायन, मानव, काठक और वैखानस, सामवेद के गोभिल तथा खदिर और अथर्ववेद का कौशिक। इनमें गोभिल प्राचीनतम है।

धर्मसूत्र

धर्मसूत्रों में समाजिक जीवन के नियमों का विस्तार से प्रतिपादन है। वर्णाश्रम-धर्म की विवेचना करते हुए ब्रह्मचारी, गृहस्थ व राजा के कर्तृतव्यों, विवाह के भेदों, दाय की व्यवस्था, निषिद्ध भोजन, शुद्धि, प्रायश्चित्त आदि का विशेष वर्णन है।

इन्हीं धर्मसूत्रों से आगे चलकर स्मृतियों की उत्पत्ति हुई, जिनकी व्यवस्थाएँ हिन्दू-समाज में आज तक माननीय समझी जाती हैं। वेद से सम्बद्ध केवल तीन धर्मसूत्र ही अब तक उपलब्ध हो सके हैं-आपस्तम्ब, हिरण्यकेशी व बौधायन। ये यजुर्वेद की तैत्तिरीय शाखा से सम्बद्ध हैं। अन्य धर्मसूत्रों में गौतम और वसिष्ठ उल्लेखनीय हैं।

शुल्ब सूत्र

इनका सम्बन्ध श्रौतसूत्रों से है। शुल्ब का अर्थ है मापने का डोरा। अपने नाम के अनुसार शुल्ब सूत्रों में यज्ञ-वेदियों को नापना, उनके लिए स्थान का चुनना तथा उनके निर्माण आदि विषयों का विस्तृत वर्णन है। ये भारतीय ज्यामिति के प्राचीनतम ग्रन्थ हैं।

वेदांग

काफी समय बीतने के बाद वैदिक साहित्य जटिल एवं कठिन प्रतीत होने लगा। उस समय वेद के अर्थ तथा विषयों का स्पष्टीकरण करने के लिए अनेक सूत्र-ग्रन्थ लिखे जाने लगे। इसलिए इन्हें वेदांग कहा गया।

वेदांग छः हैं–

शिक्षा, छन्द, व्याकरण, निरुक्त, कल्प और ज्योतिष।

पहले चार वेद मन्त्रों के शुद्ध उच्चारण और अर्थ समझने के लिए तथा अन्तिम दो धार्मिक कर्मकाण्ड और यज्ञों का समय जानने के लिए आवश्यक हैं। व्याकरण को वेद का मुख कहा जाता है, ज्योतिष को नेत्र, निरुक्त को श्रोत्र, कल्प को हाथ, शिक्षा को नासिका तथा छन्द को दोनों पैर।

शिक्षा

उन ग्रन्थों को शिक्षा कहते हैं, जिनकी सहायता से वेद-मन्त्रों के उच्चारण का शुद्ध ज्ञान होता था। वेद-पाठ में स्वरों का विशेष महत्त्व था। इनकी शिक्षा के लिए

पृथक् वेदांग बनाया गया। इसमें वर्णों के उच्चारण के अनेक नियम दिये गए हैं। संसार में उच्चारण-शास्त्र की वैज्ञानिक विवेचना करने वाले पहले ग्रन्थ यही हैं। ये वेदों की विभिन्न शाखाओं से सम्बन्ध रखते हैं और प्रातिशाख्य कहलाते हैं। ऋग्वेद अथर्ववेद, वाजसनेयी व तैत्तिरीय संहिता के प्रातिशाख्य मिलते हैं। बाद में इसके आधार पर शिक्षा-ग्रन्थ लिखे गए।

इनमें शुक्ल यजुर्वेद की याज्ञवल्क्य-शिक्षा, सामवेद की नारद शिक्षा और पाणिनि की पाणिनीय शिक्षा मुख्य हैं

छन्द

वैदिक मन्त्र छन्दोवद्ध हैं। छन्दों का ठीक ज्ञान बिना प्राप्त किये, वेद- मन्त्रों का शुद्ध उच्चारण नहीं हो सकता। अतः छन्दों की विस्तृत विवेचना आवश्यक समझी गई। शौनक मुनि के ऋक्प्रातिशाख्य में, शांखायन श्रौतसूत्र में तथा सामवेद से सम्बद्ध निदान सूत्र में इस शास्त्र का व्यवस्थित वर्णन है। किन्तु इस वेदांग का एकमात्र स्वतन्त्र ग्रन्थ पिंगलाचार्य-प्रणीत छन्द सूत्र है। इसमें वैदिक और लौकिक दोनों प्रकार के छन्दों का वर्णन है।

व्याकरण

इस अंग का उद्देश्य सन्धि, शब्द-रूप, धातु-रूप तथा इनकी निर्माण-पद्धति का ज्ञान कराना था। इस समय व्याकरण का सबसे प्रसिद्ध ग्रन्थ पाणिनी का अष्टाध्यायी हैय किन्तु व्याकरण का विचार ब्राह्मण-ग्रन्थों के समय से शुरू हो गया था। पाणिनी से पहले गार्ग्य, स्फोटायन, भारद्वाज आदि व्याकरण के अनेक महान आचार्य हो चुके थे। इन सबके ग्रन्थ अब लुप्त हो चुके हैं।

निरुक्त

इसमें वैदिक शब्दों की व्युत्पत्ति दिखाई जाती थी। प्राचीन काल में वेद के कठिन शब्दों की क्रमबद्ध तालिका और कोश निघंटु कहलाते थे और इनकी व्याख्या निरुक्त में होती थी। आजकल केवल यास्काचार्य का निरुक्त ही उपलब्ध होता है। इसका समय 800 ई. पू. के लगभग है।

ज्योतिष

वैदिक युग में यह धारणा थी कि वेदों का उद्देश्य यज्ञों का प्रतिपादन है। यज्ञ उचित काल और मुहूर्त में किये जाने से ही फलदायक होते हैं। अतः काल-ज्ञान के

लिए ज्योतिष का विकास हुआ। यह वेद का अंग समझा जाने लगा। इसका प्राचीनतम ग्रन्थ लगधमुनि-रचित वेदांग ज्योतिष है।

कल्प सूत्र

श्रौत, गृह्य एवं धर्म सूत्रों के ही कल्प सूत्र कहते हैं। इनका वर्णन ऊपर किया जा चुका है।

4

शिक्षा का महत्व

'शिक्षा' बौद्धिक एवं मानसिक विकास के लिए, एक अति आवश्यक तत्व है। आत्मोन्नति के पथ पर 'शिक्षा' शान्ति का पड़ाव है। भाषा कोष के अनुसार शिक्षा उस ज्ञान या विद्या का नाम है, जो किसी शिक्षा संस्था में शिक्षक या गुरु या अन्य से प्राप्त किया जाता है।

प्रशिक्षण से प्राप्त ज्ञान को भी हम शिक्षा ही कहेंगे। जैसे-व्यायाम शिक्षा, संगीत शिक्षा, रण कौशल शिक्षा, नृत्य कला शिक्षा आदि। वैदिक शिक्षा में ध्वनि उच्चारण विज्ञान भी शिक्षा ही है। जैसे-पाणिनीय शिक्षा आदि। मानसी-काव्य क्रिया, वैजयिकी विद्या ज्ञान, क्रिया विकल्प विज्ञान, वैतालिका विद्या विज्ञान, ललित कला, कलित कला, छलित कला आदि को भी हम विद्या ही मान लेते हैं। इस प्रकार शिक्षा का क्षेत्र इतना विशाल दिखाई देने लगता है कि सम्पूर्ण ब्रह्माण्ड को जानने दृ समझने की सम्पूर्ण क्रिया भी शिक्षा शब्द के भीतर समाहित दिखाई देती है। इस प्रकार सृष्टिकर्ता की इस विचित्र रचना को समझने के लिए शिक्षा के महत्व को समझना पड़ता है।

कहना चाहिए कि जिन उपदेशों के द्वारा किसी व्यक्ति का आध्यात्मिक, मानसिक, बौद्धिक, शारीरिक तथा अन्य प्रकार का विकास होता है, उसमें विनम्रता, सहनशीलता के गुण आते हों, उस प्रशिक्षण का नाम है 'शिक्षा'। जिस प्रणाली द्वारा अध्ययन-अध्यापन की क्रिया संचालित होती है, उसका नाम है 'शिक्षा पद्धति'। अथवा शिक्षा देने- दिलवाने का ढंग। जिन नियमों के तहत शिक्षा की तकनीकी चलती है, उसका नाम है-'शिक्षा परिषद्'। शिक्षा विभाग का सर्वोच्च

अधिकारी तथा शिक्षा व्यवस्था को समझने के निमित निर्मित विभाग एवं शिक्षा देने वालों का व्यक्तित्व कैसा होना चाहिए, इस प्रक्रिया का नाम है- शिक्षा क्षेत्र का विस्तार।

शिक्षा विधि का विवेचन कैसे किया जाय, शिक्षक व शिक्षार्थी के बीच शिक्षा ग्रहण करने की शक्ति, उसमें आगे बढ़ने की क्षमता कैसे विकसित हो, शिक्षा ग्रहण-प्रतिग्रहण की क्रिया को ग्राह्य-प्रतिग्राह्य योग्यता के सार पर कैसे पहुँचाया जाय, ये सब कुछ शिक्षा शब्द का बोध कराता है। मात्र यह नीति कि "विद्यार्थी को परीक्षा में उतीर्ण होना चाहिए" न तो ग्राह्य है और न ही प्रतिग्राह्य है। कहना चाहिए कि शिक्षा नीति में यह नीति निरर्थक और शिक्षा के उद्देश्य में सबसे बड़ा अहितकर सिद्ध होगा।

जिस प्रकार प्रकर्ति का सौन्दर्य सृष्टिकर्ता की तूलिका का चित्रांकन है उसी प्रकार मानव दृ सौन्दर्य के चित्रांकन की तूलिका शिक्षा है। सूक्तियाँ कहती हैं-

साहित्य संगीत कला विहीनः
साक्षात् पशु पुच्छ विषाण हीनः।

अर्थात् शिक्षा विहीन मानव का जीवन अधूरा है। वह बिना सींग-पूँछ का साक्षात पशु है।

व्यक्ति के विकास के लिए शिक्षा एक प्रबल साधन है। जीवन में सफलता की कुंजी यदि कहीं है तो शिक्षा के पास है। लोग कभी-कभी साक्षरता को भी शिक्षा की श्रेणी में गिनने लगते हैं। आश्चर्य है कि मैं इसे शिक्षा की श्रेणी में नहीं पाता हूँ। मेरी दृष्टि में यह नीति निरक्षरों को संतोष देने के लिए गवाह का एक बयान मात्र है।

'शिक्षा' ज्ञान या विद्या की प्राप्ति का नाम है परन्तु ज्ञान और विद्या में भी हम थोड़ा सा अन्तर पाते हैं। 'ज्ञान' सम्यक् बोध का और 'विद्या' ज्ञान-विज्ञान जैसे किसी विशेष विषय के विशेष ज्ञान का नाम है। अर्थात् पूर्णता के मंतव्य को ग्रहण करने वाली मनोवृति का नाम 'ज्ञान' है। जिसकी भूमिका अन्तःकरण को माना जाता है। ज्ञान द्वारा जो कुछ प्राप्त किया जाता है, उसका नाम विद्या है। ज्ञान के क्षेत्र अनन्त हैं परन्तु सच्चा ज्ञान वह है, जो हितकारी और कल्याणकारी हो। इसका मूलाधार शिक्षा ही है।

शिक्षा किसी व्यवस्थितं रूप में ज्ञान या विज्ञान का नाम है। इससे मनुष्य के चारित्रिक, मानसिक, बौद्धिक एवं आध्यात्मिक शक्तियों का विकास होता है, शिक्षा एक ऐसा वृक्ष है, जिस पर शिष्टाचार और सदाचार के फूल खिलत हैं। तथा जिस

पर विनम्रता के फल लगते हैं। शिक्षा के बौद्धिक एवं भौतिक, इन दोनों फलों के मधुर रस में नैतिकता की वृधि होती है।

वेदों में प्रायः शिक्षा शब्द का अर्थ 'शक्मर्षणे' धातु का सन्नत रूप में प्रयोग हुआ माना जाता है। शिक्षा शब्द के इस संकुचित रूप का अर्थ है- सहन करने की शक्ति। कश्चिदि्स्त विद्वानों में विनम्रता के लक्षण स्वतः झलकने लगते हैं। सहन शक्ति इसी का दूसरा नाम है। महर्षि पाणिनी के व्याकरण ग्रंथ में इस शब्द की अनेक व्युत्पतियाँ दी गयी हैं। उनके समय में शिक्षा-काल को 'ब्रह्मचर्य काल कहा जाता था। शिक्षा शब्द की व्युत्पति 'तदस्य ब्रह्मचर्यम्' तथा 'शक्लृ शक्तों' धातु से भी होती है। 'शिक्षाविद्योपासने' धातु के अनुसार शिक्षा उसे कहते हैं, जिसके द्वारा विद्या का उपादान किया जाता है।

शिक्षा शब्द की निष्पति 'अ' प्रत्यय पर 'टाप' करने से भी मानी जाती है। 'शिक्ष्यते अनया इति शिक्षा' के अनुसार शिक्षा वह है, जिसके द्वारा अकारादि वर्ण, अकारादि स्वर, ह्र्स्व, दीर्घ मात्रा आदि का ज्ञान हो। शिक्षा के पाठ्यक्रम में यदि ये सबकुछ हों तो शिक्षा का स्वरूप पूर्णता को लिये हुए, एक सर्वांग सुन्दरी ही लगेगी।

शिक्षा की आवश्यकता

मेरी दृष्टि में शिक्षा एक तल के साथ-साथ एक संस्कार भी है। भौतिक संस्कारों में जिसे विद्यारम्भ तथा वेदारम्भ संस्कार कहा जाता है। पूर्ण शिक्षा प्राप्त करने के पश्चात् एक शिक्षार्थी समावर्तन संस्कार से सम्पन्न होकर तथा दीक्षांत यज्ञ-तिलक से सुशोभित होकर गृहस्थ में प्रवेश करता है। यही शिक्षा का वास्तविक स्वरूप है।

आर्य संस्कृति में शिक्षा उस साधन को कहा गया है जिसके द्वारा इहलोक में सर्वांगीण विकास अर्थात् शारीरिक, मानसिक, साम्पतिक, चारित्रिक तथा नैतिक अभ्युदय तथा परलोक में परम निःश्रेयस अर्थात् मोक्ष की प्राप्ति होती हो। वैदिक ऋषियों की दृष्टि में भी यहीं बात आयी है कि विद्या वह है जो हमें अज्ञान के बन्धन से मुक्त कर देती है- "सा विद्या या विमुक्तये"। गीता में श्रीकृष्ण ने "आध्यात्म विद्यायाम" कहकर जीवन विद्या को सर्वोच्च स्थान दिया है। अतः विद्या एक साधना है। वह भी ऐसी साधना जो स्वयं अपने का सम्यक् बोध करा देता है।

भारतीय संस्कृति की एक विशेषता यह भी रही है कि इस विशाल देश की बहुमुखी उस चेतनालब्ध तत्वानुभूति के ऊपर प्रतिष्ठित रही है, जिसका प्रकाशवृत्त युगों की सम्यक चेतना में विश्व का यथार्थ रूप प्रतिभातित होता रहा है। भारत का प्राचीन साहित्य और शिल्प, विज्ञान और दर्शन, इसका कुल-धर्म, जाति-धर्म,

राष्ट्र-धर्म, समाज-धर्म तथा यहाँ की अर्थनीति, स्वास्थ्य नीति तथा व्यवहार नीति सभी पर भारत की प्राचीन शिक्षा-नीति, वैदिक-शिक्षा नीति, पौराणिक शिक्षा नीति का व्यापक प्रभाव पड़ा है। शिक्षा नीति को ही राष्ट्र का आदर्श मानकर अन्य नितियों का अभ्युदय तथा उत्थान हुआ। दरअसल, भारत की संस्कृति, नैतिक अभ्युदय और आत्मोत्थान की संस्कृति रही है। पुनः दोहराना पड़ता है कि शिक्षा-नीति को आदर्श मानकर ही भारत की नीतियों का अभ्युदय हुआ। उत्कर्ष पर पहुँचती भारत की शिक्षा नीति आदर्श एवं विदुतम ज्ञान की पराकाष्ठा के कारण अन्य देशों के कर्णधारों ने यहाँ की शिक्षा नीति का अनुसरण किया। यहीं कारण है कि भारत, ज्ञान के क्षेत्र में, "विश्वगुरु" कहलाया।

हमारी वर्तमान शिक्षा का स्वरूप यदि इन आदर्शों पर आधारित नहीं है तो हमारे स्वयं का तथा शिक्षा का स्वरूप भटकाव के मार्ग पर है। जो हमारे राष्ट्रीय जीवन की अपूर्णता को प्रदर्शित करेगा। वेदों में शिक्षा को "वेद पुरुष का नाक" माना गया है- शिक्षा घ्राणं तु वेदस्य। जब नाक ही ठीक नहीं रहेगी, तब सौन्दर्य बोध का सारा आनन्द नीरस हो जाता है। शिक्षा व्यक्ति तथा राष्ट्र का सौन्दर्य बोधक होता है।

शिक्षा को शब्द सौन्दर्य तथा वाक्य सौन्दर्य तक ही सीमित नहीं रखा जा सकता, अपितु अक्षरों, शब्दों तथा वाक्यों का चिहांकन के साथ स्पष्ट उच्चारण शिक्षा के सौन्दर्य बोध पर चार चाँद लगा देते हैं। वैदिक शिक्षा में स्वर आदि वर्ण आदि के उच्चारण को भी महत्व दिया गया है, जो शब्दों के अर्थबोध में सहायक होते हैं। स्वर वर्ण, मात्रा, प्रयत्न, वर्णों की समवृति से उच्चारण और संधि तथा संधि-विच्छेद, ये शिक्षा के आयाम हैं। शिक्षा का पहला अध्याय है- शिक्षां व्याख्यास्यामः। वर्णः स्वरः मात्रा बलम्। साम सन्तानः। इत्युक्त शिक्षाध्यायः। वर्ण से अकारादि का, स्वर से उदात आदि का, मात्रा से ह्रस्व-दीर्घ-प्लुत आदि का, बल से स्थान प्रयत्न आदि का, साम से निषाद आदि स्वर का और सन्तान (संधि-विच्छेद) से विकर्षण आदि का ग्रहण होना भी शिक्षा का एक प्रयोजन माना जाता है।

आजकल विद्यालयी शिक्षा जैसे शब्द का प्रयोग किया जाता है। इस प्रकार के कई अनेक शब्द हैं। इन्हें शिक्षा का वास्तविक स्वरूप नहीं कहा जा सकता। शिक्षा के ये प्रकार मात्र शब्द-बोधक हैं। ये ज्ञानार्जन के आगार नहीं हैं। गुरुकुल परम्परा में शिक्षा का स्वरूप अपने में पूर्ण था। ज्ञान विज्ञान, बल-बुद्धि, धन-धान्य, सुख-समृधि, सदाचार-शिष्टाचार, पारस्परिक शिष्ट व्यवहार, वाणिज्य-व्यापार, कला-साहित्य, कला-कौशल, तकनीकी, उद्योग आदि सभी क्षेत्रों में प्राचीन शिक्षा पद्धति की दृष्टि

पूर्ण रूप से रही है। जिसके कारण भारतीय जीवन पद्धति सभी क्षेत्रों में निपुण तथा सम्पन्न रही है।

वर्णाश्रम धर्म का पालन, माता-पिता, गौ-गुरु की सेवा में श्रद्धा रखना जैसे गुणों से सम्पन्न एक विद्यार्थी की पहचान होती थी। शिक्षा-संस्कार से संस्कारित मानव अपना तथा अपने राष्ट्र, संस्कृति तथा मानव समाज एवं प्राणिमात्र की सेवा में उत्त्कृष्ट भूमिका को निभाता है। अन्त में मानव जीवन का अन्तिम लक्ष्य 'मोक्ष' की प्राप्ति भी उसे होती थी। शिक्षा का यह स्वरूप आर्य संस्कृति में देखने को मिलता है।

वर्तमान के परिपेक्ष्य में शिक्षा के प्रति महात्मा गाँधी जी का विचार था कि "शिक्षा राष्ट्रीय, सांस्कृतिक, सामाजिक तथा आर्थिक विकास का प्रबल साधन है।" जिस शिक्षा का राष्ट्रीय जीवन से निकट का कोई सम्बन्ध न हो, ऐसी शिक्षा को गाँधी जी निरर्थक मानते थे।

शिक्षा का स्वरूप कैसा हो, पाठयक्रम कैसा हो, उसका आकार प्रकार कैसा हो, शिक्षापद्धति क्या हो, इस प्रश्न पर, स्वाधीनता की प्राप्ति के बाद, निरन्तर गोष्ठियाँ होती रहीं हैं किन्तु मुख्य प्रश्न आज भी अनुत्तिरत है।

शिक्षा पद्धति वैदिक हो अथवा आंग्ल वैदिक हो, अथवा आंग्ल भारतीय हो, अथवा पूर्णरूपेण भारतीय हो, अथवा कुछ और हो, इन बिन्दुओं पर सरकार का ध्यान गया या नही, यह बात प्रकाश में नही आई है। मात्र मूल वर्णों के मूलाक्षरों को घटा देना और वैदिक व्यंजन वर्णों के संयुक्ताक्षरों तथा शब्दों को तोड़ मरोड़ देना न तो बौद्धिक क्षमता का परिचायक और न ही शिक्षा पद्धति में शोध परख कार्य की क्षमता का परिचायक है।

शैक्षिक विकास और शिक्षा आयोग का गठन

स्वतंत्रता प्राप्ति के बाद शैक्षिक विकास के लिए पर्याप्त प्रयास किये गये। स्वतंत्र भारत के संविधान का मूल उद्देश्य भी यही रहा है कि सबको न्याय, समान शिक्षा, स्वतंत्रता, समानता तथा बन्धुत्व प्रदान किया जाय। शैक्षिक विकास के लिए सर्वप्रथम सन् 1948-49 ई. में डॉ. सर्वपल्ली राधाकृष्णन् की अध्यक्षता में गठित विश्व विद्यालय आयोग ने, उच्च शिक्षा में राजनीतिक, प्रशासनिक तथा व्यावसायिक क्षेत्रों में नेतृत्व तैयार करने, ज्ञान की विभिन्न शाखाओं में सामंजस्य स्थापित करने, राष्ट्र सम्मुख नैतिक तथा सद्व्यवहार का आदर्श उपस्थित करने, छात्रों के शारीरिक एवं मानसिक विकास पर ध्यान देने तथा देश की संस्कृति एवं सभ्यता का प्रसार करने की ओर संकेत दिया।

दूसरा शिक्षा आयोग माध्यमिक शिक्षा में सुधार लाने के लिए गठित किया गया था। सन् 1952-53 ई. में डॉ. लक्ष्मण स्वामी मुदालियर की अध्यक्षता में गठित की गयी थी। इस आयोग ने लोकतांत्रिक नागरिकता का विकास, नेतृत्व की क्षमताओं का विकास, व्यावसायिक कौशल में वृद्धि, व्यक्तित्व का विकास कैसे हो, जैसे उद्देश्यों की ओर संकेत किया। तीसरा शिक्षा आयोग सन् 1964-66 में प्रो. डॉ. दौलत सिंह कोठारी की अध्यक्षता में गठित की गयी। इस गठित राष्ट्रीय आयोग ने शिक्षा में राष्ट्रीय उत्पादकता में वृद्धि, सामाजिक एवं राष्ट्रीय एकता की भावना का विकास, वैज्ञानिक एवं तकनीकी शिक्षा से आधुनिकीकरण की गति में तेजी लाने तथा सामाजिक, नैतिक एवं आध्यात्मिक मूल्यों का विकास करने जैसे उद्देश्यों का उल्लेख किया।

राष्ट्रीय शिक्षा नीति हेतु सन् 1967 में गठित संसद सदस्यों की विशेष समिति ने सन् 1968 में अपनी रिपोर्ट प्रस्तुत की। जिसमें भारतीय संविधान के अनुरूप सामाजिक ढांचे को न्याय, समानता, स्वतंत्रता और वैयक्तिक गौरव से मुक्त बनाने, प्रत्येक व्यक्ति को अपने व्यक्तित्व का विकास करने के लिए पूर्ण और समान आदर्श प्रदान करने, नयी पीढ़ी को भौतिक एकता तथा सांस्कृतिक विरासत के लिए जागरूक बनाने तथा उन्हें महान भविष्य के विषय में आश्वस्त बनाने, विज्ञान एवं तकनीकी शिक्षा, नैतिक शिक्षा, सामाजिक एवं आध्यात्मिक शिक्षा पर बल देने जैसे उद्दश्यों का उल्लेख किया।

शिक्षा नीति में उपयुक्त जितनी भी सिघरिशो की गयीं, इन सब में भौतिक सुखों की चाह अधिक बलवती रही। व्यक्ति के बौद्धिक विकास, उसके ज्ञान तथा आध्यात्मिक चिन्तन एवं मानसिक विकास की ओर ध्यान ही नहीं गया। शिक्षा आयोगों की लेखनी विषय वस्तु को पिन प्वाइंट नहीं कर सकी। शिक्षा को खिचड़ी बना दिया। शिक्षा आयोग आत्मोन्नति के पक्ष को पूर्णरूपेण व्याख्यायित नहीं कर पायी।

मेरी दृष्टि में व्यावसायिक एवं तकनीकी शिक्षा के लिए पृथक शिक्षण संस्थानों का होना तथा इसके लिए अलग से आयोग का गठन करना राष्ट्र के हित में होगा। पृथक शिक्षण संस्थानों की भूमिका का मूल्यांकन अलग से देखा जाना चाहिए था। मेरी दृष्टि में बौद्धिक विकास और भौतिक विकास दो अलग तत्वों के रूप में देखा जाना चाहिए। परन्तु विडम्बना यह भी है कि शिक्षा आयोग की शिफारिशों में उन्हीं बिन्दुओं में ध्यान दिया जाता है, जो मूलरूप से सरकार के हित में हो।

वर्तमान शिक्षा में सबसे बड़ा दोष यह है कि इसमें नैतिक मूल्यों का तथा सांस्कृतिक मूल्यों का अभाव सा है। जिस कारण हमारी पुनर्गठित शिक्षा नीति राष्ट्रीयकरण की प्रक्रिया को बदलने में सफल नहीं हो पायी। भावी पीडी में राष्ट्रीय चेतना का उदय कैसे हो, यह एक विचारणीय प्रश्न वर्तमान के सामने उपस्थित है। मूल तत्वों की शून्यता के कारण वर्तमान शिक्षा नीति को आधुनिक रचनात्मक मूल्यों का आश्रय नहीं मिल पाया।

लोकतांत्रिक प्रणाली की सरकार में शिक्षा को अधिकार के रूप में देखा जाता है, किन्तु शिक्षा कोई बनी-बनाई वस्तु नहीं है जिसे अधिकारिक तौर पर प्राप्त किया जा सके। शिक्षा को अर्जित करना मनुष्य का कर्तव्य है। शिक्षा न बच्चों की होती है और न बूढ़ों की। शिक्षा तो व्यक्ति की इच्छा शक्ति का परिणाम है। गंगा बह रही है, जो प्यासा है वह जाकर अपनी प्यास बुझाता है। गंगा किसी के पास नहीं जाती। थोपी गयी शिक्षा किसी काम की नहीं। आज शिक्षा का ह्रास इसीलिए हो रहा है। बोझिल शिक्षा, पुस्तकों के भारी-भरकम बण्डल का, विषय बन गया है।

शिक्षण कला का पहला सिधान्त है-"कुछ नहीं सिखाया जा सकता"। अध्यापक का कर्तव्य है शिक्षार्थी को याद दिलाना कि, "तेरे भीतर कुछ है, उसे बाहर निकाल दे।" अध्यापक का कर्तव्य है सुझाव देना, थोपना नहीं। गुरु का कर्तव्य केवल पढ़ाना नहीं होता है अपितु शिक्षार्थी के आचरण सदाचार तथा बौद्धिक योग्यता के ''योग क्षेम'' की रक्षा करना है। वह विद्यार्थी को प्रशिक्षित नहीं करता, बल्कि वह उसे बतलाता है कि उसके भीतर के सुप्त ज्ञान तन्तुओं को कैसे जाग्रत और विकसित किया जाय। इस उद्देश्य से शिक्षक, शिक्षार्थी के कार्य में उसकी सहायता करता है और उसे आगे बढ़ने के लिए प्रेरित करता है। शिक्षार्थी के अन्तःकरण में सुप्त ज्ञान को प्रकाशित करने के लिए वह बुद्धि का द्वार खोलता है। इस प्रकार शिक्षा जीवन की पूर्णता के लिए एक संस्कार है, जिसे प्राप्त करना मनुष्य का कर्तव्य है, अधिकार नहीं।

वर्तमान शिक्षा पद्धति में ईश्वर भक्ति, सदाचार, त्याग,संयम, संयमित जीवन, आत्मानुशासन, धैर्य, धीरता-वीरता, राष्ट्रभक्ति जैसे तत्वों का समावेश नहीं के बराबर है। पाठ्यपुस्तकों में वैदिक संस्कृति के अवशेष तक देखने को नहीं मिलते। भौतिकवाद के जंजाल ने प्राचीन शिक्षा प्रणाली को पूरी तरह से मील दिया है। भौतिकवाद अर्थात् मायावाद, जिसने भौतिक एवं वैज्ञानिक उन्नति के नाम पर भारतीय संस्क्रुति की जड़ पाश्चात्य सभ्यता के अस्त्र से काटी जा रही है। कामोपभोगमयी सभ्यता के भीषण गर्त में जाने के लिए हम अज्ञानता के कारण न

जाने कितनी दौड़ लगा रहे हैं। जिन देशों की भौतिकवादी सभ्यता है, वहाँ के लोग कामनी कांचन से तंग आकर उससे मुक्त होने के लिए राह ढूँढ रहे हैं। और हम अपनी आध्यात्मवादी संस्कृति को अन्धविश्वासी तथा रूढ़िवादी करार देकर उसमें मुँह मोड़ रहे हैं।

प्राचीन भारतीय संस्कृति में शिक्षा पद्धति कला साहित्य एवं विज्ञान का अनूठा संगम रहा है। कलाओं की शिक्षा भी पाठ्यक्रम का एक महत्वपूर्ण अंग रहा है। शुक्राचार्य जी ने अपने नीतिसार ग्रंथ में 64 कलाओं का उल्लेख किया है। उन्होंने जिन्हें कला न कहकर कला के लक्षण बतायें हैं। नीतिशास्त्रों में इतिहास, आगम, काव्य, अलंकार आदि से लेकर वाणिज्य पशुपाल्य कृषि आदि 64 कलाओं का उल्लेख मिलता है। जिन्हें कर्माश्रया, द्यूताश्रया, शयनोपचारिका, उतरकला जैसे नामों से चार श्रेणियों में करमबध किया गया है। शिक्षा के प्राचीन विषयों का आज जिस रूप में न्युब्जीकरण किया गया है, जिसके परिणाम स्वरूप शिक्षा का स्तर घटता नजर आ रहा है।

प्राचीन भारतीय शिक्षा एवं अध्ययन पद्धति अनुसन्धानों पर आधारित रही है। सहस्त्रों वर्ष पूर्व अर्थात् चीन की सांग सभ्यता (ई.पू. 1766-1122) से भी पूर्व भारत में रथों का आविष्कार हो चुका था। वेद में "उडनखटोला" का उल्लेख इसका प्रमाण है। सहस्त्रों वर्ष पूर्व सिन्ध सभ्यता काल में नाविका कला का विकास हो चुका था। ऋग्वेद के चौथे मण्डल (4-3612) में इसका प्रमाण मिलता है। अंग्रेजी का 'नेविगेशन' शब्द संस्कृत के 'नौगत' से और 'नाव' शब्द संस्कृत के ही 'नौ' से बने हैं। संस्कृत में जिसका अर्थ नाव जहाज या जहाज की पतवार होता है। प्राचीन भारत में नाविक का चुम्बक यंत्र मत्स्य यंत्र कहलाता था। यह था वैदिक शिक्षा पद्धति का चमत्कार।

महर्षि भाष्कराचार्य ने सहस्त्रों वर्ष पूर्व पृथ्वी द्वारा सूर्य के चारों ओर भ्रमण के समय की गणना (365.2587850 दिन) कर ली थी। बीजगणित त्रिकोणमिति जैसे समीकरणों का उपयोग, प्राचीन भारत में प्रचलन में था। भारत में संख्या एवं दशमलव प्रणाली का आविष्कार ई.पू. 105 से बहुत पहले हो चुका था। इस अवधि में तक्षशिला विश्वविद्यालय की स्थापना हो चुकी थी। हमें इस बात का गौरव होना चाहिए कि बेतार के तार संप्रेषण के आविष्कार प्रो. जे.सी.बसु (1858-1937) थे न कि मारकोनी। वैज्ञानिक बसु ने ही प्रमाणित कर दिया था। कि पेड़-पौधों में भी चेतनत्व होता है। यह सब कुछ उस काल की शिक्षा पद्धति का ही चमत्कार था।

वर्तमान शिक्षा पद्धति में हम कृषि विज्ञान को जोड़ने की बात करते हैं किन्तु इसकी उपयोगिता कितनी है, इस पर विचार नहीं करते हैं। हमें अपने स्वर्णिम अतीत को याद करना चाहिए कि आर्य शिक्षा-पद्धति में कृषि को कितना महत्व दिया जाता था। वेदों का उपदेश है कि - "दशस्यन्ता मनवे पूर्व्यं दिवि यवं वृक्रेण कर्षथः।" ब्राह्मणों और संहिताओं में भी कृषि का बार-बार उल्लेख मिलता है। वैदिक काल में जीवन निर्वाह के लिए कृषि को अधिक महत्व दिया जाता रहा है। यही कारण रहा है कि उस काल के समाज में असमानता देखने को नहीं मिलती। फलतः भारत को कृषि प्रधान देश कहलाने का गौरव प्राप्त था। आज के परिवेश में परिस्थितियाँ कुछ ऐसी घटित होती दिखाई देती हैं कि इस पैतृक व्यवसाय के प्रति हममें उपेक्षा के भाव भर दिये गये हैं। द्यूत वृति इसका स्थान लेते हुए दिखाई देने लगती है।

प्राचीन काल की शिक्षा में संगीत एवं कला की शिक्षा भी समाहित रही है। वाद्य यंत्रों के निर्माण और उनके बजाने का ज्ञान भी दिया जाता था। संगीत-साधक, संगीत-संस्कृति के निर्माता रहे हैं। शल्य-चिकित्सा, अस्त्र-शस्त्र निर्माण, उनका परिचालन, स्तम्भन, विमान निर्माण, नौका निर्माण उनका परिचालन, मूर्ति-कला, प्रस्तर-कला, वास्तुकला, पीतल, ताम्बा, आदि धातुओं से बर्तनों का निर्माण, वस्तु संग्रहालय, चित्रालेखन, बाँस, रिंगाल, ताड़, खजूर, सन आदि के रेसों से रस्सी निर्माण, आभूषणों आदि का निर्माण, टोकरी, कंडी, चौका, सुप्पा आदि विविध घरेलू वस्तुओं का निर्माण आदि की शिक्षा तथा उसके प्रशिक्षण का समावेश प्राचीन शिक्षा पद्धति में सम्मिलित रहा है। जिसने कालान्तर में पेशे का रूप ले लिया। फिर भी शिक्षा नीति में इस व्यवस्था का महत्व रहा ही है।

शिक्षा मनुष्य का एक महत्वपूर्ण संस्कार है, जिसे हम जीवन की तैयारी कह सकते हैं, इसकी भूमिका में राष्ट्र की शिक्षा नीति निहित रहती है, किन्तु आज वैज्ञानिक खोज ने इस तैयारी के साथ-साथ सृष्टि के विनाश की भी तैयारी कर दी है। विध्वंशकारी शस्त्रों के निर्माण ने दुनिया को भयभीत की स्थिति में पहुँचा दिया है।

आज हमारी शिक्षा-नीति ने अतीत से नाता तोड़ दिया है। शिक्षा-प्रणाली में स्थिरता कब आयेगी, इसका उतर किसी के पास नहीं है। शिक्षा-वृक्ष की शाखायें कहीं आर्द्र तो कहीं अनार्द्र दिखाई देती हैं। जहाँ छात्र-छात्राओं की संख्या पूरी है, वहाँ अध्यापकों की संख्या अधूरी है। आखिर यह अव्यवस्था किन कारणों से है। इसके लिए जनता और सरकार दोनो पक्ष उत्तरदायी हैं। आज वर्तमान की आशा और भविष्य की महत्वाकांक्षा क्षीण होती नजर आती है।

राष्ट्र के प्रति भक्ति, शिक्षा के प्रति प्रेम और अतीत के प्रति गौरव की भावना हमारे छात्र-छात्राओं में बनी रहेय उनका चरित्र निर्माण हो सकेय वे वर्तमान की चुनौतियों को स्वीकारते हुए उज्ज्वल भविष्य का निर्माण कर सके, इसी आशा में कहीं न कहीं अतीत की शिक्षा-नीति को साथ में लेकर, शिक्षा नीति के निर्धारण की अत्यन्त आवश्यकता है। शिक्षा को "शिक्षा" के रूप में ही लिया जाना चाहिए, व्यावसायीकरण के रूप में नहीं।

शिक्षा व्यवस्था पर एक दृष्टि

देश की आजादी से पूर्व महात्मा गांधी जी के मन में यह प्रश्न सदैव कौंधता रहा कि, गाँवों का विकास कौन करेगा? किनतु उनके मन का यह अन्तर्द्वन्द्व (30 जनवरी 1948 की सायं उनके आत्मोत्सर्ग के साथ सदा के लिये दफन हो गया।

महिला का उत्थान समाज का उत्थान है। शिक्षा, स्वास्थ्य, संस्कार, कृषि विकास जैसे क्रान्तिकारी परिवर्तन लाने म शिक्षा ही सबसे महत्वपूर्ण उपादान कारण बन सकता है, शिक्षा ही समाज में परिवर्तन ला सकती है।

पाठकों को याद होगा कि मैकाले ने सन् 1835 में ब्रिटिश संसद के सामने प्रस्ताव रखा था- "हम भारत को कभी नहीं जीत सकते, जब तक हम इसकी रीड की हड्डी तोड़ नहीं देते, जो है इसकी आध्यात्मिक और सांसकृतिक विरासत।" उसने भारत की पुरातन शिक्षा व्यवस्था, इसकी संस्कृति को बदलने का प्रस्ताव रखा और अंग्रेजी शिक्षा की नींव पर यहाँ शिक्षा का ढांचा तैयार किया। जिसको हम आज भी नहीं ढ़हा पा रहे हैं। विश्व को शिक्षा देने वाला जगत्गुरु भारत को अशिक्षा और अज्ञानता के गहरे गर्त में धकेल दिया गया। आज भारत का शैक्षिक परिदृश्य निराशा के कगार पर खड़ा है।

शिक्षा का जो परिदृश्य सामने आ रहा है, उसमें हमें निम्न त्रुटियाँ देखने में आती हैं–

1. शिक्षा के वास्तविक ढांचे का अभाव।
2. पाठ्यक्रम में लगातार परिवर्तन।
3. प्राचार्य तथा आचार्यों का अभाव।
4. निरीक्षण एवं प्रशिक्षण का अभाव।
5. पूर्णकालिक शिक्षकों का अभाव।
6. विषय से सम्बन्धित शिक्षकों का अभाव।

7. उचित व्यवस्था का सर्वथा अभाव (जहाँ शिक्षार्थी अधिक हैं, वहाँ शिक्षकों की कमी और जहाँ छात्र-छात्राओं की कमी है, वहाँ शिक्षकों की अधिकता है)।
8. तकनीकी शिक्षा का अभाव।
9. परिस्थितियों के अनुरूप शिक्षा-व्यवस्था का अभाव।

आज जितने भी विश्वविद्यालय हैं, उनका स्वरूप पाठ्यक्रम एवं सत्र राज्य की परिस्थितियों के अनुरूप गठित नहीं किया गया है। शिक्षा सत्र को मैदानी विद्यालयों की भाँति रखा गया है। मेरी दृष्टि में माध्यमिक एवं महाविद्यालयी शिक्षा को पुनर्गठित करने की आवश्यकता है। केन्द्रीय माध्यमिक शिक्षा परिषद को इस आशय का प्रस्ताव भेजा जा सकता है। पंत नगर कृषि विद्यालय भी अपने मूल उद्देश्यों से भटक गया लगता है। इसके गठन में पर्वतीय क्षेत्रों की आवश्यकताओं का विशेष ध्यान नही दिया गया है। सम्भवतया टिहरी, रानीचौंरी कैम्पस, कुछ प्रगति के पथ पर हो परन्तु परिणाम कुछ भी सामने नहीं आये हैं।

शिक्षा के पाठ्यक्रम में लोकभाषा को उचित स्थान नहीं मिल पाया है। प्रदेश की जनता अपने इतिहास, भूगोल, संस्कृति,साहित्य एवं कला तथा अन्य कई महत्त्वपूर्ण विषयों से अनभिज्ञ हैं। योग्य विषयों को पाठ्यक्रम की पुस्तकों में समाविष्ट करने पर विचार ही नहीं किया गया है।

खेद का विषय है कि शिक्षा का प्रचार बढ़ने के बजाय मद्यपान का ग्राफ तेजी से बढ़ा है। शादी-विवाह के अवसर पर छात्रों को भी मद्यपान की स्थिति में देखा जाता है। महिलायें ही यहाँ कमरतोड़ परिश्रम करती हुयी पायी जाती हैं।

परिस्थितियों के अनुरूप शिक्षा का अभाव है। उच्च शिक्षा के क्षेत्र में कई विश्वविद्यालय हैं, परन्तु उनका स्वरूप, पाठ्यक्रम व सत्र व्यवस्था राज्य की परिस्थितियों के अनुकूल गठित नहीं है। पाठ्य पुस्तकों में इतिहास, भूगोल, उच्च संस्कृति, लोक साहित्य एवं लोक कला तथा विज्ञान के साथ-साथ निम्न विषयों का भी समावेश होना एक विचारणीय प्रश्न है-

1. पर्वतीय कृषि(बागवानी, साग-सब्जी उत्पादन, पशुपालन तथा सामाजिक, वानिकी आदि)।
2. औषधीय वनस्पति का उत्पादन तथा उनकी पहचान।
3. सिंचाई, पनबिजली सम्बन्धित अभियांत्रिकी।
4. भू-आकृति व वन विज्ञान से सम्बन्धित अध्ययन।
5. क्षेत्र विशेष की वास्तुकला, मूर्तिकला आदि का प्रारम्भिक अध्ययन।

6. लोक भाषाओं, लोक कथाओं, लोक-गीतों, लोक-कलाओं, लोक-नृत्यों व नाटकों का अध्ययन तथा उन पर शोध कार्य।
7. पर्वतारोहण तथा पर्वतीय क्षेत्रों की लम्बी यात्रा का अभ्यास कराया जाना चाहिए।
8. भाषा में व्याकरण, साहित्य की आँख होती है। अतः हिन्दी, संस्कृत तथा अंग्रेजी के पाठ्यक्रम में व्याकरण तथा काव्य के तत्व-रस, छन्द व अलंकार को उचित स्थान मिलना चाहिए।

सरकारी विद्यालय हो या अद्धर्सरकारी अथवा गैर सरकारी विद्यालय इनमें प्राथमिक विद्यालय से लेकर उच्च शिक्षा तक सबमें शिक्षा का स्तर गिरते जा रहा है।इसका सबसे प्रमुख कारण है, प्राथमिक शिक्षा का गिरता स्तर। इसके कारणों पर यदि दृष्टि डालें तो मूल रूप से यहीं कारण दिखाई देते हैं-पहला शिक्षा को मौलिक रूप में समझने का अभाव और दूसरा शिक्षा के प्रति समर्पण भाव का अभाव। बौद्धिक एवं मानसिक चिन्तन के स्थान पर भौतिक चिन्तन प्रबल रहता है तो वह इन दोनों को लील देता है।

ग्रामीण क्षेत्रों के विद्यालयों में प्रायः अच्छी शिक्षा का अभाव देखा गया है। बुनियादी शिक्षा कमजोर रहने पर भी एक बालक दसवीं श्रेणी तक पहुँच जाता है किन्तु उसे भाषा, गणित तथा अन्य सामान्य जानकारियाँ नहीं हो पाती। शिक्षकों का अनुपात छात्र-छात्राओं की संख्या पर आधारित न होकर दुर्गम व सुगम स्थानों के विद्यालयों पर आधारित रहता है। अध्यापकों की आवश्यकता सभी विद्यालयों को होती है, इस पर भी सुगम और दुर्गम स्थान का भ्रम वांछनीय नहीं प्रतीत होता है। अध्यापक-अध्यापिकाओं की तैनाती छात्र-छात्राओं की संख्या के आधार पर होनी चाहिए।

सरकारी अध्यापक-अध्यापिकाओं की नियुक्ति तथा स्थानान्तरण नीति स्पष्ट और शीघ्र बना दी जानी चाहिए। सुगम व दुर्गम स्थान का भ्रम शीघ्र समाप्त किया जाना चाहिए और अध्यापक-अध्यापिकाओं की तेनाती क्रमानुसार सुनिश्चित की जानी चाहिए।

सरकारी विद्यालयों की संख्या बढ़ती जा रही है और छात्र-छात्राओं की संख्या घटती जा रही है। मात्रात्मक पर ध्यान देने के बजाय गुणात्मक पर अधिक ध्यान दिया जाना चाहिए। प्राथमिक विद्यालयों में बालक-बालिकाओं की संख्या घटती जा रही है और निजी विद्यालयों में, अधिक शुल्क दर होने पर भी बालकों की संख्या बढ़ती जा रही है। इसके निम्न कारण हो सकते हैं–

1. विद्यालयों में आवासीय व्यवस्था का अभाव,
2. समर्पण भाव का अभाव,
3. विषयगत अध्यापकों का अभाव।

प्रारम्भिक विद्यालयों में गणित, विज्ञान, अंग्रेजी तथा सामान्य विषयों के लिए अध्यापको की नियुक्ति होनी चाहिए। शिक्षा की गुणवत्ता को बढ़ाने के लिए उक्त तीन अध्यापकों की नियुक्ति के साथ-साथ अध्यापक- अध्यापिकाओं के दूर से आने वाले समय की बचत अर्थात प्रतिदिन आवागमन के झंझट से बचने, धन, शक्ति व समय को बचाने के लिए विद्यालय भवनों के साथ-साथ आवासीय भवनों की भी व्यवस्था होनी चाहिए। इसी के साथ-साथ ड्यूटी पर अनुपस्थित रहने वाले किसी भी कर्मचारी के विरुद्ध दण्डात्मक कार्यवाही आवश्यक मानी जानी चाहिए। उपस्थिति को प्रमाणित करने के लिए व्यवस्था होनी चाहिए।

5

मानवाधिकार : अर्थ एवं प्रकृति

मानव अधिकारों से अभिप्राय मौलिक अधिकारों एवं स्वतंत्रता से है जिसके सभी मानव प्राणी हकदार है। अधिकारों एवं स्वतंत्रताओं के उदाहरण के रूप में जिनकी गणना की जाती है, उनमें नागरिक और राजनीतिक अधिकारों,नागरिक और राजनैतिक अधिकार सम्मिलित हैं जैसे कि जीवन और आजाद रहने का अधिकार, अभिव्यक्ति की स्वतंत्रता और कानून के सामने समानता एवं आर्थिक, सामाजिक और सांस्कृतिक अधिकारों के साथ ही साथ सांस्कृतिक गतिविधियों में भाग लेने का अधिकार, भोजन का अधिकार काम करने का अधिकार एवं शिक्षा का अधिकार।

अनेक प्राचीन दस्तावेजों एवं बाद के धार्मिक और दार्शनिक पुस्तकों में ऐसी अनेक अवधारणाएं है जिन्हें मानवाधिकार के रूप में चिन्हित किया जा सकता है। ऐसे प्रलेखों में उल्लेखनीय हैं अशोक के आदेश पत्र, मुहम्मद(saw) द्वारा निर्मित मदीना का संविधान(meesak-e-madeena) आदि आधुनिक मानवाधिकार कानून तथा मानवाधिकार की अधिकांश अपेक्षाकृत व्यवस्थाएं समसामयिक इतिहास से संबंध हैं, द ट्वेल्व आर्टिकल्स ऑफ द ब्लैक फॉरेस्ट (1525) को यूरोप में मानवाधिकारों का सर्वप्रथम दस्तावेज माना जाता है। यह जर्मनी के किसान–विद्रोह (Peasants' War) स्वाबियन संघ के समक्ष उठाई गई किसानों की मांग का ही एक हिस्सा है। ब्रिटिश बिल ऑफ राइट्स ने युनाइटेड किंगडम में सिलसिलेवार तरीके से सरकारी दमनकारी कार्रवाइयों को अवैध करार दिया। 1776 में संयुक्त राज्य में और 1789 में फ्रांस में 18 वीं शताब्दी के दौरान दो प्रमुख क्रांतियां घटीं। जिसके

फलस्वरूप क्रमशः संयुक्त राज्य की स्वतंत्रता की घोषणा एवं फ्रांसीसी मनुष्य की मानव तथा नागरिकों के अधिकारों की घोषणा का अभिग्रहण हुआ।

इन दोनों क्रांतियों ने ही कुछ निश्चित कानूनी अधिकार की स्थापना की। कोइ भी देस अपनी मानवाधिकारों को लेकर अक्सर विवाद बना रहता है। ये समझ पाना मुश्किल हो जाता है कि क्या वाकई में मानवाधिकारों की सार्थकता है। यह कितना दुर्भाग्यपूर्ण है कि तमाम प्रादेशिक, राष्ट्रीय और अंतर्राष्ट्रीय स्तर पर सरकारी और गैर मानवाधिकार संगठनों के बावजूद मानवाधिकारों का परिदृश्य तमाम तरह की विसंगतियों और विंद्रूपताओं से भरा पड़ा है। किसी भी इंसान की जिंदगी, आजादी, बराबरी और सम्मान का अधिकार है मानवाधिकार है। भारतीय संविधान इस अधिकार की न सिर्फ गारंटी देता है, बल्कि इसे तोड़ने वाले को अदालत सजा देती है।

मानवाधिकार का आशय

मानवाधिकारों को प्राप्त करने तथा इनका उपयोग करने हेतु केवल व्यक्ति होना ही पर्याप्त है इसके लिए और किसी विशेषता अथवा योग्यता की जरूरत नहीं है। यह अधिकार सभी व्यक्तियों को प्राप्त होते हैं और क्योंकि कोई भी व्यक्ति, व्यक्ति होने का परित्याग नहीं कर सकता अतः वह इन अधिकारों का भी परित्याग नहीं कर सकता। मानवाधिकार वह अधिकार है जो व्यक्ति को योग्यताओं के आधार पर कार्य करने में आने वाली कानूनी विषमताओं में उसकी मदद करता है। सबसे बड़ा तथा प्रमुख तथ्य है कि ये परिस्थितियां मानव की सम्मानपूर्ण स्थिति को बनाए रखने में सहायक होती है तथा इसमें जन्म, प्रजाति, धर्म, रंग, लिंग, अथवा इसी प्रकार के अन्य किसी तत्व का कोई महत्त्व नहीं होता। इस रूप में देखा जाए तो मानव अधिकारों का उद्भव मानव सभ्यता के प्रारम्भ में ही ढूंढा जा सकता है।

हैरोल्ड लास्की अधिकार को व्यक्तित्व के विकास में अनिवार्य शर्त माना। अतः ऐसे अधिकार जिनके बिना एक मानव अपने व्यक्तित्व के पूर्ण विकास के बारे में सोच भी नहीं सकता जो कि मानव में मानव होने के फलस्वरूप अन्तर्निहित हैं। मानवाधिकार है। अठारहवीं शताब्दी के 'मानव का अधिकार' का पुनः प्रवर्तन करके 1948 ई। में इसकी सार्वभौमिक घोषणा करके मानवाधिकार शब्द का प्रयोग किया गया। इससे पूर्व परम्परागत रूप से 'मानवाधिकार' को अहस्तान्तरणीय अधिकार, अन्य संक्राम्य अधिकार, प्राकृतिक अधिकार या मानव का अधिकार कहा जाता था।

भारत की संसद द्वारा 1993 ई। में पारित मानवाधिकार संरक्षण अधिनियम, धारा 2 (घ) में मानव अधिकार शब्द की परिभाषा इस प्रकार दी गई है–'मानव अधिकारों का तात्पर्य संविधान द्वारा प्रत्याभूत अथवा अन्तर्राष्ट्रीय प्रसंविदाओं में सन्निहित व्यक्तियों को प्राण, स्वतंत्रता, समानता एवं गरिमा से सम्बन्धित ऐसे अधिकारों से है जो भारत के न्यायालयों द्वारा प्रवर्तनीय है।' 10 सितम्बर, 1948 को संयुक्त राष्ट्र महासभा ने मानव अधिकारों की सर्वाभौम घोषणा को स्वीकार किया था। इस घोषणा में तीस धाराएं हैं जिनमें नागरिक और राजनीतिक अधिकारों के साथ ही आर्थिक, सामाजिक एवं सांस्कृतिक अधिकार भी सम्मिलित हैं।

इस घोषणा की पहली और दूसरी धारा में यह स्वीकार किया गया है कि "मानव स्वतंत्र जन्म लेते हैं तथा गरिमा, सम्मान और विचारों में समान होते हैं।"

घोषणा-पत्र की 3 से लेकर 21 तक की धाराओं में विभिन्न नागरिक और राजनीतिक अधिकारों को शामिल किया गया है। इसमें निम्नवत अधिकारों को विशेष रूप से शामिल किया गया है–जीवन स्वतंत्रता और सुरक्षा का अधिकार, अत्याचार और उत्पीड़न से रक्षा का अधिकार, कानून के समक्ष जनता का अधिकार, मनमाने रूप से बंदी बनाए जाने और देश निकाले से रक्षा का अधिकार, सार्वजनिक एवं महत्त्वपूर्ण मुकदमों सम्बन्धी अधिकार, प्रमाणित न होने तक निर्दोष समझे जाने का अधिकार, राज्य के बाहर आने-जाने का अधिकार, विचार, विवेक और धर्म की स्वतंत्रता का अधिकार, राष्ट्रीयता का अधिकार, परिवार की सुरक्षा का अधिकार, पति-पत्नी की समानता का अधिकार, सहमति के आधार पर विवाह करने का अधिकार, सम्पत्ति का अधिकार, शांतिपूर्ण ढंग से एकत्र होने और संघ बनाने का अधिकार, इच्छानुसार सरकार बनाने का अधिकार, सार्वजनिक कार्यों और राजनीति में भाग लेने का अधिकार, सरकारी नौकरी करने का अधिकार इत्यादि।

अमेरिकी स्वतंत्रता की घोषणा

4 जुलाई, 1776 को अमेरिकी स्वतंत्रता की घोषणा' में मानवाधिकारों को सर्वोच्च स्थान देते हुए यह स्वीकार किया गया कि 'हम इन सत्यों को स्वयं सिद्ध मानते हैं कि सभी मानव जन्म से समान हैं, सभी मानवों को ईश्वर ने कुछ ऐसे अधिकार प्रदान किए हैं, जिन्हें छीना नहीं जा सकता और इन अधिकारों में जीवन, स्वतंत्रता और अपनी समृद्धि के लिए प्रयत्नशील रहने के अधिकार भी सम्मिलित हैं।'

मानवाधिकारों से अभिप्राय उन अधिकारों से है, जो मानव समाज के विकास के लिए मूलभूत हैं तथा वे मानव को केवल इस आधार पर मिलने चाहिए कि वह मानव है, मानव के द्वारा जो नैतिक, मौलिक एवं असंक्राम्य अधिकार धारण किए जाते हैं, उन्हें मानवाधिकार कहा जा सकता है।

मानवाधिकार की विशेषताएं

मानवाधिकार की प्रमुख विशेषताएँ निम्नवत हैं–

1. व्यक्तिगत मानव अधिकार कानून, समूहों की उपस्थिति को मान्यता प्रदान करता है।
2. इसकी अवधारणा स्थायी, सार्वभौमिक तथा वैधानिक है।
3. व्यक्तिगत मानव अधिकारों के उपभोग हेतु भी यह आवश्यक है कि कुछ मानव अधिकार, समूहों को भी पूरी तरह अथवा अंशतः प्रदान किया जाएं।
4. व्यक्ति मूल रूप से तथा अनिवार्यतः अन्तर्राष्ट्रीय मानव अधिकार कानूनों का प्राथमिक विषय रहता है।
5. यह व्यक्तियों को राज्य के विरुद्ध प्राप्त होते हैं।
6. अन्तर्राष्ट्रीय मानव अधिकार कानून, समूहों की उपस्थिति को मान्यता प्रदान करता है।
7. जन्मप्रदत्त होने के कारण यह अधिकार व्यक्ति से अलग नहीं किये जा सकते हैं।
8. मानवाधिकार द्वारा मानव के सम्मान तथा प्रतिष्ठा की रक्षा होती है इससे स्वतन्त्रता, समानता तथा भ्रातृत्व की भावना का विकास होता हैं।
9. यह मानव सभ्यता के संरक्षण के लिए न्यूनतम आवश्यकताएँ होती हैं।
10. मानवाधिकार व्यक्ति तथा व्यक्यिों के समूह के अधिकार है।
11. इनकी रक्षा समाज तथा राज्य की सत्ता के द्वारा हर स्तर पर की जाती है।
12. मानवाधिकार, व्यक्ति के समाज में ही उपलब्ध होते हैं।

मानव अधिकार की प्रकृति

नैतिक अधिकार का पालन किसी कानूनी दवाब नहीं बल्कि व्यक्ति की इच्छा पर निर्भर करता है। जबकि इसके विपरीत वैध अधिकार वे होते हैं जो राज्य को कानूनों के द्वारा मान्य तथा रक्षित होते हैं और लोकतांत्रिक राज्यों में सामान्यतया इन अधिकारों को न्यायिक संरक्षण प्राप्त होता है। वैध अधिकारों में नागरिक और

राजनीतिक दोनों प्रकार के अधिकार सम्मिलित होते हैं। व्यक्तियों को इनका अनिवार्य रूप से पालन करना पड़ता है। इनका उल्लंघन करने पर राज्य द्वारा व्यक्ति को दण्डित किया जा सकता है। नीतिशास्त्र के तहत हम उन कार्यों का मूल्यांकन करते हैं जो व्यक्ति की इच्छा पर निर्भर होते हैं। व्यक्ति मुख्यतया दो प्रकार के कार्य करता है।

कर्त्तव्य का पालन करने की चेतना से प्रेरित कर्म

कान्ट के मतानुसार इनमें से कर्म ही वास्तव में शुभ है—अर्थात् इन्हीं कर्मों का नैतिक मूल्य है। जो कर्म मानव किसी तात्कालिक संवेग, इच्छा, प्रवृत्ति अथवा अपने कल्याण की इच्छा से प्रेरित होकर करता है उनका नैतिक दृष्टि से कोई महत्त्व नहीं है। आत्मकल्याण की कामना से प्रेरित कर्मों की भांति विशिष्ट संवेगों, इच्छाओं या प्रवृत्तियों से प्रेरित कर्मों को भी कान्ट नैतिक दृष्टि से शुभ नहीं माना है।

सहानुभूति एवं उदारता

कान्ट मानव के जीवन में दया, सहानुभूति, उदारता आदि संवेगों के महत्त्व को स्वीकार करते हैं, क्योंकि ये संवेग हमारे कर्त्तव्य-पालन में सहायक हो सकते हैं, परन्तु केवल इन्हीं संवेगों द्वारा प्रेरित कर्म प्रशंसनीय होते हुए भी उनके मतानुसार नैतिक दृष्टि से शुभ नहीं है, क्योंकि इनके मूल में कर्त्तव्य-पालन करने की चेतना का अभाव है जो वास्तव में नैतिकता का एकमात्र मूल आधार है। यदि कोई व्यक्ति किसी संवेग, इच्छा अथवा प्रवृत्ति से प्रेरित होकर अपने कर्त्तव्य का पालन करता है तो कुछ समय पश्चात् इस संवेग, इच्छा अथवा प्रवृत्ति के न रहने पर ही कर्त्तव्य की उपेक्षा भी कर सकता है। अतः कर्त्तव्य से प्रेरित होने पर व्यक्ति के कार्य निश्चित रूप से कल्याणकारी होते हैं।

सामाजिक व्यवहार

व्यक्ति का समाजीकरण होता है, यह उसकी आवश्यकता एवं अनिवार्यता है। यदि मानव बिल्कुल अकेला रहता और उसके कर्म अन्य व्यक्तियों के कर्मों को न तो प्रभावित करते और न उनके द्वारा प्रभावित होते तो नैतिकता की आवश्यकता ही न होती। परन्तु सभी सामान्य मानवों को जन्म से मृत्यु तक किसी समुदाय में रह कर सामाजिक जीवन बिताना पड़ता है, फलतः उनके अधिकतर कर्म किसी न किसी रूप में एक-दूसरे के जीवन को अवश्य प्रभावित करते हैं।

व्यक्ति की विरोधी मनोदशायें विवाद का कारण बनती है जिसके परिणामस्वरूप व्यवस्थित और सामंजस्यपूर्ण सामाजिक जीवन बहुत कठिंन हो जाता है। वस्तुतः इसी कठिनाई को दूर करने के लिए नैतिकता का विकास हुआ है जो ऐसे नैतिक नियमों अथवा सिद्धान्तों का निर्माण करने का प्रयत्न करता है जिनके द्वारा समाज में यथासम्भव अधिकाधिक व्यवस्था एवं सामंजस्य की स्थापना की जा सके। अतः नीति सामाजिक जीवन की अनिवार्यता है।

अनिवार्यता

कान्ट के अनुसार कर्त्तव्य में एक प्रकार की अनिवार्यता अथवा बाध्यता अवश्य पाई जाती है जिसके कारण मानव इच्छा न होते हुए भी अपने कर्त्तव्य का पालन करने के लिए प्रेरित होता है। मुख्यतः इसी तथ्य को ध्यान में रखकर कान्ट ने कर्त्तव्य की परिभाषा दी है। कर्त्तव्य को परिभाषित करते हुए कान्ट ने लिखा कि नैतिक नियम के प्रति सम्मान की भावना से प्रेरित होकर इसी नियम के अनुरूप कर्म करने की अनिवार्यता ही कर्त्तव्य है।' इस प्रकार कान्ट के विचार में कर्त्तव्य की चेतना ही मानव को ऐसा कर्म करने के लिए प्रेरित कर सकती है जो उसकी स्वाभाविक इच्छा अथवा प्रवृत्ति के विरुद्ध होते हुए भी उसका कर्त्तव्य है। इसी कारण उन्होंने मानव की इस कर्त्तव्य चेतना को ही सम्पूर्ण नैतिकता का एकमात्र मूल आधार माना है।

उनका निश्चित मत है कि मानव के केवल उसी कर्म का नैतिक मूल्य है जो उसकी इस कर्त्तव्य-चेतना द्वारा निर्धारित होता है। अपने इस मत को स्पष्ट करने के लिए कान्ट ने मानवीय कर्मों को तीन वर्गों तात्कालिक संवेग इच्छा, अथवा प्रवृत्ति द्वारा प्रेरित कर्म, अपने हित अथवा कल्याण के लिए सोच-समझ कर किये जाने वाले कर्म और केवल अपने कर्त्तव्या का पालन करने की चेतना से प्रेरित कर्म में विभाजित किया है।

अनैच्छिक कार्य

अनैच्छिक कार्यों पर व्यक्ति का कोई नियन्त्रण नहीं रहता अर्थात् वह इन्हें करने अथवा न करने के लिए स्वतंत्र नहीं होता। उदाहरणार्थ पाचन क्रिया, हृदय की धड़कन, रक्त-संचार आदि क्रियाएं मानव के जीवन के लिए अनिवार्य हैं, किन्तु ये सभी क्रियाएं उसके नियन्त्रण में नहीं होती और वह उन्हें जान-बूझकर स्वयं नहीं करता। यही कारण है कि इन क्रियाओं को अनैच्छिक कर्म कहा जाता है। इसी अर्थ

में मानसिक दृष्टि से विक्षिप्त व्यक्तियों, बहुत छोटे शिशुओं तथा पशुओं के कर्म भी अनैच्छिक माने जाते हैं जिसका कारण बिना किसी विचार के इन कार्यों का करना होता है। वे ये सब कर्म कुछ ऐसी शक्तियों के वशीभूत होकर करते हैं जिन पर उसका कोई नियन्त्रण नहीं होता। इनके सम्बन्ध में कर्त्ता को किसी प्रकार की स्वतंत्रता नहीं होती।

ऐच्छिक कार्य

ऐच्छिक कर्म वे हैं, जिन कर्मों पर मानव का नियन्त्रण होता है और जिन्हें वह अपनी इच्छानुसार कर या छोड़ सकता है। ये कर्म मानव जान-बूझकर अथवा सोच-समझ कर करता है, किसी बाह्य अथवा आन्तरिक विवशता के कारण नहीं, अतः इन कर्मों के लिये उसे उत्तरदायी माना जाता है उसके इन्हीं ऐच्छिक कर्मों को आचरण की संज्ञा दी जाती है उनमें से अधिकतर ऐसे ही होते हैं जिन्हें करते समय मानव को यह ज्ञान होता है कि वह अमुक कर्म कर रहा है। उदाहरण के लिए आप यह जानते हैं कि आप किसी बाह्य विवशता के कारण या अपनी स्वतंत्र इच्छानुसार यह पुस्तक पढ़ रहे हैं।

इसी प्रकार विपत्ति-काल में जब आप किसी व्यक्ति की सहायता करते हैं तब आपको इस बात का ज्ञान होता है कि आप उसकी सहायता कर रहे हैं। कुछ कर्म ऐसे होते हैं जिन्हें मानव यंत्रवत् करता जाता है और जिन्हें करने के लिए उसे सोचने-समझने तथा प्रयत्नपूर्वक ध्यान केन्द्रित करने की आवश्यकता नहीं होती। आदत चेतनाप्रेरित या अभ्यास के फलस्वरूप किये जाने वाले सभी कर्म ऐसे ही कर्म हैं। इन कर्मों को अभ्यास जन्म कर्म कहा जाता है। ऐसे सभी कर्मों को भी ऐच्छिक ही माना जाता है, क्योंकि इनकी आदत पड़ने से पूर्व मानव इन्हें करने या न करने के लिए स्वतंत्र था।

संक्षेप में उपर्युक्त दोनों प्रकार के ऐच्छिक कर्मों के औचित्य अथवा अनौचित्य के सम्बन्ध में निष्पक्ष निर्णय देकर उनका तर्कसंगत मूल्यांकन करना ही मुख्य उद्देश्य है।

अधिकार विषयक सिद्धान्त

मानवाधिकार में 'अधिकार' का आशय कई रूपों में लिए जाने के कारण इसे सिद्धान्त रूप में प्रतिपादित करने की आवश्यकता महसूस हुई ये सिद्धान्त इस प्रकार हैं—

अधिकारों का वैधानिक सिद्धान्त

इस सिद्धान्त के सम्बन्ध में **नार्मन नाइल्ड** का कहना है कि कानून हमारे अधिकारों को मान्यता देता है और उनकी रक्षा करता है, परन्तु वह उन्हें जन्म नहीं दे सकता। अधिकारों को कानून का स्वरूप दिया जाये या न दिया जाये। उनका अपना अलग अस्तित्व है। लॉस्की ने भी लिखा है अधिकारों का वैधानिक सिद्धान्त केवल यह बतला सकता है कि वास्तव में राज्य का स्वरूप कैसा है, लेकिन उससे यह पता नहीं चलता कि राज्य को कानूनों का जन्मदाता मानने पर राज्य के स्वेच्छाचारी व निरंकुश होने की संभावना बढ़ जाती है। आर्शीवादम् ने लिखा है यह कहना कि एक मात्र राज्य ही अधिकारों की सृष्टि करता है, राज्य को निरंकुश बना देता है। ऐसा करने पर राज्य एक विशालकाय दैत्य रूप में प्रकट होने लगेगा। **लॉस्की** का मत है, अधिकारों की प्रतिरक्षा लिखित विधान की अपेक्षा अभ्यास और परम्परा पर अधिक निर्भर करती है।

अधिकारों का ऐतिहासिक सिद्धान्त

यह सिद्धान्त इस मान्यता पर आधारित है कि अधिकार इतिहास की जननी है। वर्षों से हम जिन परम्पराओं, प्रथाओं व रीति-रिवाजों का पालन करते चले आ रहे हैं, वे ही कालान्तर में अधिकार के रूप में परिणत हो जाते हैं। यह सिद्धान्त अधिकारों को न तो प्राकृतिक मानता है, न ही राज्य-कृत अपितु उन्हें अधिकार मानता है जिनके पालन करने में हम अभ्यस्त हो जाते हैं। **प्रो. रिची** ने लिखा है, जिन व्यक्तियों के सम्बन्ध में लोग सोचते हैं कि वे उन्हें मिलने ही चाहिये, वे ही अधिकार होते हैं, जिनके वे अभ्यस्त होते हैं या जिनके सम्बन्ध में सही या गलत उनकी यह धारणा होती है कि उन्हें सभी प्राप्त थे। अप्रत्यक्ष रूप में अधिकारों के ऐतिहासिक सिद्धान्त का समर्थन करते हुये की बर्क कहते हैं कि गौरवपूर्ण क्रांति का आधार अंग्रेजी की रीति-रिवाजों पर आधारित अधिकार ही थे।

अधिकारों का समाज कल्याण सिद्धान्त

यह सिद्धान्त प्रतिपादित करता है कि राज्य उन्हें ही अधिकारों के रूप में मान्यता प्रदान करता है जो समाज के लिए उपयोगी होते हैं तथा समाज के हितों के अनुरूप होते हैं। वास्तव में अधिकारों की स्थापना समाज-कल्याण को ध्यान में रखते हुए ही की जाती है। बेंथम और मिल जैसे उपयोगितावादी तथा रोस्को पाउन्ड एवं प्रो. चेफर जैसे विद्वान भी इस सिद्धान्त का प्रतिपादन करते हैं। प्रो. लास्की ने

भी उपयोगिता को अधिकार की कसौटी माना है। बेंथम तो अधिकारों का निर्धारण अधिकतम व्यक्तियों के अधिकतम सुख के आधार पर करने का सुझाव देते हैं। प्रो. चेफर का कहना है, 'अधिकारों के हितों के अनुरूप ही निश्चित किया जाता है।' प्रो. लॉस्की कहते हैं, 'लोक कल्याण के विरूद्ध मेरे कोई अधिकार नहीं हो सकते, क्योंकि ऐसा करना मुझे उस कल्याण के विरूद्ध अधिकार देता है जिसमें मेरा कल्याण घनिष्ठ व अविच्छिन्न रूप से जुड़ा है।'

अधिकारों का आदर्शवादी सिद्धान्त

यह सिद्धान्त मानव के व्यक्तित्व को स्वीकार करता है तथा अधिकारों को उन बाह्य परिस्थितियों के रूप में निरूपित करता है जो व्यक्ति के विकास के लिए आवश्यक और सहायक होते हैं। यह सिद्धान्त अधिकारों का अस्तित्व, मानव व्यक्तित्व के विकास के लिए ही स्वीकार करता है। क्रास, हैन्रीची, ग्रीन, लॉस्की आदि विद्वानों ने अधिकारों की जो परिभाषा दी है, वे अधिकारों के आदर्शवादी सिद्धान्त पर आश्रित हैं। **ग्रीन के अनुसार,** 'अधिकार वह शक्ति है जो कि किसी मानव के लिए भौतिक जीवन के रूप में उनके व्यवसाय और कर्तव्य को पूरा करने के लिए आवश्यक है।'' **क्रास के अनुसार**, 'अधिकार विवेकपूर्ण जीवन के विकास के लिए आवश्यक बाहरी परिस्थितियां हैं' हैन्रीची का मत है, 'मानव के व्यक्तिगत विकास के लिए भौतिक परिस्थितियाँ आवश्यक हैं। उनकी रक्षा के लिए जो कुछ जरूरी है, वही अधिकार है।'

अधिकारों का प्राकृतिक सिद्धान्त

यह सिद्धान्त सर्वाधिक प्राचीन है जो कि मानवीय अधिकार को पूर्णतया प्राकृतिक और जन्मसिद्ध मानता है। आशीर्वादम् ने लिखा है, अधिकार उसी प्रकार मानव की प्रकृति के अंग होते हैं जिस प्रकार उसकी चमड़ी का रंग। इनकी विस्तृत व्याख्या करने या औचित्य बताने की कोई आवश्यकता नहीं है। ये तो स्वयंसिद्ध हैं। हॉब्स, लॉक, रूसो, मिल्टन, वाल्टेयर, ऑमसपेन, हर्बर्ट स्पेन्सर, ब्लेकस्टोन आदि विचारकों ने इस सिद्धान्त का प्रतिपादन किया है। इस सिद्धान्त का समर्थन सामाजिक समझौता सिद्धान्त के समर्थकों ने मुख्य रूप से किया है– इस सिद्धान्त में यह कहा गया है कि अधिकार जन्मजात, निरपेक्ष और स्वयंसिद्ध है, इसलिए समाज तथा राज्य को व्यक्ति के इन अधिकारों पर प्रतिबन्ध नहीं लगाना चाहिए। स्पेंसर ने कहा है कि समान स्वाधीनता का अधिकार सभी व्यक्तियों का मौलिक

अधिकार है। लॉ का मत है, सभी मानव स्वतन्त्र और विवेकी पैदा होता है और समाज में आने के पूर्व ही व्यक्ति को ये अधिकार प्राप्त होते हैं। उल्लेखनीय है कि फ्रांस, अमरीका तथा अन्य देशों में जो स्वतंत्रता, समानता और भ्रातृत्व की घोषणा की गयी है, इस पर इसी धारणा का ही प्रभाव है।

इस सिद्धान्त की आलोचना इसलिए की जाती है क्योंकि इसमें प्राकृतिक शब्द का अर्थ स्पष्ट नहीं हुआ है। **प्रो. रिची** के अनुसार प्राकृतिक शब्द के कई अर्थ हैं जैसे सम्पूर्ण ब्रह्माण्ड, सृष्टि का वह भाग जहाँ मानव नहीं है, आदर्श या पूर्ण लक्ष्य, अपूर्व साधारण और औसत। इस सिद्धान्त के किसी भी प्रतिपादक ने इस शब्द के अर्थ को निश्चित नहीं किया है। उदाहरणार्थ कुछ विचारक व्यक्तिगत सम्पत्ति को प्राकृतिक मानते हैं, जबकि कुछ आर्थिक समानता को प्राकृतिक अधिकार मानते हैं। कुछ चिंतक स्वतन्त्रता को प्राकृतिक मानते हैं और कुछ दासता को। लॉस्की ने लिखा है, अधिकारों की कोई स्थायी या अपरिवर्तित सूची निर्मित नहीं की जा सकती।

इस सिद्धान्त के समर्थक मानते हैं कि राज्य एक कृत्रिम संस्था है, जिसने शक्ति के आधार पर नागरिकों को अधिकारों से वंचित कर दिया है, जबकि वास्तविकता इसके बिल्कुल विपरीत है। राज्य एक शाश्वत संस्था है जो मानवीय अधिकार की रक्षा करता है। कुछ आलोचकों का मत है कि सामाजिक मान्यता के अभाव में अधिकार की कल्पना संभव नहीं है। **गिलक्राइस्ट** ने लिखा है, अधिकारों की उत्पत्ति इसी तथ्य से हुई है कि मानव एक सामाजिक प्राणी है। इस प्रकार समाज के अस्तित्व में हमारे पास शक्ति रह सकती है, अधिकार नहीं।

भारत में मानवाधिकार

देश के विशाल आकार और विविधता, विकसनशील तथा संप्रभुता संपन्न धर्म-निरपेक्ष, लोकतांत्रिक गणतंत्र के रूप में इसकी प्रतिष्ठा, तथा एक भूतपूर्व औपनिवेशिक राष्ट्र के रूप में इसके इतिहास के परिणामस्वरूप भारत में मानवाधिकारों की परिस्थिति एक प्रकार से जटिल हो गई है। भारत का संविधान मौलिक अधिकार प्रदान करता है, जिसमें धर्म की स्वतंत्रता भी अंतर्भूक्त है। संविधान की धाराओं में बोलने की आजादी के साथ-साथ कार्यपालिका और न्यायपालिका का विभाजन तथा देश के अन्दर एवं बाहर आने-जाने की भी आजादी दी गई है। यह अक्सर मान लिया जाता है, विशेषकर मानवाधिकार दलों और कार्यकर्ताओं के द्वारा कि दलित अथवा अछूत जाति के सदस्य पीड़ित हुए हैं एवं लगातार पर्याप्त भेदभाव झेलते रहे हैं।

हालांकि मानवाधिकार की समस्याएं भारत में मौजूद हैं, फिर भी इस देश को दक्षिण एशिया के दूसरे देशों की तरह आमतौर पर मानवाधिकारों को लेकर चिंता का विषय नहीं माना जाता है। इन विचारों के आधार पर, फ्रीडम हाउस द्वारा फ्रीडम इन द वर्ल्ड 2006 को दिए गए रिपोर्ट में भारत को राजनीतिक अधिकारों के लिए दर्जा 2, एवं नागरिक अधिकारों के लिए दर्जा 3 दिया गया है, जिससे इसने स्वाधीन की संभतः उच्चतम दर्जा (रेटिंग) अर्जित की है।

भारत में मानवाधिकार हनन की घटना

देश के विशाल आकार और विविधता, विकासशील तथा संप्रभुता संपन्न धर्म-निरपेक्ष, लोकतांत्रिक गणतंत्र के रूप में इसकी प्रतिष्ठा तथा एक भूतपूर्व औपनिवेशिक राष्ट्र के रूप में इसके इतिहास के परिणामस्वरूप भारत में मानवाधिकारों की परिस्थिति एक प्रकार से जटिल हो गई है। भारत का संविधान मौलिक अधिकार प्रदान करता है, जिसमें धर्म की स्वतंत्रता भी अंतर्भूक्त है। संविधान की धाराओं में बोलने की आजादी के साथ-साथ कार्यपालिका और न्यायपालिका का विभाजन तथा देश के अन्दर एवं बाहर आने-जाने की भी आजादी दी गई है। यह अक्सर मान लिया जाता है, विशेषकर मानवाधिकार दलों और कार्यकर्ताओं के द्वारा कि दलित अथवा अछूत जाति के सदस्य पीड़ित हुए हैं एवं लगातार पर्याप्त भेदभाव झेलते रहे हैं।

हालांकि मानवाधिकार की समस्याएं भारत में मौजूद हैं, फिर भी इस देश को दक्षिण एशिया के दूसरे देशों की तरह आमतौर पर मानवाधिकारों को लेकर चिंता का विषय नहीं माना जाता है। इन विचारों के आधार पर, फ्रीडम हाउस द्वारा फ्रीडम इन द वर्ल्ड 2006 को दिए गए रिपोर्ट में भारत को राजनीतिक अधिकारों के लिए दूसरा स्थान एवं नागरिक अधिकारों के लिए तीसरा स्थान दिया गया है, जिससे इसने स्वाधीन की संभतः उच्चतम दर्जा (रेटिंग) अर्जित की है।

भारत में मानव के अधिकारों से संबंधित घटनाओं के कालक्रम पर संक्षिप्त प्रकाश नीचे डाला गया है—

1829—पति की मृत्यु के बाद रुढ़िवादी हिन्दू दाह संस्कार के समय उसकी विधवा के आत्म-दाह की चली आ रही सती-प्रथा को राममोहन राय के ब्रह्मों समाज जैसे हिन्दू सुधारवादी आंदोलनों के वर्षों प्रचार के पश्चात् गवर्नर जनरल विलियम बेंटिक ने औपचारिक रूप से समाप्त कर दिया।

1929—बाल-विवाह निषेध अधिनियम में 14 साल से कम उम्र के नाबालिकों के विवाह पर निषेधाज्ञा पारित कर दी गई।

1947—भारत ने ब्रिटिश राज से राजनीतिक आजादी हासिल की।

1950—भारत के संविधान ने सार्वभौमिक वयस्क मताधिकार के साथ संप्रभुता संपन्न लोकतांत्रिक गणराज्य की स्थापना की। संविधान के खण्ड 3 में उच्चतम न्यायालय एवं उच्च न्यायालय द्वारा प्रवर्तनीय मौलिक अधिकारों का विधेयक अन्तर्भुक्त है। यह शिक्षा, रोजगार और राजनीतिक प्रतिनिधित्व से पूर्ववर्ती वंचित वर्गों के लिए आरक्षण का प्रावधान भी करता है।

1952—आपराधिक जनजाति अधिनियम को पूर्ववर्ती 'आपराधिक जनजातियों को 'अनधिसूचित' के रूप में सरकार द्वारा वर्गीकृत किया गया तथा आभ्यासिक अपराधियों का अधिनियम (1952) पारित हुआ।

1955—हिन्दुओं से संबंधित परिवार के कानून में सुधार ने हिन्दू महिलाओं को अधिक अधिकार प्रदान किए।

1958—सशस्त्र बल (विशेष अधिकार) अधिनियम, 1958।

1973—भारत का उच्चतम न्यायालय केशवानन्द भारती के मामले में यह कानून लागू करता है कि संविधान की मौलिक संरचना कई मौलिक अधिकारों सहित संवैधानिक संशोधन के द्वारा अपरिवर्तनीय है।

1975-77—भारत में आपात काल की स्थिति-अधिकारों के व्यापक उल्लंघन की घटनाएं घटीं।

1978—मेनका गांधी बनाम भारत संघ के मामले में उच्चतम न्यायालय ने यह कानून लागू किया कि आपात-स्थिति में भी अनुच्छेद 21 के तहत जीवन (जीने) के अधिकार को निलंबित नहीं किया जा सकता।

1978-जम्मू और कश्मीर जन सुरक्षा अधिनियम, 1978।

1984—ऑपरेशन ब्लू स्टार और उसके तत्काल बाद 1984 के सिख विरोधी दंगे।

1985-06—शाहबानो मामला जिसमें उच्चता न्यायालय ने तलाक-शुदा मुस्लिम महिला के अधिकार को मान्यता प्रदान की जिसने मौलानाओं ने विरोध की चिंगारी भड़का दी। उच्चतम न्यायालय के फैसले को अमान्य करार करने के लिए राजीव गांधी की सरकार ने मुस्लिम महिमा (तलाक पर अधिकार का संरक्षण) अधिनियम 1986 पारित किया।

1989—अनुसूचित जाति और अनुसूचित जनजाति (अत्याचार निवारण) अधिनियम, 1989 पारित किया गया।

1989—वर्तमान कश्मीरी बगावत ने कश्मीरी पंडितों का नस्ली तौर पर सफाया, हिन्दू मंदिरों को नष्ट-भ्रष्ट कर देना, हिन्दुओं और सिखों की हत्या तथा विदेशी पर्यटकों और सरकारी कार्यकर्ताओं का अपहरण देखा।

1992—संविधानिक संशोधन ने स्थानीय स्व-शासन (पंचायती राज) की स्थापना तीसरे तले (दर्जे) के शासन के ग्रामीण स्तर पर की गई जिसमें महिलाओं के लिए एक-तिहाई सीट आरक्षित की गई। साथ ही साथ अनुसूचित जातियों के लिए प्रावधान किए गए।

1992—हिन्दू-जनसमूह द्वारा बाबरी मस्जिद ध्वस्त कर दिया गया, परिणामस्वरूप देश भर में दंगे हुए।

1993—मानवाधिकार संरक्षण अधिनियम के अंतर्गत राष्ट्रीय मानवाधिकार आयोग की स्थापना की गई।

2001—उच्चतम न्यायालय ने भोजन का अधिकार लागू करने के लिए व्यापक आदेश जारी किए।

2002—गुजरात में हिंसा, मुख्य रूप से मुस्लिम अल्पसंख्यक को लक्ष्य कर, कई लोगों की जाने गईं।

2005—एक सशक्त सूचना का अधिकार अधिनियम पारित हुआ ताकि सार्वजनिक अधिकारियों के अधिकार क्षेत्र में संघटित सूचना तक नागरिक की पहुंच हो सके।

2005—राष्ट्रीय ग्रामीण रोजगार गारंटी अधिनियम (एनआरईजीए) रोजगार की सार्वभौमिक गारंटी प्रदान करता है।

2006—उच्चतम न्यायालय भारतीय पुलिस के अपर्याप्त मानवाधिकारों के प्रतिक्रिया स्वरूप पुलिस सुधार के आदेश जारी किए।

2009—दिल्ली उच्च न्यायालय ने भारतीय दण्ड संहिता की धारा 377 की घोषणा की जिसने अनिर्दिष्ट 'अप्राकृतिक' यौनाचरणों के सिलसिले को ही गैरकानूनी करार कर दिया, लेकिन जब यह व्यक्तिगत तौर पर दो लोगों के बीच सहमति के साथ समलैंगिक यौनाचरण के मामले में लागू किया गया तो अंसवैधानिक हो गया, तथा भारत में इसने समलैंगिक संपर्क को प्रभावी तरीके से अलग-अलग भेद-भाव कर देखना शुरू किया।

संक्षेप में यह कहा जा सकता है कि मानवाधिकार मानव के मौलिक अधिकारों व स्वतंत्रताओं से संबंधित है जो मानव की अभिवृद्धि में काफी सहायक होता है।

इस अधिकार द्वारा मानव के सम्मान तथा प्रतिष्ठा की रक्षा होती है। यह अधिकार मानव को समाज में प्राप्त होते हैं।

प्रेस की आजादी

सीमा के बिना संवाददाताओं(रिपोर्टर्स विदाउट बोर्डर्स) के अनुमान के अनुसार, दुनिया भर में प्रेस की आजादी के सूचकांक़ में भारत का स्थान 105वां है (भारत के लिए प्रेस की आजादी का सूचकांक 2009 में 29.33 था)। भारतीय संविधान में प्रेस शब्द का उल्लेख नहीं किया गया है, लेकिन भाषण और अभिव्यक्ति की स्वतंत्रता के अधिकार का प्रावधान किया गया है (अनुच्छेद 19(1) a)। हालांकि उप-अनुच्छेद (2), के अंतर्गत यह अधिकार प्रतिबंध के अधीन है, जिसके द्वारा भारत की प्रभुसत्ता एवं अखंडता, राज्य की सुरक्षा, विदेशी राज्यों के साथ मैत्रीपूर्ण संबंध जनता में श्रृंखला, शालीनता का संरक्षण, नैतिकता का संरक्षण, किसी अपराध के मामले में अदालत की अवमानना, मानहानि, अथवा किसी अपराध के लिए उकसाना आदि कारणों से इस अधिकार को प्रतिबंधित किया गया है। जैसे कि सरकारी गोपनीयता अधिनियम एवं आतंकवाद निरोधक अधिनियम के कानून लाए गए हैं। प्रेस की आजादी पर अंकुश लगाने के लिए पोटा (पीओटीए) का इस्तेमाल किया गया है।

पोटा (पीओटीए) का इस्तेमाल किया गया है। पोटा (पीओटीए) के अंतर्गत पुलिस को आतंकवाद से संबंधित आरोप लाने से पूर्व किसी व्यक्ति को छः महीने तक के लिए हिरासत में बंदी बनाकर रखा जा सकता था। वर्ष 2004 में पोटा को निरस्त कर दिया गया, लेकिन युएपीए (UAPA) के संशोधन के जरिए पुनःप्रतिस्थापित कर दिया गया। सरकारी गोपनीयता अधिनियम 1923 कारगर रूप से बरकरार रहा। स्वाधीनता की पहली आधी सदी के लिए, राज्य के द्वारा मीडिया पर नियंत्रण प्रेस की आजादी पर एक बहुत बड़ी बाधा थी। इंदिरा गांधी ने वर्ष 1975 में एक लोकप्रिय घोषणा की कि 'ऑल इण्डिया रेडियो' एक सरकारी अंग (संस्थान) है और यह सरकारी अंग के रूप में बरकरार रहेगा। 1990 में आरम्भ हुए उदारीकरण में, मीडिया पर निजी नियंत्रण फलने-फूलने के साथ-साथ स्वतंत्रता बढ़ गई और सरकार की अधिक से अधिक तहकीकात करने की गुंजाइश हो गई।

तहलका और एनडीटीवी जैसे संगठन विशेष रूप से प्रभावशाली रहे हैं, जैसे कि, हरियाणा के शक्तिशाली मंत्री विनोद शर्मा को इस्तीफा दिलाने के बारे में। इसके

अलावा, हाल के वर्षों में प्रसार भारती के अधिनियम जैसे पारित कानूनों ने सरकार द्वारा प्रेस पर नियंत्रण को कम करने में उल्लेखनीय योगदान किया है।

एल जी बी टी अधिकार

जब तक दिल्ली हाई कोर्ट ने 2 जून 2009 को सम-सहमत वयस्कों के बीच सहमति-जन्य निजी यौनकर्मों को गैरआपराधिक नहीं मान लिया, तब तक 150 वर्ष पुरानी भारतीय दंड संहिता (आईपीसी) की अस्पष्ट धारा 377, औपनिवेशिक ब्रिटिश अधिकारियों द्वारा पारित कानून की व्याख्या के अनुसार समलैंगिकता को अपराधी माना जाता था। बहरहाल, यह कानून यदा-कदा ही लागू किया जाता रहा, समलैंगिकता को गैरापराधिक करार करार करने के अपने आदेश में, दिल्ली उच्च न्यायालय ने कहा कि मौजूदा कानून भारतीय संविधान द्वारा गारंटीकृत मौलिक अधिकारों के साथ प्रतिद्वन्द्व पैदा करती है और इस तरह के अपराधीकरण संविधान की धारा 21, 14 और 15 का उल्लंघन करते हैं।

मानव तस्करी

मानव तस्करी भारत में $ 8 मिलियन अमेरिकी डॉलर का एक अवैध व्यापार है। हर साल लगभग 10,000 नेपाली महिलाएं वाणिज्यिक यौन शोषण के लिए भारत लायी जाती हैं, हर साल 20,000-25,000 महिलाओं और बच्चों की बांग्लादेश से अवैध तस्करी हो रही है। बाबूभाई खिमाभाई कटारा एक सांसद थे जब एक बच्चे की कनाडा में तस्करी के लिए वे गिरफ्तार कर लिए गए।

धार्मिक हिंसा

भारत में (अधिकतर हिंदुओं और मुसलमानों के धार्मिक गुटों के बीच) सांप्रदायिक संघर्ष ब्रिटिश शासन से आजादी के आसपास के समय से ही प्रचलित हैं। भारत में सांप्रदायिक हिंसा की सबसे पुरानी घटनाओं में केरल मोप्लाह (Moplah) विंद्रोह था, जब कट्टरपंथी इस्लामी जंगियों ने हिंदुओं की हत्या कर दी। भारत विभाजन के दौरान हिंदुओं, सिखों और मुसलमानों के बीच सांप्रदायिक दंगों में बड़े पैमाने पर हुई हिंसा में लोग बड़ी संख्या में मारे गए थे। 1984 के सिख विरोधी दंगों में चार दिन की अवधि के दौरान भारत की नरमदलवादी धर्मनिरपेक्ष कांग्रेस पार्टी के सदस्यों द्वारा सिखों की हत्या होती रही, कुछ लोगों का अनुमान है कि 2,000 से अधिक मारे गए थे।

अन्य घटनाओं में 1992 के मुंबई दंगे तथा 2002 के गुजरात की हिंसा की घटनाएं शामिल हैं–उत्तरार्द्ध वाली घटना में, इस्लामी आतंकवादियो ने हिंदू यात्रियों से भरी गोधरा में खड़ी ट्रेन को एक हमले में जला डाला, जिसमे 58 हिंदू मारे गए थे, इस घटना के परिणामस्वरूप 1000 से अधिक मुसलमान मारे गए थे (जिसका कोई उल्लेख नहीं है)। कई कस्बों और गांवों को छिटपुट छोटी-मोटी घटनाएं त्रस्त करती रही हैं, जिसमे से एक उदहारण स्वरुप उत्तर प्रदेश के मऊ में हिंदू-मुस्लिम दंगे के दौरान पांच लोगों की हत्या थी, जो एक प्रस्तावित हिंदू त्योहार के समारोह के उपलक्ष में भड़का दिया गया था। ऐसी ही एक अन्य घटना में को सांप्रदायिक दंगों में 2002 मराद नरसंहार शामिल है, जिसे उग्रवादी इस्लामी गुट राष्ट्रीय विकास मोर्चा द्वारा अंजाम दिया गया था, साथ ही साथ तमिलनाडु में इस्लामवादी तमिलनाडु मुस्लिम मुनेत्र कजघम द्वारा निष्पादित हिन्दुओं के खिलाफ सांप्रदायिक दंगे हैं।

जाति से संबंधित मुद्दे

मुख्य लेख [Caste system in India] Caste politics in India, और Caste - related violence in India ह्यूमन राइट्स वॉच के एक रिपोर्ट के अनुसार, दलितों और स्वदेशी लोगों (जो अनुसूचित जनजातियों या आदिवासियों के रूप में जाने जाते हैं) वे लगातार भेदभाव, बहिष्कार, एवं सांप्रदायिक हिंसा के कृत्यों का सामना कर रहे हैं। भारतीय सरकार द्वारा अपनाए गए कानून और नीतियां सुरक्षा के मजबूत आधार प्रदान करती हैं, लेकिन स्थानीय अधिकारियों द्वारा ईमानदारी से कार्यान्वित नहीं हो रही है, एमनेस्टी इंटरनेशनल का कहना है, 'यह भारतीय सरकार की जिम्मेदारी है कि जाति के आधार पर भेदभाव के खिलाफ कानूनी प्रावधानों को पूरी तरह से अधिनियमित और लागू करे।

कई खानाबदोश जनजातियों के साथ भारत की अनधिसूचित (डिनोटिफाइड) जनजातियों की जनसंख्या जो सामूहिक रूप से 60 मिलियन है, लगातार आर्थिक कठिनाइयों और सामाजिक कलंक का सामना कर रहे हैं, इस तथ्य के बावजूद कि आपराधिक जनजातियों के अधिनियम 1871 को सरकार द्वारा 1952 में निरसित कर दिया गया था और आभ्यासिक अपराधियों के अधिनियम (एचओए) (1952) द्वारा इतने प्रभावी रूप से प्रतिस्थापित कर दिया गया कि, तथाकथित 'अपराधिक जनजातियों' की पुरानी सूची से एक नई सूची बनाई गई। यहाँ तक कि आज भी ये जनजातियां असामाजिक गतिविधि निवारण अधिनियम९(PASA) के परिणामों

को झेलती हैं, जो केवल उनके अस्तित्व में बने रहने के लिए उनके दैनन्दिन संघर्ष में इजाफा ही करते हैं क्योंकि उनमें से ज्यादातर लोग गरीबी रेखा के नीचे ही रहते हैं।

नस्ली भेदभाव उन्मूलन (CERD) पर राष्ट्रीय मानवाधिकार आयोग और संयुक्त राष्ट्र की भेदभाव विरोधी निकाय समिति ने सरकार से इस कानून को अच्छी तरह से निरसित कर देने को कहा है, क्योंकि ये पहले की आपराधिक जनजातियां बड़े पैमाने पर उत्पीड़न और सामाजिक बहिष्कार सहती रही हैं और कइयों को अनुसूचित जाति, अनुसूचित जनजाति या अन्य पिछड़े वर्ग का दर्जा देने से इनकार कर दिया गया है ताकि उनके आरक्षण के अधिकार को नकार दिया जाय जो उनकी सामाजिक और आर्थिक स्थिति को ऊपर उठाता।

जैसे कि बिहारी-विरोधी मनोभाव के संघर्षों ने कभी-कभी हिंसा का रूप धारण कर लिया है। अपराध जांच के लिए आक्रामक तरीके जैसेकि 'नार्कोअनालिसिस' (नियंत्रित संज्ञाहरण) अर्थात अवचेतन में विश्लेषण की अब सामान्यतः भारतीय अदालतों ने अनुमति दी है। हालांकि भारतीय संविधान के अनुसार 'किसी को भी खुद उसी के खिलाफ एक गवाह नहीं बनाया जा सकता है', अदालतों ने हाल ही में घोषणा की है कि यहाँ तक कि इस प्रयोग के संचालन के लिए अदालत से अनुमति आवश्यक नहीं है।

अवचेतानावस्था में विश्लेषण (Narcoanalysis) का अब व्यापक रूप से प्रयोग प्रतिस्थापित, प्रवंचना के लिए किया जाता है अपराध जांच के वैज्ञानिक तरीकों के संचालन के लिए कौशल और बुनियादी सुविधाओं की कमी है। मूल शोध?, अवचेतानावस्था में विश्लेषण (Narcoanalysis), कौन?, पर भी चिकित्सा की नैतिकता के खिलाफ आरोप लगाया गया है। यह पाया गया है कि देश के आधे से अधिक कैदी पर्याप्त सबूत के बिना ही हिरासत में हैं। अन्य लोकतांत्रिक देशों के विपरीत, आम तौर पर भारत में आरोपी की गिरफ्तारी के साथ ही जांच की शुरूआत होती है। चूंकि न्यायिक प्रणाली में कर्मचारियों की कमी और सुस्ती है, अतः कई वर्षों से जेल में सड़ रहे निर्दोष नागरिकों का होना कोइ असामान्य बात नहीं है। उदाहरण के लिए, सितम्बर 2009 में मुम्बई उच्च न्यायालय ने महाराष्ट्र सरकार से एक 40-वर्षीय व्यक्ति को मुआवजे के रूप में 1 लाख रुपये का भुगतान करने के लिए कहा क्योंकि जिस अपराध के लिए वह 10 साल से जेल में सजा काट रहा था दरअसल उसने वह अपराध किया ही नहीं था।

भारतीय प्रशासित कश्मीर

कई अंतर्राष्ट्रीय एजेंसियों और संयुक्त राष्ट्र ने भारतीय-प्रशासित कश्मीर में मानवाधिकारों के उल्लंघन की रिपोर्ट दी है। हाल ही में एक प्रेस विज्ञप्ति में ओएचसीएचआर (OHCHR) के एक प्रवक्ता ने कहा, 'मानवाधिकारों के उच्चायुक्त का कार्यालय भारतीय-प्रशासित कश्मीर में हल-फिलहाल हुए हिंसक विरोधों के बारे अधिक चिंतित है सूचनानुसार जिसके कारण नागरिक तो मारे गए ही साथ ही साथ सभा आयोजित करने (एक साथ समूह में जमा होने) अभिव्यक्ति की आजादी के अधिकार पर भी प्रतिबन्ध लगा दिया। वर्ष 1996 के मानवाधिकारों की चौकसी के रिपोर्ट ने भारतीय सेनावाहिनी एवं भारतीय सरकार द्वारा समर्थित अर्द्धसैनिक बलों की कश्मीर में गंभीर और व्यापक मानवाधिकारों के उल्लंघन करने के आरोप लगाए हैं। ऐसा ही एक कथित नरसंहार सोपोर शहर में 6 जनवरी 1993 को घटित हुआ। टाइम पत्रिका ने इस घटना का विवरण इस प्रकार दिया, 'केवल एक सैनिक की हत्या के प्रतिशोध में, अर्द्धसैनिक बलों ने पूरे सोपोर बाजार को रौंद डाला और आसपास खड़े दर्शकों को गोली मार दी।

भारत सरकार ने इस घटना की निन्दा करते हुए इसे 'दुर्भाग्यपूर्ण' कहा तथा दावा किया कि अस्त्र-शस्त्र के एक जखीरे में बारूद के गोले से आग लग गई जिससे अधिकांश लोग मौत के शिकार हुए। इसके अतिरिक्त कई मानवाधिकार संगठनों ने पुलिस अथवा सेना द्वारा कश्मीर में लोगों के गायब कर दिए जाने के दावे भी पेश किए हैं। कई मानवाधिकार संगठनों, जैसे कि एमनेस्टी इंटरनैशनल एवं ह्युमन राइट्स वॉच (HRW) ने भारतीयों के द्वारा कश्मीर में किए जाने वाले मानवाधिकारों के हनन की निंदा की है जैसा कि 'अतिरिक्त-न्यायायिक मृत्युदंड', 'अचानक गायब हो जाना', एवं यातनाय, 'सशस्त्र बलों के विशेष अधिकार अधिनियम', जो मानवाधिकारों के हनन और हिंसा के चक्र में ईंधन जुटाने में दण्ड से छुटकारा दिलाता है। सशस्त्र बलों के विशेषाधिकार अधिनियम (एएफएसपीए) सेनावाहिनी को गिरफ्तार करने, गोली मारकर जान से मार देने का अधिकार एवं जवाबी कार्रवाई के ऑपरेशनों में संपत्ति पर कब्जा कर लेना या उसे नष्ट कर देने का व्यापक अधिकार प्रदान करता है। भारतीय अधिकारियों का दावा है कि सैनिकों को ऐसी क्षमता की ही आवश्यकता है क्योंकि जब कभी भी हथियारबंद लड़ाकुओं से राष्ट्रीय सुरक्षा को संगीन खतरा पैदा हो जाता है तो सेना को ही मुकाबला करने के लिए तैनात किया जाता है। उनका कहना है कि, ऐसी परिस्थितियों से निपटने के लिए असाधारण उपायों की जरुरत पड़ती है।

मानवाधिकार संगठनों ने भी भारत सरकार से जन सुरक्षा अधिनियम को निरसित कर देने की सिफारिश की है। चूंकि 'एक बंदी को प्रशासनिक नजरबंदी (कारावास) के अदालत के आदेश के बिना अधिकतम दो सालों के लिए बंदी बनाए रखा जा सकता है'।

संयुक्त राष्ट्र शरणार्थी उच्चायुक्त (युनाइटेड नेशंस हाई कमिश्नर फॉर रिफ्युजिज) के एक रिपोर्ट के मुताबिक यह तय किया गया कि भारतीय प्रशासित कश्मीर 'आंशिक रूप से आजाद' है (जबकि पाकिस्तान प्रशासित कश्मीर के बारे में निर्धारित किया गया कि 'आजाद नहीं' है।

मानव अधिकार की सार्वभौम घोषणा

संयुक्त राष्ट्र के चार्टर में यह कथन था कि संयुक्त राष्ट्र के लोग यह विश्वास करते हैं कि कुछ ऐसे मानवाधिकार हैं जो कभी छीने नहीं जा सकतेय मानव की गरिमा है और स्त्री-पुरुष के समान अधिकार हैं। इस घोषणा के परिणामस्वरूप संयुक्त राष्ट्र संघ ने 10 दिसम्बर 1948 को मानव अधिकार की सार्वभौम घोषणा अंगीकार की। इस घोषणा से राष्ट्रों को प्रेरणा और मार्गदर्शन प्राप्त हुआ और वे इन अधिकारों को अपने संविधान या अधिनियमों के द्वारा मान्यता देने और क्रियान्वित करने के लिए अग्रसर हुए। राज्यों ने उन्हें अपनी विधि में प्रवर्तनीय अधिकार का दर्जा दिया। 10 दिसंबर 1948 को संयुक्त राष्ट्र संघ की समान्य सभा ने मानव अधिकारों की सार्वभौम घोषणा को स्वीकृत और घोषित किया। इसका पूर्ण पाठ आगे के पृष्ठों में दिया गया है।

इस ऐतिहासिक कार्य के बाद ही सभा ने सभी सदस्य देशों से पुनरावेदन किया कि वे इस घोषणा का प्रचार करें और देशों अथवा प्रदेशों की राजनैतिक स्थिति पर आधारित भेदभाव का विचार किए बिना, विशेषतः विद्यालयों और अन्य शिक्षा संस्थाओं में, इसके प्रचार, प्रदर्शन, पठन और व्याख्या का प्रबंध करें। इसी घोषणा का सरकारी पाठ संयुक्त राष्ट्रों की इन पांच भाषाओं में प्राप्य है—अंग्रेजी, चीनी, फ्रांसीसी, रूसी और स्पेनी। अनुवाद का जो पाठ यहां दिया गया है, वह भारत सरकार द्वारा स्वीकृत है।

प्रस्तावना

चूंकि मानव परिवार के सभी सदस्यों के जन्मजात गौरव और समान तथा अविच्छिन्न अधिकार की स्वीकृति ही विश्व-शांति, न्याय और स्वतंत्रता की बुनियाद

है, चूंकि मानव अधिकारों के प्रति उपेक्षा और घृणा के फलस्वरूप ही ऐसे बर्बर कार्य हुय जिनसे मनुष्य की आत्मा पर अत्याचार किया गया, चूंकि एक ऐसी विश्व-व्यवस्था की उस स्थापना को (जिसमें लोगों को भाषण और धर्म की आजादी तथा भय और अभव से मुक्ति मिलेगी) सर्वसाधारण के लिए सर्वोच्च आकांक्षा घोषित किया गया है, चूंकि अगर अन्याययुक्त शासन और जुल्म के विरुद्ध लोगों को विंद्रोह करने के लिय–उसे ही अंतिम उपाय समझकर–मजबूर नहीं हो जाना है, तो कनून द्वारा नियम बनाकर मानव अधिकारों की रक्षा करना अनिवार्य है,

चूंकि राष्ट्रों के बीच मैत्रीपूर्ण संबंधों को बढ़ाना जरूरी है, चूंकि संयुक्त राष्ट्रों के सदस्य देशों की जनताओं ने बुनियादी मानव अधिकारों में, मानव व्यक्तित्व के गौरव और योग्यता में और नर-नारियों के समान अधिकारों में अपने विश्वास को अधिकार-पत्र में दहुराया है और यह निश्चय किया है कि अधिक व्यापक स्वतंत्रता के अंतर्गत सामाजिक प्रगति एवं जीवन के बेहतर स्तर को ऊंचा किया जाएं, चूंकि सदस्य देशों ने यह प्रतिज्ञा की है कि वे संयुक्त राष्ट्रों के सहयोग से मानव अधिकारों और बुनियादी आजादियों के प्रति सार्वभौम सम्मान की वृद्धि करेंगे।

चूंकि इस प्रतिज्ञा को पूरी तरह से निभाने के लिए इन अधिकारों और आजादियों का स्वरूप ठीक-ठीक समझना सबसे जरूरी है। इसलिए, अब, समान्य सभा घोषित करती है कि मानव अधिकारों की यह सार्वभौम घोषणा सभी देशों और सभी लोगों की समान सफलता है। इसका उद्देश्य यह है कि प्रत्येक व्यक्ति और समाज का प्रत्येक भाग इस घोषणा को लगातार दृष्टि में रखते हुए अध्यापन और शिक्षा के द्वारा यह प्रयत्न करेगा कि इन अधिकारों और आजादियों के प्रति सम्मान की भावना जाग्रत हो, और उत्तरोत्तर ऐसे राष्ट्रीय तथा अंतर्राष्ट्रीय उपाय किए जाएं जिनसे सदस्य देशों की जनता तथा उनके द्वारा अधिकृत प्रदेशों की जनता इन अधिकारों की सार्वभौम और प्रभावोत्पादक स्वीकृति दे और उनका पालन कराएं।

अनुच्छेद 1–सभी मनुष्यों को गौरव और अधिकारों के मामले में जन्मजात स्वतंत्रता और समानता प्राप्त है। उन्हें बुद्धि और अंतरात्मा की देन प्राप्त है और परस्पर उन्हें भाईचारे के भाव से बर्ताव करना चाहिए।

अनुच्छेद 2–सभी को इस घोषणा में सन्निहित सभी अधिकरों और आजादियों को प्राप्त करने का हक है और इस मामले में जाति, वर्ण, लिंग, भाषा, धर्म, राजनीतिक या अन्य विचार-प्रणाली, किसी देश या समाज विशेष में जन्म, संपत्ति

या किसी प्रकार की अन्य मर्यादा आदि के कारण भेदभाव का विचार न किया जाएगा। इसके अतिरिक्त, चाहे कोई देश या प्रदेश स्वतंत्र हो, संरक्षित हो, या स्वशासन रहित हो, या परिमित प्रभुसत्ता वाला हो, उस देश या प्रदेश की राजनैतिक क्षेत्रीय या अंतर्राष्ट्रीय स्थिति के आधार पर वहां के निवासियों के प्रति कोई फरक न रखा जाएगा।

अनुच्छेद 3—प्रत्येक व्यक्ति को जीवन, स्वाधीनता और वैयक्तिक सुरक्षा का अधिकार है।

अनुच्छेद 4—कोई भी गुलामी या दासता की हालत में न रखा जाएगा, गुलामी-प्रथा और गुलामों का व्यापार अपने सभी रूपों में निषिद्ध होगा।

अनुच्छेद 5—किसी को भी शारीरिक यातना न गी जाएगी और न किसी के भी प्रति निर्दय, अमानुषिक या अपमानजनक व्यबहार होगा।

अनुच्छेद 6—हर किसी को हर जगह कानून की निगाह में व्यक्ति के रूप में स्वीकृति-प्राप्ति का अधिकार है।

अनुच्छेद 7—कानून की निगाह में सभी समान हैं और सभी बिना भेदभाव के समान कानूनी सुरक्षा के अधिकारी हैं। यदि इस घोषणा का अतिक्रमण करके कोई भी भेदभाव किया जाए या उस प्रकार के भेदभाव को किसी प्रकार से उकसाया जाए, तो उसके विरुद्ध समान सुरक्षण का अधिकार सभी को प्राप्त है।

अनुच्छेद 8—सभी को संविधान या कानून द्वारा प्राप्त बुनियादी अधिकारों का अतिक्रमण करने वाले कार्यों के विरुद्ध समुचित राष्ट्रीय अदालतों की कारगर सहायता पाने का हक है।

अनुच्छेद 9—किसी को भी मनमाने ढंग से गिरफ्तार, नजरबंद, या देश-निष्कसित न किया जाएगा।

अनुच्छेद 10—सभी को पूर्णतः समान रूप से हक है कि उनके अधिकारों और कर्तव्यों के निश्चय करने के मामले में और उन पर आरोपित फौजदारी के किसी मामले में उनकी सुनवाई न्यायोचित और सार्वजनिक रूप से निरपेक्ष एवं निष्पक्ष अदालत द्वारा हो।

अनुच्छेद 11—इसे निम्न प्रकार स्पष्ट किया गया है—

1. प्रत्येक व्यक्ति, जिस पर दंडनीय अपरोध का आरोप किया गया हो, तब तक निरपराध माना जाएगा, जब तक उसे ऐसी खुली अदालत में, जहां उसे अपनी सफाई की सभी आवश्यक सुविधाएं प्राप्त हों, कानून के अनुसार अपराधी न सिद्ध कर दिया जाए।

2. कोई भी व्यक्ति किसी भी ऐसे कृत या अकृत (अपराध) के कारण उस दंडनीय अपराध का अपराधी न माना जाएगा, जिसे तत्कालीन प्रचलित राष्ट्रीय या अंतर्राष्ट्रीय कानून के अनुसार दंडनीय अपराध न माना जाए और न असमे अधिक भारी दंड दिया जा सकेगा, जो उस समय दिया जाता जिस समय वह दंडनीय अपराध किया गया था।

अनुच्छेद 12—किसी व्यक्ति की एकांतता, परिवार, घर, या पत्रव्यवहार के प्रति कोई मनमाना हस्तक्षेप न किया जाएगा, न किसी के सम्मान और ख्याति पर कोई आक्षेप हो सकेगा। ऐसे हस्तक्षेप या आक्षेपों के विरुद्ध प्रत्येक को कनूनी रक्षा का अधिकार प्राप्त है।

अनुच्छेद 13—इसे निम्न प्रकार स्पष्ट किया गया है—

1. प्रत्येक व्यक्ति को प्रत्येक देश की सीमाओं के अंदर स्वतंत्रतापूर्वक आने, जाने, और बसने का अधिकार है।
2. प्रत्येक व्यक्ति को अपने या पराए किसी भी देश को छोड़ने और अपने देश वापस आने का अधिकार है।

अनुच्छेद 14—इसे निम्न प्रकार स्पष्ट किया गया है—

1. प्रत्येक व्यक्ति को स्ताए जाने पर दूसरे देशों में शरण लेने और रहने का अधिकार है।
2. इस अधिकार का लाभ ऐसे मामलों में नहीं मिलेगा जो वास्तव में गैर-राजनीतिक अपराधों से संबंधित हैं, या जो संयुक्त राष्ट्रों के उद्देश्यों और सिद्धांतों के विरुद्ध कार्य हैं।

अनुच्छेद 15—इसे निम्न प्रकार स्पष्ट किया गया है—

1. प्रत्येक व्यक्ति को किसी भी राष्ट्र-विशेष को नागरिकता का अधिकार है।
2. किसी को भी मनमाने ढंग से अपने राष्ट्र की नागरिकता से वंचित न किया जाएगा या नागरिकता का परिवर्तन करने से मना न किया जाएगा।

अनुच्छेद 16—इसे निम्न प्रकार स्पष्ट किया गया है—

1. बालिग स्त्री-पुरुषों को बिना किसी जाति, राष्ट्रीयता या दर्म की रुकावटों के आपस में विवाह करने और परिवार स्थापन करने का अधिकार है। उन्हें विवाह के विषय में वैवाहिक जीवन में, तथा विवाह विच्छेद के बारे में समान अधिकार है।
2. विवाह का इरादा रखने वाले स्त्री-पुरुषों की पूर्ण और स्वतंत्र सहमति पर ही विवाह हो सकेगा।

3. परिवार समाज का स्वाभाविक और बुनियादी सामूहिक इकाई है और उसे समाज तथा राज्य द्वारा संरक्षण पाने का अधिकार है।

अनुच्छेद 17—इसे निम्न प्रकार स्पष्ट किया गया है—

1. प्रत्येक व्यक्ति को अकेले और दूसरों के साथ मिलकर संपत्ति रखने का अधिकार है।
2. किसी को भी मनमाने ढंग से अपनी संपत्ति से वंचित न किया जाएगा।

अनुच्छेद 18—प्रत्येक व्यक्ति को विचार, अंतरात्मा और धर्म की आजादी का अधिकार है। इस अधिकार के अंतर्गत अपना धर्म या विश्वास बदलने और अकेले या दूसरों के साथ मिलकर तथा सार्वजनिक रूप में अथवा निजी तर पर अपने धर्म या विश्वास को शिक्षा, क्रिया, उपसाना, तथा व्यवहार के द्वारा प्रकट करने की स्वतंत्रता है।

अनुच्छेद 19—प्रत्येक व्यक्ति को विचार और उसकी अभिव्यक्ति की स्वतंत्रता का अधिकार है। इसके अंतर्गत बिना हस्तक्षेप के कोई राय रखना और किसी भी माध्यम के जरिए से तथा सीमाओं की परवाह न करके किसी की सूचना और धारणा का अन्वेषण, ग्रहण तथा प्रदान सम्मिलित है।

अनुच्छेद 20—इसे निम्न प्रकार स्पष्ट किया गया है—

1. प्रत्येक व्यक्ति को शांति पूर्ण सभा करने या समित्ति बनाने की स्वतंत्रता का अधिकार है।
2. किसी को भी किसी संस्था का सदस्य बनने के लिए मजबूर नहीं किया जा सकता।

अनुच्छेद 21—इसे निम्न प्रकार स्पष्ट किया गया है—

1. प्रत्येक व्यक्ति को अपने देश के शासन में प्रत्यक्ष रूप से या स्वतंत्र रूप से चुने गए प्रतिनिधिओं के जरिए हिस्सा लेन का अधिकार है।
2. प्रत्येक व्यक्ति को अपने देश की सरकारी नौकरियों को प्राप्त करने का समान अधिकार है।
3. सरकार की सत्ता का आधार जनता की इच्छा होगी। इस इच्छा का प्रकटन समय-समय पर और असली चुनावों द्वारा होगा। ये चुनावों सार्वभौम और समान मताधिकार द्वारा होंगे और गुप्त मतदान द्वारा या किसी अन्य समान स्वतंत्र मतदान पद्धति से कराए जाएंगे।

अनुच्छेद 22—समाज के एक सदस्य के रूप में प्रत्येक व्यक्ति को सामाजिक सुरक्षा का अधिकार है और प्रत्येक व्यक्ति को अपने व्यक्तित्व के उस स्वतंत्र विकास

तथा गौरव के लिए—जो राष्ट्रीय प्रयत्न या अंतर्राष्ट्रीय सहयोग तथा प्रत्येक राज्य के संगठन एवं साधनों के अनुकूल हो—अनिवार्यतः आवश्यक आर्थिक, सामाजिक, और सांस्कृतिक अधिकारों की प्राप्ति का हक है।

अनुच्छेद 23—इसे निम्न प्रकार स्पष्ट किया गया है—

1. प्रत्येक व्यक्ति को काम करने, इच्छानुसार रोजगार के चुनाव, काम की उचित और सुविधाजनक परिस्थितियों को प्राप्त करने और बेकारी से संरक्षण पाने का हक है।
2. प्रत्येक व्यक्ति को समान कार्य के लिएअ बिना किसी भेदभव के समान मजदूरी पाने का अधिकार है।
3. प्रत्येक व्यक्ति को जो काम करता है, अधिकार है कि वह इतनी उचित और अनुकूल लजदूरी पाए, जिससे वह अपने लिए और अपने परिवार के लिए ऐसी आजीविका का प्रबंध कर सके, जो मानवीय गौरव के योग्य हो तथा आवश्यकता होने पर उसकी पूर्ति अन्य प्रकार के सामाजिक संरक्षणों द्वारा हो सके।
4. प्रत्येक व्यक्ति को अपने हितों की रक्षा के लिए श्रमजीवी संघ बनाने और उनमें भाग लेने का अधिकार है।

अनुच्छेद 24—प्रत्येक ब्यक्ति को विश्राम और अवकाश का अधिकार है। इसके अंतर्गत काम के घंटों की उचित हदबंदी और समय-समय पर मजदूरी सहित छुट्टियां सम्मिलित है।

अनुच्छेद 25—इसे निम्न प्रकार स्पष्ट किया गया है—

1. प्रत्येक व्यक्ति को ऐसे जीवनस्तर को प्राप्त करने का अधिकार है जो उसे और उसके परिवार के स्वास्थ्य एवं कल्याण के लिए पर्याप्त हो। इसके अंतर्गत खाना, कपड़ा, मकान, चिकित्सा-संबंधी सुविधाएं और आवश्यक सामाजिक सेवाएं सम्मिलित है। सभी को बेकारी, बीमारी, असमर्था, वैधव्य, बुढ़ापे या अन्य किसी ऐसी परिस्थिति में आजीविका का साधन न होने पर जो उसके काबू के बाहर हो, सुरक्षा का अधिकार प्राप्त है।
2. जच्चा और बच्चा को खास सहायता और सुविधा का हक है। प्रत्येक बच्चे को चाहे वह विवाहिता माता से जन्मा हो या अविवाहिता से, समान सामाजिक संरक्षण प्राप्त है।

अनुच्छेद 26—इसे निम्न प्रकार स्पष्ट किया गया है—

1. प्रत्येक व्यक्ति को शिक्षा का अधिकार है। शिक्षा कम से कम प्रारंभिक और बुनियादी अवस्थाओं में निःशुल्क होगी। प्रारंभिक शिक्षा अनिवार्य होगी। टेक्निकल, यांत्रिक और पेशों-संबंधी शिक्षा साधारण रूप से प्राप्त होगी और उच्चतर शिक्षा सभी को योग्यता के आधार पर समान रूप से उपलब्ध होगी।
2. शिक्षा का उद्देश्य होगा मानव व्यक्तित्व का पूर्ण विकास और मानव अधिकारों तथा बुनियादी स्वतंत्रताओं के प्रति सम्मान की पुष्टि। शिक्षा द्वारा राष्ट्रों, जातियों, अथवा धार्मिक समूहों के बीच आपसी सद्भावना, सहिष्णुता और मैत्रि का विकास होगा और शांति बनाए रखने के लिए संयुक्त राष्ट्रों के प्रयत्नों को आगे बढ़ाया जाएगा।
3. माता-पिता को सबसे पहले इस बात का अधिकार है कि वह चुनाव कर सकें कि किस किस्म की शिक्षा उनके बच्चों को दी जाएगी।

अनुच्छेद 27—इसे निम्न प्रकार स्पष्ट किया गया है—

1. प्रत्येक व्यक्ति को स्वतंत्रता-पूर्वक समाज के सांस्कृतिक जीवन में हिस्सा लेने, कलाओं का आनंद लेने, तथा वैज्ञानिक उन्नति और उसकी सुविशाओं में भाग लेने का हक है।
2. प्रत्येक व्यक्ति को किसी भी ऐसी वैज्ञानिक साहित्यिक या कलात्मक कृति से उत्पन्न नैतिक और आर्थिक हितों की रक्षा का अधिकार है जिसका रचयिता वह स्वयं है।

अनुच्छेद 28—प्रत्येक व्यक्ति को ऐसी सामाजिक और अंतर्राष्ट्रीय व्यवस्था की प्राप्ति का अधिकार है जिसमें उस घोष्णा में उल्लिखित अधिकारों और स्वतंत्रताओं का पूर्णतः प्राप्त किया जा सके।

अनुच्छेद 29—इसे निम्न प्रकार स्पष्ट किया गया है—

1. प्रत्येक व्यक्ति का उसी समाज प्रति कर्तव्य है जिसमें रहकर उसके व्यक्तित्व का स्वतंत्र और पूर्ण विकास संभव हो।
2. अपने अधिकारों और स्वतंत्रताओं का उपयोग करते हुए प्रत्येक व्यक्ति केवल ऐसी ही सीमाओं द्वारा बंध होगा, जो कानून द्वारा निश्चित की जाएंगी और जिनका एकमात्र उद्देश्य दूसरों के अधिकारों और स्वतंत्रताओं के लिए आदर और समुचित स्वीकृति की प्राप्ति होगा तथा जिनकी आवश्यकता एक प्रजातंत्रत्मक समाज में नैतिकता, सार्वजनिक व्यवस्था और समान्य कल्याण की उचित आवश्यकताओं को पूरा करना होगा।

3. इन अधिकारों और स्वतंत्रताओं का उपयोग किसी प्रकार से भी संयुक्त राष्ट्रों के सिद्धांतों और उद्देश्यों के विरुद्ध नहीं किया जाएगा।

अनुच्छेद 30—इस घोषणा में उल्लिखित किसी भी बात का यह अर्थ नहीं लगाना चाहिए जिससे य प्रतीत हो कि किसी भी राज्य, समूह या व्यक्ति को किसी ऐसे प्रयत्न में संलग्न होने या ऐसा कार्य करने का अधिकार है, जिसका उद्देश्य यहां बताए गए अधिकारों और स्वतंत्रताओं में से किसी का भी विनाश करना हो।

6

मूल कर्तव्य और वेद

वेद मानवजाति के लिए सृष्टि के आदि में ईश्वरप्रदत्त संविधान हैं। अतः ऐसा नही हो सकता कि हमारा आज का मानव कृत संविधान तो नागरिकों के मूल कर्त्तव्यों का निरूपण करे और वेद इस विषय पर चुप रहे। वेदों में मानव और मानव समाज के आचार विचार और लोक व्यवहार से संबंधित ऋचाएं अनेकों हैं। वेद हमारे लिए राजनीतिक, सामाजिक, सांस्कृतिक, धार्मिक व आर्थिक सभी क्षेत्रों में सुव्यवस्था के प्रतिपादक हैं। प्रत्येक पग पर वहां हमारे लिए कर्तव्यवाद एक धर्म बनकर खड़ा है। सत्यम वद धर्मम् चर कहकर वेद ने हमारी मर्यादा और मार्यादा पथ दोनों का ही निरूपण कर दिया है।

अब हम यहां वेद के राष्ट्र संगठन पर विचार करेंगे। वेद से हम मात्र दस मंत्रों का चयन कर रहे हैं, जो हमारे मूल कर्त्तव्यों की ओर हमारा ध्यान आकृष्ट करते हैं। ये मंत्र इस प्रकार हैं—

पहला वेदमंत्र है—

समानो मंत्रः समिति समानी समानं व्रतं सहचित्तमेषाम।

समानेन वो हविषा जुहोमि समानं चेतो अभिसंविश्ध्वम्।।

वेद की यह ऋचा हमारे लिए बहुत ही सुंदर कर्तव्य का मार्ग दर्शन कर रही है। इसका कहना है कि हे मनुष्यों! तुम्हारे विचार समान हों। तुम्हारी सभा सबके लिए समान हो। तुम सबका संकल्प एक समान हो। तुम सबाक चित्त एक समान भाव से भरा हो। एक विचार होकर किसी भी कार्य में एक मन से लगो। इसीलिए तुम सबको समान छवि या मौलिक शक्ति मिली है।

वेद की यह ऋचा हम सभी राष्ट्रवासियों से अपील कर रही है कि हमारा एक लक्ष्य हो, एक विचार हो, एक भाव हो क्योंकि लक्ष्य, विचार और भाव की भिन्नता व्यक्ति को भटकाती है, राष्ट्र में नये नये विवाद उत्पन्न करती है। इसलिए राष्ट्रीय एकता के लिए इन तीनों बिंदुओं पर हमारी एकता स्थापित होनी अति आवश्यक है। हमारी सभायें अर्थात हमारी विधानसभाएं और संसद सभी नागरिकों के लिए समानता का व्यवहार करने वाली हों। इनमें जातीय आरक्षण का लफड़ा ना हो। हां, इनमें आर्थिक आधार पर पिछड़े लोगों के उत्थानार्थ विधि विधानों का प्रतिपादन होता हो।

दूसरा वेदमंत्र है–

सं जानी ध्वं सं प्रच्य घ्वं सं वो मनोसि जानताम्।

देवा भागं यथा पूर्वे संजानाने उपासते।

अर्थात हे मनुष्यो! (यह तुम्हारा कर्तव्य है कि) तुम समान ज्ञान प्राप्त करो। समानता से एक दूसरे के साथ संबंध जोड़ो, समता भाव से मिल जाओ। तुम्हारे मन समान संस्कारों से युक्त हों। कभी एक दूसरे के साथ हीनता का भाव न रखो। जैसे अपने प्राचीन श्रेष्ठ लोक के समय ज्ञानी लोग अपना कर्तव्य पालन करते रहे, वैसे तुम भी अपना कर्तव्य पूरा करो।

उच्च और संस्कारित जीवन के लिए यह वैदिक ऋचा कर्तव्य पालन को मानव समाज के लिए अनिवार्य बनाती है। यह स्पष्ट करती है कि जैसे प्राचीन काल में श्रेष्ठ लोग अपने कर्तव्य पालन में रत रहे वैसे ही हम भी उनका अनुकरण करते हुए कर्तव्य पालन में रत रहें। लोक व्यवस्था के लिए यक कर्तव्य कर्म परमावश्यक है। यदि पहले मंत्र का प्रतिपाद्य विषय भावात्मक एकता स्थापित करना है तो इस मंत्र का प्रतिपाद्य विषय हमारी कर्तव्य परायणता है। दोनों ही बातें राष्ट्रीय एकता और अखण्डता और शांति व्यवस्था के लिए बहुत ही आवश्यक हैं।

तीसरा वेदमंत्र है–

समानी व आकूतीः समाना हृदयानि वरू। समानमस्तु वो मनो यथा वरू सुसहासति।। (अथर्व 6-64-3)

अर्थ-हे मनुष्यो! तुम सबका संकल्प एक जैसा हो। तुम्हारा हृदय समान हो, तुम्हारा मन समान हो। तुमसे परस्पर मतभेद न हो। तुम्हारे मन के विचार भी समता युक्त हों। यदि तुमने इस प्रकार अपनी एकता और संगठन स्थापित की तो तुम यहां उत्तम रीति से आनंदपूर्वक रह सकते हो और कोई शत्रु तुम्हारे राष्ट्र को हानि नही पहुंचा सकता है।

इस वेद मंत्र कार प्रतिपाद्य विषय समान संकल्प है। सारे राष्ट्रवासियों का एक संकल्प हो जाना बहुत बड़ी बात है। जिस परिवार का भी एक संकल्प हो जाता है उसके विषय में भी देखा जाता है कि वह दिन दूनी रात चौगुनी उन्नति करता है। इसलिए एक शिव संकल्प से भर जाना सारे राष्ट्रवासियों का परम कर्तव्य है, जब देश पराधीन हो रहा था तो उस समय सारे राष्ट्र में एक संकल्प का ही तो अभाव था। जब वह एक संकल्प इस बात को लेकर बनने लगा कि अब अंग्रेजों को भारत से भगाना ही है तो अंग्रेजों को भारत छोडना ही पड़ गया। इसलिए एक शिव संकल्प से बंध जाना भी सभी राष्ट्रवासियों का परम कर्तव्य है।

चौथा वेद मंत्र है–

समानी प्रथा सहवोउन्नभाग समाने योक्तें सहवो युनज्मि।
समयूचो अग्निं समर्यतारा नाभिमिवा मितः।।

हे मनुष्यो! तुम्हारे जल पीने का स्थान एक हो और तुम्हारे अन्न का भाग भी साथ साथ हो। मैं तुम सबको एक ही जुए में साथ साथ जोड़ता हूं। तुम सब मिलकर ईश्वर की पूजा करो, जैसे पहिए के आरे केन्द्र स्थान में जुड़े रहते हैं, वैसे ही तुम भी अपने समाज में एक दूसरे के साथ मिलकर रहो।

इस वेद मंत्र का प्रतिपाद्य विषय हमारे द्वारा देश में सामाजिक समरसता की स्थापना करना है। वेद का सभी राष्ट्रवासियों से आग्रह है कि वो देश में सामाजिक समरसता की स्थापना के लिए अपने अपने स्थान पर सक्रिय हों। बिना सामाजिक समरसता के कोई भी राष्ट्र उन्नति नही कर सकता। आज हमारी अवन्नति का कारण सामाजिक विषमताएं हैं। सामाजिक समरसता का देश में नितांत अभाव है। लोग अपने अपने स्तर के अनुसार अलग अलग कालोनियां बसाते जा रहे हैं। उनमें एक ही स्तर के लोग रहेंगे। दूसरों के लिए वहां प्रवेश तक निषिद्घ है। खाने पीने और रहने सहने के स्थान अलग अलग हैं। इसलिए सामाजिक समरसता हमारे लिए मृग मारीचिका बन गयी है। वेद कहता है कि सामाजिक समरसता की स्थापना कर समाज में आत्मीय भाव का विकास करो। इसे अपना जीवन व्रत बना लो।

पांचवां वेद मंत्र है–

सहृदयं सामनस्यम् विद्वेषं कणोमि वरू।
अन्यो अन्यभाभिहर्यत वत्सं जातमिवाघ्या।।

हे मनुष्यो! तुम लोग हृदय के भाव प्रेमपूर्ण, मन में शुभ विचार और परस्पर निवैरता अपने मन में स्थिर करो। तुममें से हर एक मनुष्य दूसरे मनुष्य से प्रेमपूर्ण बर्ताव करे जिस प्रकार कि नवजात बछड़े से उसकी गौमाता प्यार करती है।

निरूस्वार्थ प्रेमपूर्ण व्यवहार इस वेद मंत्र का प्रतिपाद्य विषय है। वेद का आदेश है कि उत्तम राष्ट्र सृजन के लिए परस्पर प्रेमपूर्ण व्यवहार को अपने राष्ट्रीय चरित्र कए एक आवश्यक अंग बना लो। इस प्रकार के व्यवहार से समस्त राष्ट्रवासी आपस में निर्वरता और अहिंसा भाव से भर जाएंगे। गांधीजी देश में लोकप्रिय इसलिए हुए कि उन्होंने निरूस्वार्थ प्रेम, अहिंसा और बंधुत्व की बातें कीं। यह अलग बात है कि गांधीजी की इन बातों को देश के एक वर्ग ने नही माना और गांधीजी लोकप्रिय होकर अपने उद्देश्य में भी असफल सिद्घ हुए। क्योंकि एक वर्ग का संकल्प घृणा के आधार पर राष्ट्र का विभाजन कराना बन गया। गांधीजी किसी एक वर्ग की इस घृणा को प्रेम में परिवर्तित नही कर पाए। इसलिए राष्ट्र का विभाजन हो गया। ये मंत्र हमें यह बताता है कि सभी राष्ट्रवासियों को परस्पर प्रेमपूर्ण बर्ताव करना चाहिए अन्यथा घृझा पांव पसार लेगी और उसका परिणाम होगा विभाजन और केवल विभाजन।

छठा वेद मंत्र है–

सध्रीची नान्वः संमन सस्कृणोम्येक श्रनुष्टीन्त्सं वनेन सर्वान।
देवा इवामृतं रक्षमाणाः सामं प्रातः सौमनसौ वो अस्तु।।

हे मनुष्यो! तुम परस्पर सेवा भाव से सबके साथ मिलकर पुरूषार्थ करो। उत्तम ज्ञान प्राप्त करो। समान नेता की आज्ञा में कार्य करने वाले बनो। दृढ़ संकल्प से कार्य में दत्त चित्त हो तथा जिस प्रकार देव अमृत की रक्षा करते हैं। इसी प्रकार तुम भी सायं प्रातः अपने मन में शुभ संकल्पों की रक्षा करो। यहां हम वेद की अनूठी बात देखते हैं। यहां वेद कह रहा है कि तुम सब राष्ट्रवासियों का परम पुरूषार्थी हो जाना राष्ट्र का भाग्य (विधान) बदलने के लिए, उसके भाग्य की रेखाओं को अपने ढंग से लिखने के लिए सचेष्ट हो उठना है। वेद मंत्र का अगला भाग एक प्रधान (एक नेता) की बात कह रहा है। जबकि मंत्र का अंतिम भाग अपने मन के शुभ संकल्पों को जीवन की पताका बना लेना है। शिव संकल्प व्यक्ति की ऊंची उड़ान उड़ाते हैं। इसलिए शुभ संकल्प पताका के ही समान हैं। राष्ट्रवासियों के लिए आवश्यक इस कर्तव्य को हमारे वर्तमान संविधान ने पूर्ण नही किया है। आज देश में एक नेता का अभाव है। एक पार्टी का नेता (नेहरू, इंदिरा और राजीव गांधी तक यह परंपरा रही) कभी इस देश का नेता माना जाता था। कुछ सीमा तक अटल जी ने भी इसे निभाया। पर अब तो जाति, सम्प्रदाय और क्षेत्र के नाम पर नेता बनकर लोग देश का नेता बनने का सपना संजो ही नही रहे हैं अपितु उसे हम साकार होता भी देख रहे हैं। परिणाम स्वरूप राष्ट्र में सर्वत्र कोलाहल और अशांति है।

वेद का सातवां निर्दिष्ट कर्तव्य है–

सं वो मनांसि सं व्रता समाकूती न मामसि।

अभी ये विव्रता स्थान तान्वरू सं नयमामसि।।

अथर्व 3/8/5

अर्थात हे मनुष्यो! "तुम अपने मन एक करो। तुम्हारे कर्म एकता के लिए हों, तुम्हारे संकल्प एक हों, जिससे तुम संघ शक्ति से युक्त हो जाओ। जो ये आपस में विरोध करने वाले हैं, उन सबको हम एक विचार से एकत्र हो झुका देते हैं। संघ शक्ति के प्रति समर्पण इस वेद मंत्र का प्रतिपाद्य विषय है। संघ शक्ति में विश्वास रखने वाला व्यक्ति कभी भी राष्ट्रीय एकता और अखण्डता का शत्रु नही हो सकता।

आठवां मंत्र है–

अदार सृद भवतु सोमा स्मिन्यज्ञे मसतो मृअतानः।

मा नो विददभिमा मो अशस्तिमां नो विदद् वृजिना द्वेष्या या।।

"हे सोमदेव! हम सबमें से परस्पर की फूट हटाने वाला कार्य होता रहे। हे मरूतो! इस यज्ञ में हमें सुखी करो। पराभव या पराजय हमारे पास न आवे। कलंक हमारे पास न आवे और जो द्वेष भाव बढ़ाने वाले कुटिल कृत्य है, वे भी हमारे पास न आयें।"

इस मंत्र का प्रतिपाद्य विषय हमारे मध्य पारस्परिक फूट का नितांत अभाव हो जाना है। पारस्परिक फूट का नितांत अभाव मनो की एकता से आता है। मानसिक धरातल पर उपजने और विकसित होने वाले विचार जब सर्वमंगल कामना से अभिभूत हो उठें तो उस समय यह मानना चाहिए कि वास्तव में पारस्परिक फूट को विदा करने के लिए हम तत्पर हैं। यही वह अवस्था है जब दूसरे की पीड़ा को हम अपनी पीड़ा मानकर उसे दूर करने के लिए सक्रिय हो उठते हैं। जब मानसिक धरातल पर हम एक होने के विचारों से अभिभूत होंगे तो हमारे कर्म तो स्वयं की एकता के लिए समर्पित हो जाएंगे। इसका अभिप्राय होगा कि हम राष्ट्रीय एकता और अखण्डता की शत्रु शक्तियों को भी पहचानने लगेंगे और उनके हाथ की कठपुतली बनकर यहां पुनरू राष्ट्रघाती खेलों की परंपरा को चालू नही करेंगे।

वेद का नवां मंत्र है–

मा भ्राता भ्रातरं द्विक्षमा स्वसारमुत स्वसा।

सम्यूचः सव्रता भूत्वा वाचं वदत भद्रया।।

"भाई भाई से द्वेष न करें, बहन बहन से द्वेष न करें। एक विचार वाले होकर और एक कर्म वाले होकर हम सब आपस में बातचीत एवं व्यवहार करें।

इस वेद मंत्र की शिक्षा है कि यदि राष्ट्र में वास्तव में शांति स्थापित करना चाहते हो तो परस्पर द्वेषभाव की नीति को त्याग दो। परस्पर द्वेषभाव का सर्वथा अभाव कर लेना हमारा एक परम पावन कर्तव्य बन जाए, धर्म बन जाए। प्राचीन काल में रावण ने अहंकारवश अपने भाई विभीषण से द्वेष किया और उसे अपने राज्य से निकालकर बाहर कर दिया। विभीषण श्रीराम से जाकर मिला और परिणाम हुआ कि रावण का साम्राज्य ही समाप्त हो गया। इसी प्रकार दुर्योधन ने द्वेष भाव के कारण ही अपने भाईयों युधिष्ठर आदि को अपना भाई कभी नही माना। फल क्या हुआ सभी जानते हैं। इसलिए वेद ने सभी राष्टड्डवासियों के लिए मूल कर्तव्य प्रतिपादित किया कि परस्पर द्वेष भाव नही रखना है। ऐसी किसी भी संभावना के अपने पास फटकने तक नही देना है जिससे कि परस्पर द्वेष भाव बढ़े।

वेद का दसवां मंत्र जो हमें अपने किसी मूल कर्तव्य का स्मरण कराता है, वो ये है–

दत्ते दहं मा मित्रस्य मा चक्षुषा सर्वाणि भूतानि समीक्षन्ताम।

मित्रस्याहं चक्षुषा सर्वाणि भूतानि समीक्षे। मित्रस्य समीक्षामहे।

सब व्यक्ति मुझे मित्र की दृष्टि से देखें। मैं भी सभी व्यक्तियों को मित्र की दृष्टि से देखूं। सभी परस्पर मित्र की दृष्टि से देखा करें। हे दृढ़ता के देव प्रभो! इस प्रसंग में आप हमें दृढ़ता दीजिये।

यह वेद मंत्र परस्पर मित्रतापूर्ण व्यवहार को लोक व्यवहार की मान्यता दिलाने के लिए प्रयत्नशील समाज का चित्रण कर रहा है। हमारी प्रार्थना भी ऐसी होनी चाहिए कि जिससे व्यक्ति के मध्य ही नही अपितु प्राणिमात्र के मध्य भी ऐसा ही लोकव्यवहार निष्पादित है। इससे सभी प्राणियों के जीवन का सम्मान करना हमारा स्वभाव बन जाएगा। जिससे पर्यावरण संतुलन नही बिगड़ेगा। क्योंकि आज हमारे हृदयों में जीवों के प्रति दयाभाव का समाप्त होना ही पर्यावरण और प्राकृतिक संतुलन को बिगाडने में सबसे अधिक भूमिका निभा रहा है।

संविधान और वेद के ये मंत्र

हमारे संविधान के द्वारा जो मूल कर्तव्य हमारे लिए रखे गये हैं उनमें इतनी गंभीरम नही झलकती जितनी इन वेद मंत्रों में निष्पादित मूल कर्त्तव्यों की भाषा में है। महर्षि दयानंद की आस्था तो वेदों में अथाह थी, परंतु संविधान निर्माताओं या बाद में अभी तक आयी सरकारों की उतनी आस्था वेदों में नही रही जितनी आस्था की अपेक्षा की जाती थी। यही कारण रहा कि देश के स्वातंत्रय आंदोलन पर अपने

व्यक्तित्व और कृतित्व की अमिट छाप छोडने वाले महर्षि दयानंद के चिंतन से प्रभावित लोग संविधान सभा में रहकर भी वेदों के गंभीर विद्यार्थी ना होने के कारण उतनी गहराई से चीजों को खोजकर लाने में असफल रहे, जितनी उनसे अपेक्षा की जाती थी। इसलिए बहुत से अनुच्छेद संविधान में या तो शो पीस बनकर रह गये या उन संवैधानिक अनुच्छेदों की मूल भावना के अनुकूल यहां कार्य नही किया गया।

वेद की भाषा की अपेक्षा कम गंभीर होकर भी संविधान में डाले गये मूल कर्त्तव्यों का बहुत महत्व है। ये हमारे धर्म का और राष्ट्रीय चरित्र का निर्धारण करते हैं। इसलिए होना ये चाहिए कि वेद जिस प्रकार अपने मंत्रों को प्रार्थना के साथ जोड़ता है, कर्तव्य कर्म की प्रर्ति के लिए सर्व समाज को स्फूर्तिमान बनाने का प्रयास करता है, वह प्रयास संविधान का यह अनुच्छेद भी करे। परंतु दुर्भाग्यवश यह अनुच्छेद 51 (क) ऐसा नही करता। इसलिए ये मूल कर्तव्य संविधान के शो पीस बनकर रह गये हैं। इसके अतिरिक्त वेद ने अपने कर्त्तव्यों को एक ईकाई से अर्थात व्यक्ति से आरंभा किया है और उसे वह राष्ट्र तक ले गया है। वेद पहले व्यष्टि को सुधारना चाहता है, फिर समाष्टि की ओर चलता है। संविधान का यह अनुच्छेद व्यष्टि से समष्टि की बात तो करता है, परंतु व्यष्टि के द्वारा खड़े किये गये कृत्रिम विभाजनों (भाषा, सम्प्रदाय, क्षेत्र, जाति आदि) को समाप्त करने का ठोस उपाय नही दे पाया है, इसलिए इस संवैधानिक अनुच्छेद के माध्यम से देश में समष्टिवादी मानस के निर्माण की ओर विशेष कदम नही उठाये जा सके हैं। मूल रूप से भारतीय संस्कृति समष्टिवादी है, परंतु यहां ह्रम देख रहे हैं कि अब देश में व्यष्टिवाद बढ़ता जा रहा है।

वेद हमारे कर्म को धर्म के साथ जोड़ देना चाहता है। जबकि यह संवैधानिक अनुच्छेद कर्म से धर्म को अलग करके चलता है। हमने वेद और महर्षि के चिंतन को इन कर्त्तव्यों में यथावत स्थान नही दिया और ना ही अपने वेदों के अनुकूल इनमें कर्म और धर्म का उचित समन्वय स्थापित किया।

वैदिक कालीन भारत की राजनीतिक व्यवस्था और उसमें नागरिकों के कर्तव्य कर्म की चर्चा करते हुए लाला लाजपतराय अपनी पुस्तक 'युग प्रवर्तकः स्वामी दयानंद' में लिखते हैं–

"सचमुच उस समय का भारत स्वर्गोपम था। यह धरा कर्म भूमि के साथ साथ धर्मभूमि भी थी। प्रत्येक मनुष्य माता पिता पुत्र या पुत्री, पति या पत्नी, राजा और प्रजा, गुरू और शिष्य सभीअपने कर्त्तव्यों को जानते थे और उन पर आचरण भी करते थे। सारे देश में आर्यों का राज्य था सभी वर्णों के लोग स्व स्व कर्त्तव्यों के पालन में लगे थे।

वेद कर्त्तव्यों की जानकारी और उनको आचरण में लाने का प्रबल पक्षधर है। आचरणहीन व्यक्ति को वैदिक समाज हेय दृष्टि से देखता था। जबकि हमारे आज के संविधान ने मूल कर्त्तव्यों को किसी के द्वारा आचरण में न लाने पर उसे हेय दृष्टि से देखने या ऐसे ही किसी अन्य उपाय की चर्चा नही की है। जिससे इन कर्त्तव्यों को लोगों ने अपने लिए अनिवार्य नही माना है।

7

वेदों में प्रतिपादित समाजवाद

संसार में अनेक वाद प्रचलित हैं। इनमें आस्तिकवाद, नास्तिकवाद, एकेश्वरवाद, बहुदेव वाद, भोगवाद, त्यागवाद, साम्यवाद, समाजवाद इत्यादि। वेद इन सबकी उद्गम स्थली हैं पक्ष-विपक्ष के रूप में वहां इन सभी का चित्रण है। यहां पर हमारा विषय समाजवाद है। इसे प्रस्तुत लेख में यह प्रतिपादित किया जायेगा कि वेदों में किस प्रकार का समाजवाद प्रतिबिम्बित है। वेद व्यक्ति की अपेक्षा समाज को ही प्रमुखता देता है। यह समाज किस प्रकार सुखी-सम्पन्न तथा समभाव युक्त बने इस विषय में वेदों में निम्न विचार उपलब्ध हं

सर्वमल की भावना

वेद सम्पूर्ण समाज के अभ्युदय की बात करता है। कर्तव्य के रूप में तो क्तिगत स्तर पर एक वचन में भी करणीय कार्यां का उपदेश दिया गया है, किन्तु फल की दृष्टि से पूरे समाज को ही दृष्टि में रखा गया है। वेद के आरम्भ में ही हमें यह भावना दृष्टिगोचर हो जाती है। जैसे ऋग्वेद के प्रथम सूक्त के प्रथम मन्त्र में एक स्तोता 'अग्निमीडे' कहकर अग्नि के स्तवन की बात करता है, किन्तु इसी सूक्त के अन्तिम मन्त्र में पूरे 'स चस्वा नः स्वतये' कहकर सभी के लिए कल्याण की कामना की गयी है। इसी प्रकार एक अन्य सूत्र में समाज को दृष्टि में रखकर कहा गया है कि हे आर्य! हम सबको सुपथ पर ले चलों, कुटिल पाप से हमें बचा लीजिए तथा ऐश्वर्य प्राप्ति के लिए हमारा मार्गदर्शन करिए। इसी प्रकार सुप्रसिह् राष्टन्न्य प्रार्थना 'ओम् आ ब्राह्मन ब्राह्मणो' ययज्ञ 21/22 में भी अन्त में यही कहा गया है। 'योग

क्षेमो नः कल्पताम। पूरा समाज ही इस योगक्षेम का अधिकारी बने, अकेला व्यक्ति नहीं। इसी प्रकार अन्यत्र भी पदे पदे वेदों में 'व' तथा 'नः' के द्वारा सम्पूर्ण समाज के मंगल की ही कामना की गयी है।

समानता की भावना

वेद समानता का प्रतिपादक है। इसी का नाम समाजवाद है- इसके अनुसार समाज में अधिकार तथा व्यवहार की दृष्टि से भेदभाव न हो। समानता की भावना के निम्न स्वरूप वेदों में प्राप्त होते हैं–

(क) जाति या धन आदि की दृष्टि में–वेद में जाति प्रथा है ही नहीं। वहां पर वर्ण की दृष्टि में चारों वर्ण समान मान वाले हैं। उनमें धन या वर्ण आदि के आधार पर कोई भी छोटा-बड़ा नहीं है जैसा कि वर्तूतमान समाज में देखा जाता है। वेद के अनुसार मानव मात्र परमेश्वर के पुत्र हैं। अतः सभी बराबर हं तथा परस्पर बन्धु हैं। उनमें किसी प्रकार की उंच-नीच की भावना नहीं है। सभी मिलकर ऐश्वर्य प्राप्ति के लिए उद्यम करें।

(ख) खान-पान की समानता–जब सभी मानव उंच-नीच के भेद से रहित होकर परस्पर समान हैं, तो उनमें वर्तूतमान में प्रचलित सवर्ण तथा दलित जैसे प्रथाए नहीं हं। सभी मनुष्यों के खाने तथा जल आदि पीने के स्थान पृथक-पृथक न होकर सब के लिए समान है, क्योंकि वर्तूतमान समाज इन आधारों पर भी परस्पर विभक्त ह, जो की असमानता का ही सूचक है।

(ग) स्त्री-पुरुष समान–वेद में स्त्रियों के भी वे ही सभी अधिकार प्राप्त हं जो कि पुरुषों के हैं। वह ब्र2चर्य व्रत का

पालन करके वेदाध्ययन भी करती हैं तथा गृहस्थ में पति की अर्धागनी है। 'जायेदस्तम्' के द्वारा पत्नी को ही घर में सर्वप्रमुख बतलाया गया है। मध्यकाल में स्त्रियों के अधिकारियो को कम कर दिया गया था। वर्तूतमान में स्त्रियों को यथार्थ पर्याप्त अधिकार प्राप्त है तथापि आरक्षण की मांग उठते रहना उनकी अधिकार न्यूनता का ही द्योतक है।

सर्वप्रियत्व की भावना

वैदिक समाजवाद का ध्येय है कि आपस में द्वेष न करके सभी जन परस्पर मैत्री की भावना में व्यवहार करे। वेद की दृष्टि तो इससे भी अधिक व्यापक है। वह तो पशु-पक्षियों तक का प्रिय होने का उपदेश देता है। वेद एक ऐसा व्यक्तित्व

उपस्थित करता है जो ब्राह्मण, क्षत्रिय,वैश्य तथा शूद्र इन चारों वर्णो का प्रिय हो। आज समाज में जातियों आदि के अनेक रूपा में वर्ग संघर्ष उत्पन्न हो रहा है। ऐसे में वेदानुमोदित सर्वप्रियत्व की भावना ही समाज का कल्याण एवं रक्षा कर सकती है।

सह अस्तित्व की भावना

जब तक समाज सह अस्तित्व की भावना को नहीं अपनाएगा तब तक वह सुखी नहीं हो सकता। सह अस्तित्व तभी सम्भव है जबकि हमारे मानसिक नव, संकल्प तथा ह्र्दय एक हों। उनमें परस्पर ईर्ष्या-द्वेष-द्रोह- अपकार इत्यादि दुर्गुण न हों। मनुष्य सामाजिक प्राणी है। वह परस्पर की सदृश्यता, सौहार्द तथा सामन्जस्य के बिना नहीं जी सकता। समाज में अकेला चल कर न तो वह उन्नति कर सकता है न ही जीवित रह सकता है। समाज उसका रक्षक एवं शिक्षक है। इसलिए व्यक्ति को भी चाहिए कि वह भी समाज के वन्य प्राणियों की सेवा, सहायता किया करे। इसी अभिप्राय से वेद मं 'विश्व भृतश्च' ययजु. 10ध्4द्ध कहा गया है। अर्थात यह केवल अपना ही भरण-पोषण करने वाला न होकर समाज के अन्य घटकों का भी भरण पोषण करे। यही सामाजिक कर्तव्य है। न केवल भरण-पोषण करें अपितु अन्य सभी रूपों में वे एक-दूसरे की सहायता तथा रक्षा करें। वाणी से भी एक-दूसरे के लिए कल्याण का उपदेश दिया करे।

कोई भी अभावग्रस्त न हो

वैदिक समाजवाद में कोई भी व्यक्ति धनाभुव से पीड़ित नहीं हो सकता, न ही समाज का कोई भी प्राणी भूख से मर सकता है जैसाकि आजकल हो जाता है। यजुर्वेद में हर व्यक्ति के प्रति सजगता का स्पष्ट आदेश दिया गया है कि संसार के मानव मात्र को भोजन से तृप्त करो। ऐसे व्यक्ति को वेद में लोक कृत, लोक कृत्नु तथा लोक सनि कहकर उसे यजनीय सम्माननीय तथा पूजनीय बतलाया गया है।

चारों वर्ण परस्पर पूरक हैं

सामाजिक अभाव को दूर करने के लिए ही वेद में चार वर्णों की अवधारणा है। ये चारों वर्ण परस्पर विरुद्द न होकर एक-दूसरे के पूरक तथा सहयोगी हैं। संसार में चार प्रकार का प्रभाव दृष्टिगोचर होता है–1. ज्ञान, विज्ञान विद्या का अभाव 2. शक्ति या रक्षा का अभाव 3. धन-धान्य तथा अर्थ का अभाव। समाज कतीन वर्ण

समाज के इन्हीं अभावों के पूरक हैं। ब्राह्मण का दायित्व अविद्या को नष्ट करके ज्ञान देना है। क्षत्रिय का दायित्व समाज के प्रत्येक प्राणी की रक्षा तथा वैश्व का दायित्व प्रत्येक प्राणी की सेवा करना है। अर्थात् समाज का हर व्यक्ति एक-दूसरे का पूरक बने। अतः शूद्र का कर्तव्य इन तीनों वर्णों की सेवा करना है।

समाज में कोई भी भूखा-प्यासा न रहे

समाज के प्रत्येक मनुष्य के पास समान सम्पत्ति नहीं हो सकती। धनी-निधर्न तो रहेंगे ही। यह भी सम्भव है कि एक व्यक्ति के पास असीमित धन-सम्पत्ति हो तथा दूसरे के पास भोजन तथा निवास का भी प्रबन्ध न हो। ऐसी स्थिति में समाज में विषमता उत्पन्न होगी ही। इसका समाधान दो ही प्रकार से हो सकता है। प्रथम यह कि धनवान व्यक्ति स्वेच्छा से निर्धनों को धन तथा जनादि प्रदान करे, जिससे कि वे भी जीवित रह सकें। यदि ऐसा नहीं होता तो दूसरा मार्ग यही है कि निर्धन वर्ग जबरदस्ती से धनिक वर्ग से धन छीन ले। यह दूसरा रास्ता समाज में हिंसक व्रती को बढ़ाकर परस्पर शत्रुता तथा कलह कराने वाला है। वर्तमान समय में साम्यवादी यही मार्ग अपनाते हैं किन्तु इससे शान्ति नहीं हो सकती। इसीलिए वेद में प्रथम मार्ग का ही उपदेश दिया गया है कि समाज का प्रत्येक धनी व्यक्ति निर्धनों को अन्न-धन आदि प्रदान करे। ऋग्वेद में अति स्पष्ट शब्दों में कहा गया है अकेला खाने वाला पापी है इसलिए बांटकर खाना चाहिए। इससे समाज का कोई भी प्राणी भूखा-प्यासा नहीं रहेगा। वेद कहता है कि अन्यों को भोजन तथा दान देने वाला व्यक्ति कभी न तो व्यथित होता है न ही उसका धन देने से कम होता है। वह समस्त सुखों को प्राप्त करता है। आवश्यकता पड़ने पर उसके पास पर्याप्त धन हो जाता है।

राधसः ययजु. 30/4 वेद में एक अन्य दृष्टि यह भी है कि यदि व्यक्ति स्वयं इस प्रकर दानशीलता को अपनाकर समाज की सहायता नहीं करता तो राजा को चाहिए कि ऐसे कपटी व्यक्तियों के धन को प्रजा में बांट दे। यह अधिकार केवल राजा को दिया गया है, सभी मनुष्यों को नहीं। राजा को यह ध्यान रखना चाहिए कि प्रजा वर्ग में अयाज्ञिक व्रती वाला कौन व्यक्ति है तथा कौन धनाभाव से ग्रस्त है। यदि धनी व्यक्ति स्वयं न दे तो राजा उसके धन को अभावग्रस्त प्रजा में बांट दे। इस प्रकार यह समाजवाद का आदर्श स्वरुप है। इस याज्ञिक अर्थात् दानव्रती को अपनाकर जहां एक ओर अभावग्रस्त की रक्षा होगी, वहा दूसरी ओर दाता को इसका धर्मलाभ भी मिलेगा।

इस प्रकार विश्व का प्रत्येक मानव वैदिक समाजवाद की परिधि में आ जाता है। वेद समान रूप में मानव मात्र के कल्याण तथा उत्थान की बात सोचता है। किसी वर्ग विशेष की नहीं। वेदां में कहे गये वैयक्तिक तथा सामाजिक अधिकार एवं कर्तृतव्य सभी के बराबर हैं। इसमें किसी प्रकार का भेद नहीं है। सामाजिक उत्थान तभी हो सकता है जब व्यक्ति में दान, परोपकार, बंधुत्व आदि की व्रती जगे, किसी भय अथवा नियम के कारणवश ही वह उसे करने में बाध्य न हो। वैदिक समाजवाद का यह आदर्श रूप है।

8

ऋग्वेद

ऋग्वेद सनातन धर्म अथवा हिन्दू धर्म का स्रोत है। इसमें 1028 सूक्त हैं, जिनमें देवताओं की स्तुति की गयी है। इस ग्रंथ में देवताओं का यज्ञ में आह्वान करने के लिये मन्त्र हैं। यही सर्वप्रथम वेद है। ऋग्वेद को दुनिया के सभी इतिहासकार हिन्द-यूरोपीय भाषा-परिवार की सबसे पहली रचना मानते हैं। ये दुनिया के सर्वप्रथम ग्रन्थों में से एक है। ऋक् संहिता में 10 मंडल, बालखिल्य सहित 1028 सूक्त हैं। वेद मंत्रों के समूह को श्सूक्तश कहा जाता है, जिसमें एकदैवत्व तथा एकार्थ का ही प्रतिपादन रहता है। ऋग्वेद के सूक्त विविध देवताओं की स्तुति करने वाले भाव भरे गीत हैं। इनमें भक्तिभाव की प्रधानता है। यद्यपि ऋग्वेद में अन्य प्रकार के सूक्त भी हैं, परन्तु देवताओं की स्तुति करने वाले स्रोतों की प्रधानता है।

प्रमुख तथ्य

ऋग्वेद के विषय में कुछ प्रमुख बातें निम्नलिखित है—

1. यह सबसे प्राचीनतम वेद माना जाता है।
2. ऋग्वेद के कई सूक्तों में विभिन्न वैदिक देवताओं की स्तुति करने वाले मंत्र हैं, यद्यपि ऋग्वेद में अन्य प्रकार के सूक्त भी हैं, परन्तु देवताओं की स्तुति करने वाले स्त्रोतों की प्रधानता है।
3. ऋग्वेद में कुल दस मण्डल हैं और उनमें 1028 सूक्त हैं और कुल 10,580 ऋचाएँ हैं।
4. इसके दस मण्डलों में कुछ मण्डल छोटे हैं और कुछ मण्डल बड़े हैं।

5. प्रथम और अन्तिम मण्डल, दोनों ही समान रूप से बड़े हैं। उनमें सूक्तों की संख्या भी 191 है।
6. दूसरे मण्डल से सातवें मण्डल तक का अंश ऋग्वेद का श्रेष्ठ भाग है, उसका हृदय है।
7. आठवें मण्डल और प्रथम मण्डल के प्रारम्भिक पचास सूक्तों में समानता है।

ऋक्ष शब्द ऋग्वेद में एक बार तथा परवर्ती वैदिक साहित्य में कदाचित ही प्रयुक्त हुआ है। ऋग्वेद में यातुधानों को यज्ञों में बाधा डालने वाला तथा पवित्रात्माओं को कष्ट पहुँचाने वाला कहा गया है। नवाँ मण्डल सोम से सम्बन्धित होने से पूर्ण रूप से स्वतन्त्र है। यह नवाँ मण्डल आठ मण्डलों में सम्मिलित सोम सम्बन्धी सूक्तों का संग्रह है, इसमें नवीन सूक्तों की रचना नहीं है। दसवें मण्डल में प्रथम मण्डल की सूक्त संख्याओं को ही बनाये रखा गया है। पर इस मण्डल का विषय, कथा, भाषा आदि सभी परिवर्तीकरण की रचनाएँ हैं। ऋग्वेद के मन्त्रों या ऋचाओं की रचना किसी एक ऋषि ने एक निश्चित अवधि में नहीं की, अपितु विभिन्न काल में विभिन्न ऋषियों द्वारा ये रची और संकलित की गयीं। ऋग्वेद के मन्त्र स्तुति मन्त्र होने से ऋग्वेद का धार्मिक और आध्यात्मिक महत्त्व अधिक है। चारों वेदों में सर्वाधिक प्राचीन वेद ऋग्वेद से आर्यों की राजनीतिक प्रणाली एवं इतिहास के विषय में जानकारी प्राप्त होती है। ऋग्वेद अर्थात ऐसा ज्ञान, जो ऋचाओं में बद्ध हो।

विभाग

ऋग्वेद में दो प्रकार के विभाग मिलते हैं–

अष्टक क्रम–इसमें समस्त ग्रंथ आठ अष्टकों तथा प्रत्येक अष्टक आठ अध्यायों में विभाजित है। प्रत्येक अध्याय वर्गो में विभक्त है। समस्त वर्गो की संख्या 2006 है।

मण्डलक्रम–इस क्रम में समस्त ग्रन्थ 10 मण्डलों में विभाजित है। मण्डल अनुवाक, अनुवाक सूक्त तथा सूक्त मंत्र या ध्चाओं में विभाजित है। दशों मण्डलों में 85 अनुवाक, 1028 सूक्त हैं। इनके अतिरिक्त 11 बालखिल्य सूक्त हैं। ऋग्वेद के समस्य सूक्तों के ऋचाओं (मंत्रों) की संख्या 10600 है।

सूक्तों के पुरुष रचयिताओं में गृत्समद, विश्वामित्र, वामदेव, अत्रि, भारद्वाज और वसिष्ठ तथा स्त्री रचयिताओं में लोपामुद्रा, घोषा, अपाला, विश्वरा, सिकता, शचीपौलोमी और कक्षावृत्ति प्रमुख है। इनमें लोपामुद्रा प्रमुख थी। वह क्षत्रीय वर्ण की थी किन्तु उनकी शादी अगस्त्य ऋषि से हुयी थी। ऋग्वेद के दूसरे एवं सातवें मण्डल

की ऋचायें सर्वाधिक प्राचीन हैं, जबकि पहला एवं दसवां मण्डल अन्त में जोड़ा गया है। ऋग्वेद के आठवें मण्डल में मिली हस्तलिखित प्रतियों के परिशिष्ट को 'खिल' कहा गया है।

प्राचीन रचना

ऋग्वेद भारत की ही नहीं सम्पूर्ण विश्व की प्राचीनतम रचना है। इसकी तिथि 1500 से 1000 ई.पू. मानी जाती है। सम्भवतः इसकी रचना सप्त-सैंधव प्रदेश में हुयी थी। ऋग्वेद और ईरानी ग्रन्थ जेंद अवेस्ता में समानता पाई जाती है। ऋग्वेद के अधिकांश भाग में देवताओं की स्तुतिपरक ऋचाएं हैं, यद्यपि उनमें ठोस ऐतिहासिक सामग्री बहुत कम मिलती है, फिर भी इसके कुछ मन्त्र ठोस ऐतिहासिक सामग्री उपलब्ध करते हैं। जैसे एक स्थान 'दाशराज्ञ युद्ध' जो भरत कबीले के राजा सुदास एवं पुरू कबीले के मध्य हुआ था, का वर्णन किया गया है। भरत जन के नेता सुदास के मुख्य पुरोहित वसिष्ठ थे, जब कि इनके विरोधी दस जनों (आर्य और अनार्य) के संघ के पुरोहित विश्वामित्र थे। दस जनों के संघ में- पांच जनो के अतिरिक्त- अलिन, पक्थ, भलनसु, शिव तथ विज्ञाषिन के राजा सम्मिलित थे। भरत जन का राजवंश त्रित्सुजन मालूम पड़ता है, जिसके प्रतिनिधि देवदास एवं सुदास थे। भरत जन के नेता सुदास ने रावी (परुष्णी) नदी के तट पर उस राजाओं के संघ को पराजित कर ऋग्वैदिक भारत के चक्रवर्ती शासक के पद पर अधिष्ठित हुए। ऋग्वेद में, यदु, द्रुह्यु, तुर्वश, पुरू और अनु पांच जनों का वर्णन मिलता है।

शाखाएँ

ऋग्वेद के मंत्रों का उच्चारण यज्ञों के अवसर पर होतृ ऋषियों द्वारा किया जाता था। ऋग्वेद की अनेक संहिताओं में संप्रति संहिता ही उपलब्ध है। संहिता का अर्थ संकलन होता है। ऋग्वेद की पांच शाखायें हैं–

1. शाकल,
2. वाष्कल,
3. आश्वलायन,
4. शांखायन
5. मांडूकायन।

ऋग्वेद के कुल मंत्रों की संख्या लगभग 10600 है। बाद में जोड़ गये दशम मंडल, जिसे 'पुरुषसूक्त' के नाम से जाना जाता है, में सर्वप्रथम शूद्रों का उल्लेख

मिलता है। इसके अतिरिक्त नासदीय सूक्त (सृष्टि विषयक जानकारी, निर्गुण ब्रह्म की जानकारी), विवाह सूक्त (ऋषि दीर्घमाह द्वारा रचित), नदि सूक्त (वर्णित सबसे अन्तिम नदी गोमल), देवी सूक्त आदि का वर्णन इसी मण्डल में है। इसी सूक्त में दर्शन की अद्वैत धारा के प्रस्फुटन का भी आभास होता है। सोम का उल्लेख नवें मण्डल में है। मैं कवि हूं, मेरे पिता वैद्य हैं, माता अन्नी पीसनें वाली है। यह कथन इसी मण्डल में है। लोकप्रिय गायत्री मंत्र (सावित्री) का उल्लेख भी ऋग्वेद के 7वें मण्डल में किया गया है। इस मण्डल के रचयिता वसिष्ठ थे। यह मण्डल वरुग देवता को समर्पित है।

त्रित देवता की कथा

त्रित प्राचीन देवताओं में से थे।

त्रित सोम बनाया था तथा इंद्रादि अनेक देवताओं की स्तुतियाँ समय-समय पर की थीं।

त्रित ने बल के दुर्ग को नष्ट किया था। युद्ध के समय मरुतों ने त्रित की शक्ति की रक्षा की थी।

9

यजुर्वेद

यजुर्वेद हिन्दू धर्म का एक महत्त्वपूर्ण श्रुति धर्मग्रन्थ और चार वेदों में से एक है। इसमें यज्ञ की असल प्रक्रिया के लिये गद्य और पद्य मन्त्र हैं। ये हिन्दू धर्म के चार पवित्रतम प्रमुख ग्रन्थों में से एक है और अक्सर ऋग्वेद के बाद दूसरा वेद माना जाता है - इसमें ऋग्वेद के 663 मंत्र पाए जाते हैं। फिर भी इसे ऋग्वेद से अलग माना जाता है क्योंकि यजुर्वेद मुख्य रूप से एक गद्यात्मक ग्रन्थ है। यज्ञ में कहे जाने वाले गद्यात्मक मन्त्रों को 'यजुस' कहा जाता है। यजुर्वेद के पद्यात्मक मन्त्र ऋग्वेद या अथर्ववेद से लिये गये है। इनमें स्वतन्त्र पद्यात्मक मन्त्र बहुत कम हैं। यजुर्वेद में दो शाखा हैं रू दक्षिण भारत में प्रचलित कृष्ण यजुर्वेद और उत्तर भारत में प्रचलित शुक्ल यजुर्वेद शाखा। जहां ऋग्वेद की रचना सप्त-सिन्धु क्षेत्र में हुई थी वहीं यजुर्वेद की रचना कुरुक्षेत्र के प्रदेश में हुई। कुछ लोगों के मतानुसार इसका रचनाकाल 1400 से 1000 ई.पू. का माना जाता है।

नाम और विषय

यजुस के नाम पर ही वेद का नाम यजुस + वेद(=यजुर्वेद) शब्दों की संधि से बना है। यज् का अर्थ समर्पण से होता है। पदार्थ (जैसे ईंधन, घी, आदि), कर्म (सेवा, तर्पण), श्राद्ध, योग, इंद्रिय निग्रह इत्यादि के हवन को यजन यानि समर्पण की क्रिया कहा गया है।

इस वेद में अधिकांशतः यज्ञों और हवनों के नियम और विधान हैं, अतःयह ग्रन्थ कर्मकाण्ड प्रधान है। यजुर्वेद की संहिताएं लगभग अंतिम रची गई संहिताएं

थीं, जो ईसा पूर्व द्वितीय सहस्राब्दि से प्रथम सहस्राब्दी के आरंभिक सदियों में लिखी गईं थी।

इस ग्रन्थ से आर्यों के सामाजिक और धार्मिक जीवन पर प्रकाश पड़ता है। उनके समय की वर्ण-व्यवस्था तथा वर्णाश्रम की झाँकी भी इसमें है। यजुर्वेद संहिता में वैदिक काल के धर्म के कर्मकाण्ड आयोजन हेतु यज्ञ करने के लिये मंत्रों का संग्रह है। इनमे कर्मकाण्ड के कई यज्ञों का विवरण हैः

1. अग्निहोत्र
2. अश्वमेध
3. वाजपेय
4. सोमयज्ञ
5. राजसूय
6. अग्निचयन।

ऋग्वेद के लगभग 663 मंत्र यथावत् यजुर्वेद में मिलते हैं। यजुर्वेद वेद का एक ऐसा प्रभाग है, जो आज भी जन-जीवन में अपना स्थान किसी न किसी रूप में बनाये हुऐ है। संस्कारों एवं यज्ञीय कर्मकाण्डों के अधिकांश मन्त्र यजुर्वेद के ही हैं।

राष्ट्रोत्थान हेतु प्रार्थना

ओउम् आ ब्रह्मन् ब्राह्मणों ब्रह्मवर्चसी जायतामाराष्ट्रे राजन्यः शूरऽइषव्योऽतिव्याधी महारथो जायतां दोग्ध्री धेनुर्वोढ़ाऽनड्वानाशुः सप्तिः पुरन्धिर्योषा जिष्णू रथेष्ठाः सभेयो युवास्य यजमानस्य वीरो जायतां निकामे-निकामे नः पर्जन्यो वर्षतु फलवत्यो नऽओषधयः पच्यन्तां योगक्षेमो नः कल्पताम्।

—यजुर्वेद 22, मन्त्र 22

अर्थ–

ब्रह्मन् ! स्वराष्ट्र में हों, द्विज ब्रह्म तेजधारी।
क्षत्रिय महारथी हों, अरिदल विनाशकारी ॥
होवें दुधारू गौएँ, पशु अश्व आशुवाही।
आधार राष्ट्र की हों, नारी सुभग सदा ही ॥
बलवान सभ्य योद्धा, यजमान पुत्र होवें।
इच्छानुसार वर्षें, पर्जन्य ताप धोवें ॥
फल-फूल से लदी हों, औषध अमोघ सारी।
हों योग-क्षेमकारी, स्वाधीनता हमारी ॥

संप्रदाय, शाखाएं और संहिताएं

संप्रदाय

यजुर्वेदाध्यायी परम्परा में दो सम्प्रदाय- ब्रह्म सम्प्रदाय अथवा कृष्ण यजुर्वेद और आदित्य सम्प्रदाय अथवा शुक्ल यजुर्वेद ही प्रमुख हैं।

संहिताएं

वर्तमान में कृष्ण यजुर्वेद की शाखा में 4 संहिताएँ -तैत्तिरीय, मैत्रायणी, कठ और कपिष्ठल कठ ही उपलब्ध हैं। शुक्ल यजुर्वेद की शाखाओं में दो प्रधान संहिताएँ- 1. मध्यदिन संहिता और 2. काण्व संहिता ही वर्तमान में उपलब्ध हैं। आजकल प्रायः उपलब्ध होने वाला यजुर्वेद मध्यदिन संहिता ही है। इसमें 40 अध्याय, 1975 कण्डिकाएँ (एक कण्डिका कई भागों में यागादि अनुष्ठान कर्मों में प्रयुक्त होनें से कई मन्त्रों वाली होती है।) तथा 3988 मन्त्र हैं। विश्वविख्यात गायत्री मंत्र (36.3) तथा महामृत्युजय मन्त्र (3.60) इसमें भी है।

शाखाएं

यजुर्वेद कर्मकाण्ड से जुडा हुआ है। इसमें विभिन्न यज्ञों (जैसे अश्वमेध) का वर्णन है। यजुर्वेद पाठ अध्वुर्य द्वारा किया जाता है। यजुर्वेद 5 शाखाओं में विभक्त् है—1. काठक, 2. कपिष्ठल, 3. मैत्रियाणी, 4. तैतीरीय तथा 5. वाजसनेयी।

कहा जाता है कि वेद व्यास के शिष्य वैशंपायन के 27 शिष्य थे, इनमें सबसे प्रतिभाशाली थे याज्ञवल्क्य। इन्होंने एक बार यज्ञ में अपने साथियो की अज्ञानता से क्षुब्ध हो गए। इस विवाद के देखकर वैशंपायन ने याज्ञवल्क्य से अपनी सिखाई हुई विद्या वापस मांगी। इस पर क्रुद्ध याज्ञवल्क्य ने यजुर्वेद का वमन कर दिया - ज्ञान के कण कृष्ण वर्ण के रक्त से सने हुए थे। इससे कृष्ण यजुर्वेद का जन्म हुआ। यह देखकर दूसरे शिष्यों ने तीतर बनकर उन दानों को चुग लिया और इससे तैत्तरीय संहिता का जन्म हुआ।

यजुर्वेद के भाष्यकारों में उवट (1040 ईस्वी) और महीधर (1588) के भाष्य उल्लेखनीय हैं। इनके भाष्य यज्ञीय कर्मों से संबंध दर्शाते हैं। शृंगेरी के शंकराचार्यों में भी यजुर्वेद भाष्यों की विद्वत्ता की परंपरा रही है।

10

सामवेद

सामवेद भारत के प्राचीनतम ग्रंथ वेदों में से एक है, गीत-संगीत प्रधान है। प्राचीन आर्यों द्वारा साम-गान किया जाता था। सामवेद चारों वेदों में आकार की दृष्टि से सबसे छोटा है और इसके 1875 मन्त्रों में से 69 को छोड़ कर सभी ऋगवेद के हैं। केवल 17 मन्त्र अथर्ववेद और यजुर्वेद के पाये जाते हैं। फ्घ्रि भी इसकी प्रतिष्ठा सर्वाधिक है, जिसका एक कारण गीता में कृष्ण द्वारा वेदानां सामवेदोऽस्मि कहना भी है।

सामवेद यद्यपि छोटा है परन्तु एक तरह से यह सभी वेदों का सार रूप है और सभी वेदों के चुने हुए अंश इसमें शामिल किये गये है। सामवेद संहिता में जो 1875 मन्त्र हैं, उनमें से 1504 मन्त्र ऋग्वेद के ही हैं। सामवेद संहिता के दो भाग हैं, आर्चिक और गान। पुराणों में जो विवरण मिलता है उससे सामवेद की एक सहस्त्र शाखाओं के होने की जानकारी मिलती है। वर्तमान में प्रपंच ह्रदय, दिव्यावदान, चरणव्युह तथा जैमिनि गृहसूत्र को देखने पर 13 शाखाओं का पता चलता है। इन तेरह में से तीन आचार्यों की शाखाएँ मिलती हैं- (1) कौमुथीय, (2) राणायनीय और (3) जैमिनीय।

महत्व

सामवेद का महत्व इसी से पता चलता है कि गीता में कहा गया है कि -वेदानां सामवेदोऽस्मि।। महाभारत में गीता के अतिरिक्त अनुशासन पर्व में भी सामवेद की महत्ता को दर्शाया गया है- सामवेदश्च वेदानां यजुषां शतरुद्रीयम्।।अग्नि पुराण के

अनुसार सामवेद के विभिन्न मंत्रों के विधिवत जप आदि से रोग व्याधियों से मुक्त हुआ जा सकता है एवं बचा जा सकता है, तथा कामनाओं की सिद्धि हो सकती है। सामवेद ज्ञानयोग, कर्मयोग और भक्तियोग की त्रिवेणी है। ऋषियों ने विशिष्ट मंत्रों का संकलन करके गायन की पद्धति विकसित की। अधुनिक विद्वान् भी इस तथ्य को स्वीकार करने लगे हैं कि समस्त स्वर, ताल, लय, छंद, गति, मन्त्र, स्वर-चिकित्सा, राग नृत्य मुद्रा, भाव आदि सामवेद से ही निकले हैं।

सामवेद में ऐसे मन्त्र मिलते हैं जिनसे यह प्रमाणित होता है कि वैदिक ऋषियों को एसे वैज्ञानिक सत्यों का ज्ञान था जिनकी जानकारी आधुनिक वैज्ञानिकों को सहस्त्राब्दियों बाद प्राप्त हो सकी है। उदाहरणतः- इन्द्र ने पृथ्वी को घुमाते हुए रखा है। चन्द्र के मंडल में सूर्य की किरणे विलीन हो कर उसे प्रकाशित करती हैं।। साम मन्त्र क्रमांक 27 का भाषार्थ है- यह अग्नि द्यूलोक से पृथ्वी तक संव्याप्त जीवों तक का पालन कर्ता है। यह जल को रूप एवं गति देने में समर्थ है।

सामवेद के विषय मे कुछ प्रमुख तथ्य निम्नलिखित है–

- सामवेद से तात्पर्य है कि वह ग्रन्थ जिसके मन्त्र गाये जा सकते हैं और जो संगीतमय हों।
- यज्ञ, अनुष्ठान और हवन के समय ये मन्त्र गाये जाते हैं।
- सामवेद में मूल रूप से 99 मन्त्र हैं और शेष ऋग्वेद से लिये गये हैं।
- इसमें यज्ञानुष्ठान के उद्‌गातृवर्ग के उपयोगी मन्त्रों का संकलन है।
- इसका नाम सामवेद इसलिये पड़ा है कि इसमें गायन-पद्धति के निश्चित मन्त्र ही हैं।
- इसके अधिकांश मन्त्र ऋग्वेद में उपलब्ध होते हैं, कुछ मन्त्र स्वतन्त्र भी हैं।
- सामवेद में ऋग्वेद की कुछ घ्चाएं आकलित है।
- वेद के उद्‌गाता, गायन करने वाले जो कि सामग (साम गान करने वाले) कहलाते थे। उन्होंने वेदगान में केवल तीन स्वरों के प्रयोग का उल्लेख किया है जो उदात्त, अनुदात्त तथा स्वरित कहलाते हैं।
- सामगान व्यावहारिक संगीत था। उसका विस्तृत विवरण उपलब्ध नहीं हैं।
- वैदिक काल में बहुविध वाद्य यंत्रों का उल्लेख मिलता है जिनमें से
- तंतु वाद्यों में कन्नड़ वीणा, कर्करी और वीणा,
- घन वाद्य यंत्र के अंतर्गत दुंदुभि, आडंबर,
- वनस्पति तथा सुषिर यंत्र के अंतर्गतः तुरभ, नादी तथा
- बंकुरा आदि यंत्र विशेष उल्लेखनीय हैं।

11

अथर्ववेद

अथर्ववेद की भाषा और स्वरूप के आधार पर ऐसा माना जाता है कि इस वेद की रचना सबसे बाद में हुई थी। अथर्ववेद के दो पाठों, शौनक और पैप्पलद, में संचरित हुए लगभग सभी स्तोत्र ऋग्वेद के स्तोत्रों के छदों में रचित हैं। दोनो वेदों में इसके अतिरिक्त अन्य कोई समानता नहीं है। अथर्ववेद दैनिक जीवन से जुड़े तांत्रिक धार्मिक सरोकारों को व्यक्त करता है, इसका स्वर ऋग्वेद के उस अधिक पुरोहिती स्वर से भिन्न है, जो महान देवों को महिमामंडित करता है और सोम के प्रभाव में कवियों की उत्प्रेरित दृष्टि का वर्णन करता है।

रचना काल

यज्ञों व देवों को अनदेखा करने के कारण वैदिक पुरोहित वर्ग इसे अन्य तीन वेदों के बराबर नहीं मानता था। इसे यह दर्जा बहुत बाद में मिला। इसकी भाषा ऋग्वेद की भाषा की तुलना में स्पष्टतः बाद की है और कई स्थानों पर ब्राह्मण ग्रंथों से मिलती है। अतः इसे लगभग 1000 ई.पू. का माना जा सकता है। इसकी रचना अथवर्ण तथा आंगिरस ऋषियों द्वारा की गयी है। इसीलिए अथर्ववेद को अथर्वांगिरस वेद भी कहा जाता है। इसके अतिरिक्त अथर्ववेद को अन्य नामों से भी जाना जाता है–

1. गोपथ ब्राह्मण में इसे अथर्वांगिरस वेद कहा गया है।
2. ब्रह्म विषय होने के कारण इसे ब्रह्मवेद भी कहा गया है।
3. आयुर्वेद, चिकित्सा, औषधियों आदि के वर्णन होने के कारण भैषज्य वेद भी कहा जाता है।

4. पृथ्वीसूक्त इस वेद का अति महत्त्वपूर्ण सूक्त है। इस कारण इसे महीवेद भी कहते हैं।

विषय

अथर्ववेद में कुल 20 काण्ड, 730 सूक्त एवं 5987 मंत्र हैं। इस वेद के महत्त्वपूर्ण विषय हैं–

1. ब्रह्मज्ञान
2. औषधि प्रयोग
3. रोग निवारण
4. जन्त्र-तन्त्र
5. टोना-टोटका आदि।

विवरण

अथर्ववेद में परीक्षित को कुरुओं का राजा कहा गया है तथा इसमें कुरू देश की समृद्धि का अच्छा विवरण मिलता है। इस वेद में आर्य एवं अनार्य विचार-धाराओं का समन्वय है। उत्तर वैदिक काल में इस वेद का विशेष महत्त्व है। ऋग्वेद के दार्शनिक विचारों का प्रौढ़रूप इसी वेद से प्राप्त हुआ है। शान्ति और पौष्टिक कर्मा का सम्पादन भी इसी वेद में मिलता है। अथर्ववेद में सर्वाधिक उल्लेखनीय विषय आयुर्विज्ञान है। इसके अतिरिक्त जीवाणु विज्ञान तथा औषधियों आदि के विषय में जानकारी इसी वेद से होती है। भूमि सूक्त के द्वारा राष्ट्रीय भावना का सुदृढ़ प्रतिपादन सर्वप्रथम इसी वेद में हुआ है। इस वेद की दो अन्य शाखायें हैं–

1. पिप्पलाद
2. शौनक।

अथर्ववेद में 20 कांड हैं, जिनमें 598 सूक्त और गद्य परिच्छेद हैं। जिनका विवरण निम्न है–

पहले से लेकर सातवें कांड में विशिष्ट उद्देश्यों के लिए तंत्र-मंत्र संबंधी प्राथनाएं हैं- लंबे जीवन के लिए मंत्र, उपचार, श्राप, प्रेम मंत्र, समृद्धि के लिए प्रार्थना, ब्राह्मण के ज्ञाताओं से घनिष्ठता, वेद अध्ययन में सफलता, राजा बनने के लिए मंत्र और पाप का प्रायश्चित।

आठवें से बारहवें कांड में इसी तरह के पाठ हैं, लेकिन इसमें ब्रह्मांडीय सूक्त भी शामिल हैं, जो ऋग्वेद के सूक्तों को ही जारी रखते हैं और उपनिषदों के अधिक

जटिल चिंतन की ओर ले जाते हैं। उदाहरण के लिए, उपनिषदों के लिए अत्यंत अर्थवान श्वास या प्राणवायु के महत्त्व की संकल्पना और सार्वभौम अस्तित्व से जुड़े आत्म पर चिंतन सबसे पहले अथर्ववेद में ही पाए गए थे।

13 से 20 तक कांड में ब्रह्मांडीय सिद्धांत (13 कांड), विवाह प्राथनाएं (कांड 14), अंतिम संस्कार के मंत्र (कांड 18) और अन्य जादुई व अनुष्ठानिक मंत्र हैं।

15 वां कांड रोचक है, जिसमें व्रत्य का महिमामंडन किया गया है, जो वेदपाठ न करने वाला एक अरूढध्बिद्ध आर्य समूह था, लेकिन इसके बावजूद सम्मानजनक आनुष्ठानिक व चिंतन परंपराएं रखता था। यही नहीं, व्रत्य स्वामिस्वरूप हैं और एक राजा का आतिथ्य ग्रहण करने की स्थति में उन्हें राजा को आशीर्वाद देने योग्य माना गया है। अथर्ववेद के इस भाग के साथ-साथ अन्य यजुर्वेद परिच्छेदों में वैदिक रचना के प्राथमिक संगठनात्मक सिद्धांतों और बाद के भारतीय अनुष्ठानों में से एक, अतिथि सत्कार के महत्त्व का वर्णन किया गया है।

अन्य सूक्त

अथर्ववेद का एक अन्य सूक्त मानव शरीर की रचना का वर्णन व प्रशंसा करता है। इस सूक्त व उपचार से जुड़े सामन्य अथर्ववेदी चिंतन के कारण शास्त्रीय भारतीय चिकित्सा प्रणाली, आयुर्वेद अपनी उत्पत्ति अथर्ववेद से मानता है। किंतु शास्त्रों द्वारा इस दावें को समर्थन नहीं मिलता और न तो आयुर्वेद के सिद्धांत वेदों में और न ही अथर्ववेद के तांत्रिक या आनुष्ठानिक उपचार आयुर्वेद में पाए जाते हैं। फिर भी चिकित्सकीय उपचारों को प्रणालीबद्ध करने व उन्हें वर्गीकृत किए जाने के काम की शुरुआत अथर्ववेद से मानी जा सकती है।

विशेषताएँ

- इसमें ऋग्वेद और सामवेद से भी मन्त्र लिये गये हैं।
- जादू से सम्बन्धित मन्त्र-तन्त्र, राक्षस, पिशाच, आदि भयानक शक्तियाँ अथर्ववेद के महत्त्वपूर्ण विषय हैं।
- इसमें भूत-प्रेत, जादू-टोने आदि के मन्त्र हैं।
- ऋग्वेद के उच्च कोटि के देवताओं को इस वेद में गौण स्थान प्राप्त हुआ है।
- धर्म के इतिहास की दृष्टि से ऋग्वेद और अथर्ववेद दोनों का बड़ा ही मूल्य है।
- अथर्ववेद से स्पष्ट है कि कालान्तर में आर्यों में प्रकृति की पूजा की उपेक्षा हो गयी थी और प्रेत-आत्माओं व तन्त्र-मन्त्र में विश्वास किया जाने लगा था।

12

वैदिक दर्शन

उपनिषद दर्शन

उपनिषद को वेदान्त भी कहा जाता है, उसमें सभी दर्शनों का संग्रह है। उपनिषद की रचना लगभग 1000 से 300 ई. पू. में की गई। उपनिषद भारतीय दार्शनिकों के कई वर्षों के गम्भीर चिन्तन एवं मनन का प्रतिफल है। उपनिषदों को आधार मानकर और इनके दर्शन को अपनी भाषा में रूपांतरित कर विश्व के अनेक धर्मों और विचारधाराओं का जन्म हुआ। प्राप्त उपनिषद-ग्रन्थों की संख्या में से ईशादि 10 उपनिषद सर्वमान्य हैं। उपनिषदों की कुल संख्या 108 है। जिनमें ईश, केन, कठ, माण्डूक्य, तैत्तिरीय, ऐतरेय, छान्दोग्य, श्वेताश्वतर, बृहदारण्यक, कौषीतकि, मुण्डक, प्रश्न, मैत्राणीय आदि उपनिषद प्रमुख हैं। आदि शंकराचार्य ने जिन 10 उपनिषदों पर अपना भाष्य लिखा है, उनको प्रमाणिक माना गया है।

उपनिषद ग्रन्थों में परमतत्व के लिए सामान्य रूप से जिस शब्द का प्रयोग किया जाता है, वह है ब्रह्मन्। यद्यपि ऐसा माना जाता है कि 'यह' अथवा 'वह' जैसी ऐहिक अभिव्यंजनाओं वाली शब्दावली में यह वर्णनातीत है और इसीलिए इसे बहुधा अनिर्वचनीय कहा है, तथापि किसी भांति इसका तादात्म्य आत्मा अथवा स्व से स्थापित किया जाता है। उपनिषदों में इसके लिए आत्मन् शब्द का प्रयोग किया गया है। अतः औपनिषदिक आदर्शवाद को, संक्षेप में, ब्रह्मन् से आत्मन् का समीकरण कहा जाता है। औपनिषदिक आदर्शवादियों ने इस आत्मन् को कभी 'चेतना-पुंज मात्र'

(विज्ञान-घन) और कभी 'परम चेतना' (चित) के रूप में स्वीकार किया है। इसे आनंद और सत् के रूप में भी माना गया है।

स्वयं उपनिषदों की अपनी व्याख्या भी इस दुर्भाग्य का शिकार होने से न बच सकी। पश्चिमी देशों के व्याख्याकारों ने भी एक न एक भाष्यकार का अनुसरण किया। गफ शंकर की व्याख्या का अनुसरण करता है। अपनी पुस्तक फिलासफी ऑफ उपनिषद्स की प्रस्तावना में उन्होंने लिखा है कि 'उपनिषदों के दार्शनिक तत्व का सबसे बड़ा भाष्यकार शंकर, अर्थात् शंकराचार्य है। शंकर का अपना उपदेश भी स्वाभाविक और उपनिषदों के दार्शनिक तत्त्व की युक्तियुक्त व्याख्या है।' मैक्समूलर ने भी इसी मत का समर्थन किया है। 'हमें अवश्य स्मरण रखना चाहिए कि वेदान्त का सनातन मत वह नहीं है जिसे हम विकास कह सकते हैं बल्कि माया है। ब्रह्म का विकास अथवा परिणाम प्राचीन विचार से भिन्न है, माया अथवा विवर्त ही सनातन वेदान्त है।.....लाक्षणिक रूप में इसे यों कहेंगे कि सनातन वेदान्त के अनुसार यह जगत ब्रह्म से उन अर्थों में उद्भूत नहीं हुआ जिन अर्थों में बीज से वृक्ष उत्पन्न होता है, किन्तु जिस प्रकार सूर्य की किरणों से मृगमरीचिका की प्रतीति होती है, उसी प्रकार ब्रह्म से जगत की उत्पत्ति भी भ्रांतिवश प्रतीत होती है।' ड्यूसन ने भी इस मत का समर्थन किया है।

उपनिषद वेद का वह भाग या अंश कहलाता है जिसमें विशुद्ध रीति से आध्यात्मिक चिन्तन को ही महत्व प्रदान किया गया है और फल सम्बन्धी कर्मों के दृढ़ानुराग को शिथिल करना सुझाया गया है, वेद का यह भाग उसकी सभी शाखाओं में है, परंतु यह बात स्पष्ट रूप से समझ लेनी चाहिये कि वर्तमान में उपनिषद संज्ञा के नाम से जितने ग्रन्थ उपलब्ध हैं, उनमें से कुछ उपनिषदों (ईशावास्य, बृहदारण्यक, तैत्तिरीय, छान्दोग्य आदि)- को छोड़कर शेष के सभी उपनिषद भाग में उपलब्ध हों, ऐसी बात नहीं है। शाखागत उपनिषदों में से कुछ अंश को सामयिक, सामाजिक या वैयक्तिक आवश्यकता के आधार पर उपनिषद का नाम दे दिया गया है। इसीलिए इनकी संख्या एवं उपलब्धियों में अन्तर देखने को मिलता है।

वेदों में जो उपनिषद-भाग हैं, वे अपनी शाखाओं में सर्वथा अक्षुण्ण हैं। उनको तथा उन्हीं शाखाओं के नाम से जो उपनिषद-संज्ञा के ग्रन्थ उपलब्ध हैं, दोनों को एक मानना भूल होगी। प्राप्त उपनिषद-ग्रन्थों की संख्या में से ईशादि 10 उपनिषद तो सर्वमान्य हैं। इनके अतिरिक्त 5 और उपनिषद (श्वेताश्वतरादि), जिन पर आचार्यों की टीकाएँ तथा प्रमाण-उद्धरण आदि मिलते हैं, सर्वसम्मत कहे जाते हैं। इन 15 के अतिरिक्त जो उपनिषद उपलब्ध हैं, उनकी शब्दगत ओजस्विता तथा प्रतिपादनशैली

आदि की विभिन्नता होने पर भी यह अवश्य कहा जा सकता है कि इनका प्रतिपाद्य ब्रह्म या आत्मतत्त्व निश्चयपूर्वक अपौरुषेय, नित्य, स्वतःप्रमाण वेद-शब्द-राशि से सम्बद्ध है। भारत का प्रसिद्ध आदर्श वाक्य सत्यमेव जयते मुण्डोपनिषद से लिया गया है। उपनिषद गद्य और पद्य दोनों में हैं, जिसमें प्रश्न, माण्डूक्य, केन, तैत्तिरीय, ऐतरेय, छान्दोग्य, बृहदारण्यक और कौषीतकि उपनिषद गद्य में हैं तथा केन, ईश, कठ और श्वेताश्वतर उपनिषद पद्य में हैं।

वेद एवं सम्बन्धित उपनिषद

1. ऋग्वेद
   ऐतरेयोपनिषद
2. यजुर्वेद
   बृहदारण्यकोपनिषद
3. शुक्ल यजुर्वेद
   ईशावास्योपनिषद
4. कृष्ण यजुर्वेद
   तैत्तिरीयोपनिषद, कठोपनिषद, श्वेताश्वतरोपनिषद, मैत्रायणी उपनिषद
5. सामवेद
   वाष्कल उपनिषद, छान्दोग्य उपनिषद, केनोपनिषद
6. अथर्ववेद
   माण्डूक्योपनिषद, प्रश्नोपनिषद, मुण्डकोपनिषद

भारतीय-संस्कृति की प्राचीनतम एवं अनुपम धरोहर के रूप में वेदों का नाम आता है। ऋग्वेद विश्व-साहित्य की प्राचीनतम पुस्तक व ग्रन्थ है। मनीषियों ने वेद को ईश्वरीय बोध अथवा ज्ञान के रूप में पहचाना है। विद्वानों ने उपनिषदों को वेदों का अन्तिम भाष्य वेदान्त का नाम दिया है। इससे पूर्व वेदों के लिए संहिता ब्राह्मण और आरण्यक नाम भी प्रयुक्त किये जाते हैं। उपनिषद ब्रह्मज्ञान के ग्रन्थ हैं। इसका शाब्दिक अर्थ है– 'समीप बैठना' अर्थात ब्रह्म विद्या को प्राप्त करने के लिए गुरु के समीप बैठना। इस प्रकार उपनिषद एक ऐसा रहस्य ज्ञान है जिसे हम गुरु के सहयोग से ही समझ सकते हैं। ब्रह्म विषयक होने के कारण इन्हें ब्रह्मविद्या का नाम भी दिया गया। उपनिषदों में आत्मा-परमात्मा एवं संसार के सन्दर्भ में प्रचलित दार्शनिक विचारों का संग्रह मिलता है। उपनिषद वैदिक साहित्य के अन्तिम भाग तथा सारभूत सिद्धान्तों के प्रतिपादक है, अतः इन्हें वेदान्त भी कहा जाता है। इनका रचना काल

800 से 500 ई.पू. के मध्य है। उपनिषदों ने जिस निष्काम कर्म मार्ग और भक्ति मार्ग का दर्शन दिया उसका विकास श्रीमद्भागवत्गीता में हुआ।

उपनिषद् दर्शन के विषय

उपनिषदों का केन्द्रीय विषय दार्शनिक तत्व का वर्णन करना है। इनमें दार्शनिक तत्व की व्याख्या दो रूप में की गई है–(i) आध्यात्म-विद्या तथा (ii) नीतिशास्त्र। आध्यात्म-विद्या के तहत परम सत्ता, जगत का स्वरूप, और सृष्टि की समस्या की व्याख्या की गई है। नीतिशास्त्र के तहत व्यक्ति के अन्तिम लक्ष्य, उसके आदर्श, कर्म का मुक्ति के साथ सम्बन्ध, मुक्ति की उच्चतम धारणा, पुनर्जन्म का सिद्धान्त आदि का वर्णन किया गया है उपनिषदों का लक्ष्य सत्य की खोज करना है। डा. उमेश मिश्र ने लिखा है–"अद्वितीय अखण्ड सत्, चित्, आनन्द परमात्मा का विचार या साक्षात्कार ही उपनिषदों का चरम ध्येय है। वास्तव में ज्ञान तथा विज्ञान का परम लक्ष्य भी तो वही अखण्ड परमतत्त्व है, वही जीवन का भी मुख्य लक्ष्य है और उसी की प्राप्ति की अनुभूति से दुःख की चरम निवृत्ति होती है, जिज्ञासा की पूर्ति होती है तथा जन्म-मरण से सदा के लिए मुक्ति मिलती है।"

उपनिषद् दर्शन के अनुसार आत्मा का स्वरूप

'आत्मा' उपनिषदों का मूल प्रतिपाद्य विषय है। आत्मा को उपनिषदों में पूर्ण और अखण्ड माना गया है। इसके अनुसार, आत्मा के अतिरिक्त विश्व में और कोई सत्-पदार्थ नहीं है। उपनिषदों में आत्मा को चार श्रेणियों में विभाजित किया गया है–(1) शारीरिक आत्मा, (2) आनुभविक आत्मा, (3) सर्वातिशायी, प्रच्छन्न आत्मा तथा (4) परम आत्मा।

आत्मा के स्वरूप को बृहदारण्यक उपनिषद् में इस तरह स्पष्ट किया गया है–"आत्मा वह है जो पाप से मुक्त है, वृद्धावस्था से रहित है, मृत्यु एवं शोक से रहित है, भूख और प्यास से रहित है, जो किसी वस्तु की इच्छा नहीं करती। यद्यपि उसे इच्छा करनी चाहिए, किसी वस्तु की कल्पना नहीं करती यद्यपि उसे कल्पना करनी चाहिए; वह सत्ता है जिसको समझने का प्रयास करना चाहिए।"

आत्मा की चार अवस्थाओं का वर्णन उपनिषदों में किया गया है। ये अवस्थाएँ इस तरह हैं–(1) जागृति, (2) स्वप्न (3) सुषुप्ति तथा (4) तुरीय। प्रथम अवस्था वह है जो जागते समय होती है जिसमें आत्मा को बाह्य पदार्थों से युक्त सामान्य जगत् का ज्ञान रहता है। इस अवस्था में आत्मा स्थूल पदार्थों का सुख भोगती है। दूसरी अवस्था

में आत्मा सूक्ष्म वस्तुओं का आनन्द लेती है। इस अवस्था में आत्मा जाग्रत अवस्था की सामग्री से नई-नई आकृतियों का निर्माण करती है। तीसरी अवस्था गहरी निद्रा की है जिसमें हमें न तो स्वप्न आते हैं और न ही कुछ इच्छा होती है। इस अवस्था में आत्मा कुछ समय के लिए ब्रह्म के साथ एकाकार होकर आनन्द का उपभोग करती है। तुरीय अवस्था में आत्मा एक ऐसे देश में ब्रह्म के साथ निवास करती है जो भौतिक इन्द्रियों के परिवर्तनशील जगत् से दूर तथा ऊपर है। आत्मा की इन अवस्थाओं के आधार पर डॉ. राधाकृष्णन् ने आत्मा के स्वरूप को इन शब्दों में व्यक्त किया है–"आत्मा का मौलिक स्वरूप दैवीय है, यद्यपि दैहिक मांस ने उसमें बाधा दे रखी है। परन्तु निद्रावस्था में यह देह के बन्धनों से मुक्त होकर अपने स्वाभाविक स्वरूप को पुनः प्राप्त कर लेती है।"

उपनिषद् दर्शन के अनुसार यथार्थसत्ता का स्वरूप

उपनिषदों में परम सत्ता या यथार्थ सत्ता या वास्तविकता को 'ब्रह्म' के नाम से पुकारा गया है। तैत्तिरीय उपनिषद् के अनुसार, "ब्रह्म सत्, चित्स्वरूप तथा अनन्त है। यह एक भावात्मक यथार्थ सत्ता है। वह पूर्ण है।" इस प्रकार परम सत्ता विचार नहीं है और न यह गत्यात्मक शक्ति है। वरन् यह ज्ञान, प्रेम और सौन्दर्य का एक जीवित समष्टि रूप ऐक्य है।

उपनिषद् दर्शन की तत्त्व मीमांसा, ज्ञान मीमांसा और आचार मीमांसा का यही स्वरूप है। जिसमें वह आत्मा और परमसत्ता के स्वरूप का विवेचन करती है। इसके आधार पर उपनिषद् दर्शन की परिभाषा इस प्रकार दी जा सकती है–"उपनिषदों का दार्शनिक चिन्तन श्रोत दर्शन की चरम सीमा है। यह इस ब्रह्माण्ड को ब्रह्म द्वारा निर्मित मानती है और यह मानती है कि ब्रह्म मूल तत्त्व है। यह आत्मा और ब्रह्म को एक मानती है और यह प्रतिपादन करती है कि मनुष्य जीवन का अन्तिम उद्देश्य आत्मानुभूति है जो ज्ञान, कर्म एवं योग के समुच्चय से प्राप्त किया जा सकता है।"

उपनिषद् दर्शन के मूल सिद्धान्त

उपनिषदों की सामान्य तत्त्व मीमांसा, ज्ञान मीमांसा और आचार मीमांसा को यदि सिद्धान्तों के रूप में अभिव्यक्त करना चाहें तो निम्नलिखित रूप में कर सकते हैं–

(1) ब्रह्म सर्वव्यापी है–उपनिषदों में ब्रह्म के स्वरूप की जिज्ञासा जाग्रत हुई। ब्राह्मण-ग्रन्थों से ही ब्रह्म के सर्वव्यापक स्वरूप की कल्पना आरम्भ हो गई थी।

सर्वप्रथम ब्रह्म को मित्र, बृहस्पति, वायु आदि देवताओं से एकाकार करने की कल्पना की गई। तदुपरान्त यह कल्पना की गई कि ब्रह्म ने सभी देवताओं को सृष्टि के आरम्भ में उत्पन्न करके पृथ्वी (भू) अन्तरिक्ष एवं आकाश (द्युः) इन तीनों लोकों को अग्नि, वायु और सूर्य इन तीनों देवताओं में बाँट दिया। इस प्रकार ब्रह्म नामक एक विश्वव्यापी सत्ता की कल्पना ब्राह्मण ग्रन्थों में उपलब्ध होती है।

(2) प्रथम चार कोषों के लिए अन्तिम कोष का प्रकाश आवश्यक– उपनिषद्कारों के अनुसार विकास अन्नमय कोष–प्राणमय कोष–मनोमय कोष–ज्ञानमय कोष–आनन्दमय कोष के क्रम में होता है। परन्तु उनका यह भी स्पष्टीकरण है कि प्रथम चार कोषों का विकास तब तक नहीं हो सकता जब तक वे अन्तिम कोष (आनन्दमय कोष, आत्मा) के प्रकाश (तेज) से प्रकाशित नहीं होते। आज की भाषा में हम इसे इस प्रकार कह सकते हैं कि सर्वप्रथम मनुष्य को अपने आत्मा तत्त्व में विश्वास होना चाहिए, इस तत्त्व की अनुभूति के लिए भारी जिज्ञासा होनी चाहिए और फिर जैसा श्रेष्ठ ग्रन्थों में वर्णित है उसके अनुसार आचरण कर अपने प्रथम चार कोषों का विकास करना चाहिए। आत्मज्ञानी मनुष्यों के द्वारा बताए गए सद्मार्ग ही आत्मा प्रकाशित मार्ग हैं, उन पर चलकर ही कोई मनुष्य आत्मानुभूति कर सकता है।

(3) उपनिषद् में ब्रह्म की अपरोक्ष अनुभूति का वर्णन है–ब्रह्म के वास्तविक स्वरूप का वर्णन वाणी द्वारा नहीं हो सकता। तैत्तिरीय उपनिषद् में ब्रह्म को वाणी एवं मन से परे बतलाया गया है। ब्रह्म का ज्ञान इन्द्रिय जन्यज्ञान से परे तथा अव्यक्त है। ब्रह्म ज्योतियों की भी ज्योति है जिसके द्वारा संसार के सभी जाज्वल्य मान पदार्थ सूर्य, चन्द्र, तारे प्रकाशमान होते हैं।

(4) जीव अनन्त ज्ञान एवं शक्ति का स्रोत है–तैत्तिरीयोपनिषद् में मनुष्य को पाँच कोषों (अन्नमय, कोष, प्राणमय, कोष, मनोमय कोष, ज्ञानमय कोष और आनन्दमय कोष) से बना माना गया है। यह आनन्द क्या है? वही जिसे हम आत्मा, परमात्मा और ब्रह्म नाम से जानते हैं। यह आत्मा अपने में पूर्ण है, सर्वज्ञ एवं सर्वशक्तिमान है। तब मनुष्य को अनन्त ज्ञान एवं शक्ति का स्रोत होना चाहिए।

(5) मानव जीवन का अन्तिम उद्देश्य आत्मानुभूति–इस बात पर सब उपनिषद्कार एवं उपनिषदों के व्याख्याकार एक मत हैं कि मनुष्य जीवन का अन्तिम उद्देश्य आत्मानुभूति है। परन्तु आत्मानुभूति की स्थिति के विषय में उपषिद्कारों के भिन्न-भिन्न मत हैं। कुछ उपनिषद्कारों के अनुसार आत्मानुभूति की स्थिति में मनुष्य दुःखों से मुक्त होता है, कुछ ही दृष्टि से आनन्द की अनुभूति करता है और कुछ

की दृष्टि से वह दुःख-सुख दोनों से मुक्त होता है, शून्य की स्थिति को प्राप्त करता है।

(6) आत्म तत्त्व की अनुभूति के लिए प्रथम चार कोषों का विकास आवश्यक—मनुष्य चाहे ज्ञान साधना करे, चाहे कर्म साधना करे इन सबके लिए यह आवश्यक है कि उसका अन्नमय-कोष (शरीर) स्वस्थ हो, प्राणमय कोष (प्राण शक्ति) क्रियाशील हो, मनोमय कोष (मन) वश में हो और विज्ञानमय कोष (बुद्धि) विकसित हो। अतः आत्मा तत्त्व की अनुभूति करने वाले साधक को सर्वप्रथम अपने प्रथम चार कोषों का विकास करना चाहिए।

(7) ब्रह्म और आत्मा एक है—उपनिषदों का सबसे अधिक बल आत्म तत्त्व की व्याख्या पर ही रहा है। उपनिषदों में आत्मा; ब्रह्म, सत्य और आनन्द को प्रायः एक ही अर्थ में प्रयोग किया गया है। पर कुछ उपनिषद् आत्मा और ब्रह्म को एक मानते हैं, कुछ उपनिषद् आत्मा को ब्रह्म का अंश मानते हैं और कुछ उपनिषदों के अनुसार आत्मा भोक्ता होती है और ब्रह्म सृष्टा एवं दृष्टा। पर आत्मा को नित्य सर्वज्ञ एवं सर्वशक्तिमान मानकर उसे ब्रह्म रूप में ही प्रतिष्ठित किया गया है।

(7) सम्पूर्ण ब्रह्माण्ड ईश्वर द्वारा निर्मित है—उपनिषदों में ब्रह्माण्ड को ईश्वर के द्वारा निर्मित माना गया है। उपनिषदों में ब्रह्म के दो रूप मिलते हैं मूर्त और अमूर्त। इसीलिए ईश्वर को इस ब्रह्माण्ड का कर्त्ता एवं उपादान कारण दोनों ही मानते हैं। सभी देवताओं की शक्तियाँ अन्ततोगत्वा ब्रह्म पर ही निर्भर है। उपनिषदों में ब्रह्म को परमात्मा, ईश्वर, सत्य और आनन्द अनेक रूपों में प्रस्तुत किया गया है।

(8) आत्मानुभूति के निमित्त ज्ञान, कर्मण योग साधना आवश्यक—आत्मानुभूति के साधन मार्ग के सम्बन्ध में भी उपनिषदों के व्याख्याकारों के भिन्न-भिन्न मत हैं। कुछ व्याख्याकारों ने ज्ञान मार्ग का प्रतिपादन किया है, कुछ ने कर्म मार्ग का प्रतिपादन किया है और कुछ ने योग मार्ग का। हमारी दृष्टि से ज्ञान भी एक साधना है, कर्म भी एक साधना है और योग भी एक साधना है और साधना रूप में इन तीनों में भेद नहीं है।

उपनिषद् दर्शन में मोक्ष का स्वरूप

उपनिषदों में जिज्ञासा का मुख्य विषय रहस्यमय एवं गुह्य एक तत्त्व का ज्ञान है। इसके ज्ञान या अनुभूति की अभिलाषा ही उपनिषदों में मूल विषय है। इसे सृष्टि का मूल तत्त्व भी बतलाया गया है। इसे ही आत्मा या ब्रह्म, अद्वैत, शिव पुरुष आदि विविध नाम दिए गए हैं। इस मूलभूत तत्त्व के ज्ञान के साथ समस्त कर्मों एवं कर्म

फलों की समाप्ति (क्षय) कही गयी है। यही पर वैदिक कर्मकाण्डों एवं यज्ञों को अयथेष्ठ (या अपर्याप्त) भी माना गया है। क्योंकि वैदिक कर्मकाण्डों से अधिकतम् प्राप्तव्य के रूप में स्वर्ग कहा गया। यह वस्तुतः उत्तम कर्म फलों के रूप में प्राप्त होने वाली स्थिति ही है। क्योंकि स्वर्ग में भी सभी उत्तम फलों का भोग पूरा होने पर पुनः पृथ्वी पर जन्म एवं मृत्यु की स्थिति होने वाली है। परन्तु ब्रह्म ज्ञान को इस पुनरागमन के परे तथा श्रेष्ठ माना गया जो कि समस्त कर्मफलों का शामक तथा अक्षय कहा गया है। ब्रह्म को सत्, चित् एवं आनन्द बतलाया गया है तथा ब्रह्मनुभूति के लिये सत्य, तपस् एवं साधना का मार्ग प्रस्तावित किया गया। उपनिषदों में इसके लिये निम्न महावाक्यों के श्रवण, मनन एवं निदिध्यासन को प्रस्तावित किया गया है–

"अहं ब्रह्मास्मि,"
"सर्वं खल्विदं ब्रह्म,"
"तत्त्वमसि"

इसी से ब्रह्मानुभूति, मुक्ति, अमृतत्त्व या मोक्ष प्राप्ति संभव बतलायी गयी है।

ध्यान रखें मोक्ष शब्द प्रमुख उपनिषदों में प्रयुक्त नहीं हुआ है। यह शब्द श्वेताश्वतर उपनिषत् में केवल एक बार आया है। हाँलाकि मोक्ष के इतर अन्य शब्द – विमुच्य, मुच्यते, मुक्ति, अमृतत्व, अमृत पद आदि उपनिषदों में प्रयुक्त हुये हैं तथा इनसे अभिप्राय भी कहीं-कहीं पर मोक्ष के समानान्तर नहीं है। परिवर्ती साहित्य में मोक्ष शब्द का प्रयोग स्पष्ट मिलता है, विशेष रूप से दर्शन सूत्रों में तथा उनके भाष्यों में। जहाँ पर इसका स्पष्ट अभिप्राय ''बंधन से छूटना'' है।

उपनिषद् दर्शन का मूल्यांकन

उपनिषदों के अनुसार अपने आत्म-स्वरूप का साक्षात्कार करके जीव 'एकेन विज्ञानेन सर्वं विज्ञातं भवति' इस उपनिषद्-वाक्य के अनुसार सभी वस्तुओं के ज्ञान प्राप्त करके अपने आप अनुभव कर लेता है कि यह सब ब्रह्म-स्वरूप है। अतः संसार की सभी वस्तुओं का अस्तित्त्व एवं विनाश जिस सत्ता के कारण होता है। उसका ज्ञान मोक्ष की प्रगति में जरूरी है।

इसी कारण सभी उपनिषदों में परम् सत्ता की खोज के लिए एक लगातार कोशिश दिखलाई पड़ती है। उपनिषदों में ऋषियों ने अपने जीवन-पर्यन्त अनुभवों का सार प्रस्तुत किया है। इसी कारण विश्व साहित्य में उपनिषदों का महत्त्व सर्वोपरि स्वीकार किया गया है।

जीवन के सभी विचार और चिन्तन मिथ्या सिद्ध हो सकते हैं, किन्तु जीव और परमात्मा के मिलन के लिए किया गया अध्यात्मिक चिन्तन कभी मिथ्या नहीं हो सकता। वह शाश्वत है, सनातन है और जीवन को महानतम् लक्ष्य पर पहुँचाने वाला सारथी है। जिस प्रकार महाभारत में कृष्ण ने अर्जुन के लिए सारथी का कार्य सम्पन्न किया था, उसी प्रकार जन-जन के लिए उपनिषदों ने यह महान कार्य सम्पन्न किया है। वह आलोक है, जो समस्त मानवता के अज्ञानपूर्ण अन्धकार को दूर करने के लिए ऋषियों द्वारा अवतरित कराया गया है। इस प्रकार यह कहा जाता है कि सर्व-कल्याण के श्रेष्ठतम् प्रतीक के रूप में उपनिषदों का महत्व उल्लेखनीय है।

वैशेषिक दर्शन

यह दर्शन स्वयं में विशिष्ट होने के कारण अन्य दर्शनों तथा विद्यास्थानों के प्रतिपाद्य सिद्धान्तों के ज्ञान और विश्लेषण में भी बहुत उपकारक है। कौटिल्य ने वैशेषिक का पृथक् रूप से तो उल्लेख नहीं किया, किन्तु संभवतः समानतन्त्र आन्वीक्षिकी में वैशेषिक का भी अन्तर्भाव मानते हुए इन्होंने यह अवश्य लिखा है कि आन्वीक्षिकी सब विद्याओं का उपकारक या प्रदीप है।

भारतीय चिन्तन-परम्परा में न्याय, वैशेषिक, सांख्य, योग, मीमांसा, वेदान्त प्रभृति छः आस्तिक दर्शनों और चार्वाक, बौद्ध, जैन इन तीन नास्तिक दर्शनों का अपना अलग-अलग विशिष्ट स्थान रहा है।

सांख्य में त्रिविध दुःखों की निवृत्ति को, योग में चित्तवृत्ति के निरोध को, मीमांसा में धर्म की जिज्ञासा को और वेदान्त में ब्रह्म की जिज्ञासा को निःश्रेयस का साधन बताया गया है। जबकि वैशेषिक में पदार्थों के तत्त्वज्ञानरूपी धर्म अर्थात् उनके सामान्य और विशिष्ट रूपों के विश्लेषण से पारलौकिक निःश्रेयस के साथ-साथ इह लौकिक अभ्युदय को भी साध्य माना गया है।

अन्य दर्शनों में प्रायः ज्ञान की सत्ता को सिद्ध मानकर उसके अस्तित्वबोध और विज्ञान को मोक्ष या निःश्रेयस का साधन बताया गया है, किन्तु वैशेषिक में दृश्यमान वस्तुओं के साधर्म्य-वैधर्म्यमूलक तत्त्वज्ञान को साध्य माना गया है। इस प्रकार वैशेषिक दर्शन में लोकधर्मिता तथा वैज्ञानिकता से समन्वित आध्यात्मिकता दिखाई देती है। इसी कारण न्याय-वैशेषिक को व्याकरण के समान अन्य शास्त्रों के ज्ञान का भी उपकारक या प्रदीप कहा गया है।

ब्रह्म को ही अद्वैत वेदान्त में एकमात्र सत कहा गया है। बौद्धों ने सर्व शून्य जैसे कथन किये, सांख्यों ने प्रकृति-पुरुष के विवेक की बात की। इस प्रकार इन

सबने भौतिक जगत् के सामूहिक या सर्वसामान्य किसी एक तत्त्व को भौतिक जगत् से बाहर खोजने की कोशिश की। परन्तु वैशेषिकों ने न केवल समग्र ब्रह्माण्ड का, अपितु प्रत्येक पदार्थ का तत्त्व उसके ही अन्दर खोजने की कोशिश की और यह बताया कि प्रत्येक वस्तु का निजी वैशिष्ट्य ही उसका तत्त्व या स्वरूप है और प्रत्येक वस्तु अपने आप में एक सत्ता है।

उक्त मूल भावना के साथ ही वैशेषिकों ने दृश्यमान जगत की सभी वस्तुओं को छः या सात वर्गों में समाहित करके वस्तुवादी दृष्टि से अपने विचार को विश्व के समक्ष प्रकट किये। इन छः या सात पदार्थों में सर्वप्रथम द्रव्य का उल्लेख किया गया है, क्योंकि उसको ही केन्द्रित करके अन्य पदार्थ अपनी सत्ता का भान कराते हैं। पहले तो वैशेषिकों ने छः ही पदार्थ माने थे, पर बाद में उनको यह आभास हुआ कि वस्तुओं के भाव की तरह उनका अभाव भी वस्तुतत्त्व के निरूपण में सहायक होता है। अतः गुण, कर्म सामान्य विशेष के साथ-साथ अभाव को भी वैशेषिक पदार्थों व तत्वों में समाहित किया गया। कहने का आशय यह है कि विश्व में पायी जाने वाली सम्पूर्ण वस्तुओं का निजी वैशिष्ट्य ही उनका स्वभाव है क्या इस आधार पर ही इस शास्त्र को वैशेषिक कहा गया? इस जिज्ञासा के समाधान के संदर्भ में अनेक विद्वानों ने जो विचार प्रस्तुत किये, अल्पांश नीचे की पंक्तियों में वर्णित है–

1. विगतः शेषः यत्र स विशेषः ऐसा विग्रह करने पर विशेष का अर्थ 'निरवशेष हो जाता है और इस प्रकार सभी पदार्थों का छः या सात में अन्तर्भाव हो जाता है।
2. विशेष पदार्थ से युक्त होने के कारण यह शास्त्र वैशेषिक कहलाता है। अन्य दर्शनों में विशेष का उपदेश वैसा नहीं है जैसा कि इसमें है। विशेष को स्वतन्त्र पदार्थ मानने के कारण वैशेषिक दर्शन अन्य दर्शनों से अलग है। विशेष पदार्थ व्यावर्तक है। अतः इस शास्त्र की संज्ञा वैशेषिक है।
3. विशेष गुणों का उच्छेद ही मुक्ति है, न कि दुःख का आत्यन्तिक उच्छेद। मुक्ति का प्रतिपादन चार्वाकेतर सभी दर्शन करते हैं, किन्तु विशेष गुण को लेकर मुक्ति का प्रतिपादन इसी दर्शन में किया गया है।
4. अनेक पाश्चात्त्य और भारतीय विद्वानों ने वैशेषिक को डिफरेन्सियलिस्ट दर्शन की संज्ञा प्रदान की है। क्योंकि उनकी दृष्टि में यह भेदबुद्धि (वैशिष्ट्रय-विचार) पर आधारित होने के कारण भेदवादी है।
5. विशेषणं विशेषः ऐसा विग्रह करने पर यह अर्थ हो जाता है कि पदार्थों के लक्षण-परीक्षण द्वारा जो शास्त्र उनका बोध करवाये, वह वैशेषिक है।

6. इस दर्शन में आत्मा के भेद तथा उसमें रहने वाले विशेष गुणों की व्याख्या की गयी है। कपिल ने आत्मा के भेदों को तो माना है परन्तु विशेष गुण वाला नहीं माना। जबकि वेदान्त आत्मा के भेद और गुणों को अस्वीकार करता है। अतः आत्मा के विशेष गुण और भेद को स्वीकार करने से यह दर्शन वैशेषिक कहलाता है।

वैशेषिक दर्शन की द्रव्य-विवेचना

मूलतः यह दर्शन भौतिक एवं आध्यात्मिक विज्ञान का दर्शन है। यह प्रकृति और भौतिक जगत् के मूलभूत यथार्थों को समझने तथा उन्हें खोजने का प्रयत्न करता है। कणाद का विश्वास था कि प्रकृति और ब्रह्माण्ड के विशिष्ट गुणों और उनकी विशिष्टताओं के प्रत्येक पहलू के अध्ययन से इनके आधारभूत यथार्थों को भली-भाँति समझा जा सकता है। वस्तुगत् रूप से, इस संसार का अस्तित्त्व मनुष्य की चेतना से बाहर और उससे स्वतन्त्र है। मनुष्य संसार का विश्लेषण अपनी कोशिशों से कर सकता है। साथ ही वह उसे समझ भी सकता है। इस दर्शन का मूल पदार्थ, निस्सन्देह, द्रव्य है। वही संपूर्ण भौतिक तथा अभौतिक घटनाक्रमों का सार है। कणाद के अनुसार, ''द्रव्य वह है जिसमें गुण और क्रियाएँ होती हैं और जो किसी प्रभाव का आंतर्निहित अथवा भौतिक कारण होता है।'' इस दर्शन ने सभी भौतिक तथा मानसिक वस्तुओं को निम्नलिखित नौ द्रव्यों में विभाजित किया है–(1) पृथ्वी, (2) अप्, (जल), (3) तेज (अग्नि), (4) वायु, (5) आकाश, (6) काल, (7) दिक्, (8) आत्मा, (9) मनस्।

पृथ्वी, जल, अग्नि तथा वायु इस दर्शन के अनुसार भौतिक पदार्थ हैं जिनका निर्माण अविभाज्य परमाणुओं से हुआ है। परमाणु वह काफी सूक्ष्म कण है जिसे आगे विभाजित नहीं किया जा सकता हैं सभी परमाणु एक जैसे नहीं होते हैं। साथ ही ये शाश्वत् और अनश्वर हैं। ये ही इस संपूर्ण ब्रह्माण्ड के आधार हैं। परमाणुओं में एक-दूसरे से मिल जाने की प्रवृत्ति होती है। इस वजह इनके मिलने पर ब्रह्माण्ड के अलग-अलग स्थूल तत्त्वों का निर्माण होता है। इस दर्शन के अनुसार परमाणु न तो मृत है, न निष्क्रिय और न स्थिर (Static)। वह स्वयं अपने गुणों के आधार पर, किसी बाह्य साधन की सहायता के बगैर, परिवर्तित तथा परिचालित होता है। इस प्रकार परमाणु सतत् गतिशील रहता है। पदार्थ कोई स्थिर तथा अचल वस्तु नहीं है वरन् अस्तित्त्व में आने की लगातार प्रक्रिया है। इस तरह का दर्शन पदार्थ के स्वतन्त्र अस्तित्त्व को स्वीकार करता है।

इस दर्शन की मान्यता है कि पृथ्वी, जल, अग्नि तथा वायु के प्राणविक परमाणु शाश्वत् है। उनका किसी ने निर्माण नहीं किया। लेकिन उनके योग तथा सम्मिश्रण से बनी वस्तुएँ अपने स्वभाव के कारण ही विनाशशील एवं विघटनशील हैं। इस प्रकार पदार्थ का न तो नाश किया जा सकता है और न निर्माण। वह अनन्तकाल से विद्यमान है।

आकाश, दिक्, काल आत्मा तथा मानस अभौतिक पदार्थ हैं। अनुभव की सभी वस्तुएँ भौतिक तथा अभौतिक, दोनों ही, द्रव्य नाम के अन्तर्गत आती हैं। आत्मा और मनस अग्नि एवं जल की भाँति प्राथमिक पदार्थ हैं। यह दर्शन काल तथा दिक् को अयथार्थ पदार्थ नहीं मानता वरन् उनको अन्य द्रव्यों की भाँति वास्तविकता यथार्थ स्वीकार करता है। द्रव्य ही इस जगत् के आधार हैं। द्रव्य स्वयं अपने में विद्यमान रहते हैं और उन्हें जाना जा सकता है।

द्रव्य, गुण, कर्म, सामान्य, विशेष और समवाय नामक इन छः पदार्थों का महर्षि कणाद ने वैशेषिक सूत्र में निर्देश किया और प्रशस्तपाद प्रभृति भाष्यकारों ने प्रायः कणाद के मन्तव्य का अनुसरण करते हुए पदार्थों का विश्लेषण किया।

शिवादित्य से पूर्ववर्ती आचार्य चन्द्रमति के अतिरिक्त प्रायः अन्य सभी प्रख्यात व्याख्याकारों ने पदार्थों की संख्या छः ही मानी, किन्तु शिवादित्य ने सप्तपदार्थी में कणादोक्त छः पदार्थों में अभाव को भी जोड़ कर सप्तपदार्थवाद का प्रवर्तन करते हुए वैशेषिक चिन्तन में एक नया अध्याय जोड़ दिया। हालांकि चन्द्रमति ने दशपदार्थी (दशपदार्थशास्त्र) में कणादसम्मत छः पदार्थों में शक्ति, अशक्ति, सामान्य-विशेष और अभाव को जोड़कर दश पदार्थों का उल्लेख किया था, किन्तु चीनी अनुवाद के रूप में उपलब्ध इस ग्रन्थ का और इसमें प्रवर्तित दशपदार्थवाद का वैशेषिक के चिन्तन पर कोई विशेष प्रभाव नहीं पड़ा। हाँ, ऐसा अवश्य परिलक्षित होता है कि अभाव के पदार्थत्व पर चन्द्रमति के समय से लेकर शिवादित्य के समय तक जो चर्चा हुई, उसको मान्यता देते हुए ही शिवादित्य ने अभाव का पदार्थत्व तो प्रतिष्ठापित कर ही दिया।

कुछ भारतीय दार्शनिकों का यह भी मानना है कि कणाद ने आरम्भ में मूलतः द्रव्य, गुण और कर्म ये तीन ही पदार्थ माने थे। शेष तीन का प्रवर्तन बाद में हुआ। अधिकतर यही मत प्रचलित है, फिर भी संक्षेपतः छः पदार्थों का परिगणन कणाद ने ही कर दिया था।

अनेक दार्शनिकों व विद्वानों द्वारा किये गये शोधों व अध्ययनों से जो निष्कर्ष प्राप्त हुए हैं उनके अनुसार वैशेषिक तत्त्व-मीमांसा में प्रमुख रूप से चार

मत प्रचलित हुए, जिन्हें त्रिपदार्थवाद, षट्पदार्थवाद, दशपदार्थवाद तथा सप्तपदार्थवाद की संज्ञा प्रदान कर सकते हैं। वैशेषिक तथा न्याय दोनों दर्शनों में काफी साम्यता परिलक्षित होती है। अतः इन दोनों दर्शन व शास्त्रों को समान तंत्र की श्रेणी में रखा जाता है।

वैशेषिकसूत्र और न्यायसूत्र की रचना से पूर्व संभवतः आन्वीक्षिकी के तहत न्याय तथा वैशेषिक दोनों शास्त्रों का समावेश होता रहा, किन्तु कालान्तर में न्यायशास्त्र में प्रमाणों के विवेचन को और वैशेषिक शास्त्र में प्रमेयों के विश्लेषण को विशेष रूप से प्राथकिता प्रदान की गई। जिससे कि दोनों का विकास पृथक्-पृथक् रूप में हुआ। कालांतर के कुछ प्रकरण ग्रन्थों में फिर इन दोनों शास्त्रों का समन्वय करने की कोशिश की गयी किन्तु वस्तुतः ऐसे उत्तरकालीन ग्रन्थों में भी कुछ न्यायप्रधान हैं और कुछ वैशेषिकप्रधान। न्याय के आचार्यों ने गौतम प्रवर्तित सोलह पदार्थों में वैशेषिकसम्मत सात प्रदार्थों का तथा वैशेषिक के व्याख्याकारों ने वैशेषिकसम्मत सात पदार्थों में न्यायसम्मत सोलह पदार्थों का अन्तर्भाव करते हुए इन दोनों दर्शनों में समन्वय करने का प्रयत्न किया, किन्तु इससे इन दोनों दर्शनों की अपनी-अपनी विशिष्टता बनी रही और आज भी इन दोनों दर्शनों व शास्त्रों का अलग-अलग महत्व बना हुआ है।

पदार्थ

वैशेषिक दर्शन के अन्तर्गत तत्व शब्द के बदले पदार्थ शब्द को व्यवहार में लाया गया है। पदार्थ शब्द का व्युत्पत्तिमूलक अर्थ है—कोई भी ऐसी वस्तु, जिसको कोई नाम दिया जा सके अर्थात् जो शब्द से संकेतित की जा सके और इन्द्रिय-ग्राह्य हो वह अर्थ कहलाती है। कतिपय विद्वानों के अनुसार जिस प्रकार हाथी के पद को देखकर हाथी का ज्ञान किया जा सकता है, उसी प्रकार पद (शब्द) से अर्थ का ज्ञान होता है। वैशेषिकसूत्र में पदार्थ का लक्षण उपलब्ध नहीं होता। पदार्थ शब्द का प्रयोग भी सूत्रकार ने केवल एक बार किया है। प्रशस्तपाद के अनुसार पदार्थ वह है जिसमें अस्तित्व, अभिधेयत्व और ज्ञेयत्व हो। अतः पदार्थों के ये तीनों लक्षण समान धर्म हैं। प्रशस्तपाद का यह भी कहना है कि नित्य द्रव्यों के अतिरिक्त अन्य सभी पदार्थ किसी पर आश्रित रहते हैं। आश्रित का आशय है परतन्त्र रूप से रहना, न कि समवाय सम्बन्ध से। प्रशस्तपाद द्वारा प्रयुक्त अस्तित्व, अभिधेयत्व और ज्ञेयत्व इन तीन शब्दों का विश्लेषण उत्तरवर्ती आचार्यों ने अपनी-अपनी दृष्टि से किया। जिनमें निम्नांकित प्रमुख हैं—

अस्तित्व

श्रीधर (10वीं शती) के अनुसार किसी वस्तु का जो स्वरूप है, वही उसका अस्तित्व है जबकि व्योमशिवाचार्य के विचार में अस्ति या इस प्रकार का ज्ञान ही अस्तित्व कहलाता है।

न्यायलीलावतीकार वल्लभाचार्य सत्तासंबन्धबुद्धि को ही अस्तित्व कहते हैं।

जगदीश तर्कालंकार (16वीं शती) ने सूक्ति नामक टीका में भावत्वविशिष्ट स्वरूपसत्त्व को ही अस्तित्व कहा है।

सामान्य तौर पर अस्तित्व तथा सत्ता दोनों शब्दों को समानार्थी माना जा सकता है लेकिन वैशेषिक दर्शन इन दोनों शब्दों में भेद स्पष्ट करता है। अस्तित्व सत्ता की अपेक्षा अधिक व्यापक है, क्योंकि सत्ता में भी अस्तित्व है। अस्तित्व किसी वस्तु का अपना स्वरूप है, यह सत्ता सामान्य की तरह समवाय सम्बन्ध से वस्तु में नहीं रहता। वह तो वस्तु का अपना ही विशेष रूप है। वैशेषिकों के अनुसार सत्ता केवल द्रव्य, गुण और कर्म इन तीन में ही समवाय सम्बन्ध से रहती है। इन तीनों में रहने की जगह से उसको सामान्य कहा जाता है, न कि अधिक व्यापकता के कारण। इस प्रकार सत्ता सामान्य का और अस्तित्व स्वरूप-विशेष का परिचायक है। अस्तित्व व्यापक है और सत्ता व्याप्य।

अभिधेयत्व

अभिधान का अर्थ नाम या शब्द से है। शब्दों से जिसका उल्लेख हो सके, वह अभिधेय है। उदयनाचार्य ने अभिधेय को ही पदार्थ कहा है। अन्नंभट्ट भी प्रमुखतया अभिधेयत्व को ही पदार्थों का सामान्य लक्षण मानते हैं। भौतिक जगत संसार में जो भी वस्तु है, उसका कोई नाम है। अतः वह अभिधेय है। जो अभिधेय है, वह प्रमेय है और जो प्रमेय है, वह पदार्थ है। कोई भी अर्थ (वस्तु) जो संज्ञा से संज्ञित हो, उसे पदार्थ कहते हैं।

ज्ञेयत्व

शिवादित्य के अनुसार पदार्थ वे हैं, जो प्रमिति के विषय हों। पदार्थ अज्ञेय नहीं, अपितु ज्ञेय हैं। विश्व के सभी पदार्थ घट-पट आदि, जिनका अस्तित्व है, वे ज्ञेय अर्थात् ज्ञानयोग्य भी हैं। अज्ञेय विषय की सत्ता जिसका अस्तित्व है वह सत है, जो सत है वह ज्ञेय है और जो ज्ञेय है वह अभिधेय है।

अतः अस्तित्व, अभिधेयत्व और ज्ञेयत्व में से किसी एक लक्षण से भी पदार्थ को परिभाषित किया जा सकता है क्योंकि अस्ति या सत शब्द द्वारा उल्लिखित भाव पदार्थों के संदर्भ में अभिधेयत्व और ज्ञेयत्व कोई भिन्न संकल्पनाएं नहीं हैं। वस्तुतः अस्तित्व, अभिधेयत्व और ज्ञेयत्व ये भाव पदार्थों के समान धर्म हैं। ऐसा प्रतीत होता है कि पदार्थ की परिभाषा में अस्तित्व शब्द के समावेश से यह संकेतित किया गया है कि वस्तु वैसी है, जैसा उसका स्वरूप है, न कि वैसी, जैसी हम उसे कल्पित करते हैं। इससे विज्ञानवाद का निरसन होता है और शून्यवाद का भी प्रत्याख्यान हो जाता है। ज्ञेयत्व से संशयवाद और अज्ञेयवाद तथा अभिधेयत्व से यह बताया गया है कि वस्तुज्ञान की अभिव्यक्ति आवश्यक है। ऐसा मालूम होता है कि प्रशस्तपाद भी इस बात से परिचित थे कि इन तीनों लक्षणों में से किसी एक से भी पदार्थ के आशय को व्याख्यातित किया जा सकता है लेकिन उन्होंने अपने पूर्ववर्ती या समसामयिक आचार्यों की विभिन्न शंकाओं के समाधान के लिए तीनों को एक साथ रखकर यह प्रतिपादित किया कि–पदार्थ सत है, पदार्थ अभिधेय है और पदार्थ ज्ञेय है। फिर भी परवर्ती कई ग्रन्थकारों ने इनमें से किसी एक को भी पदार्थ का समग्र लक्षण मानकर काम चला लिया।

उदयनाचार्य और अन्नंभट्ट ने अभिधेयत्व को और शिवादित्य ने ज्ञेयत्व और प्रमेयत्व को विशिष्ट रूप से प्राथमिकता प्रदान की है। अस्तित्व को छोड़ने का कारण संभवतः यह था कि इनके समय तक अभाव की सत्पमू पदार्थ के रूप में प्रतिष्ठा हो रही थी या हो चुकी थी। यद्यपि वस्तुओं के धर्म उनसे पृथक् नहीं होते, फिर भी धर्म और धर्मी के भेद से उनमें पार्थक्य माना जाता है। द्रव्यादि छः पदार्थों में अस्तित्व, अभिधेयत्व और ज्ञेयत्व ये तीन समान धर्म हैं। परन्तु इस विषय में श्रीधर का मानना है कि ये तीनों अवस्था-भेद से पृथक् हैं, मूलतः तो वे वस्तु के स्वरूप के ही द्योतक हैं। वस्तुतः ये तीनों शब्द एक ही वस्तु के तीन पहलुओं को परिभाषित करते हैं जैसा कि यह तथ्य स्पष्ट है कि अस्तित्व और अभाव की संकल्पनाओं में पारस्परिक विरोध का प्रत्याख्यान करते हुए श्रीधर ने यह बताया कि सत्ता केवल द्रव्य, गुण और कर्म में रहती है, जबकि अस्तित्व अन्य सभी पदार्थों में और यहाँ तक कि अभाव में भी रहता है। विश्वनाथ पंचानन ने भी अस्तित्व को अभावसहित सातों पदार्थों का साधर्मूय माना।

अतः सत्ता और अस्तित्व दो अलग-अलग विचारधाराएं हैं। श्रीधर द्वारा निरूपित अस्तित्व के अर्थ को ग्रहण करने पर अभाव के पदार्थत्व का समाधान हो सकता है। पर शंकर मिश्र ने इस समस्या का समाधान यह कहकर किया कि ज्ञेयत्व

और अभिधेयत्व तो छः पदार्थों के उपलक्षण मात्र हैं, वस्तुतः उनमें सातों पदार्थों का साधर्मृय है। इतने सारे आख्यान-प्रत्याख्यानों के रहते हुए भी पदार्थ के लक्षण में अस्तित्व की संघटकता अभाव के परिप्रेक्ष्य में अभी भी विवादास्पद बनी हुई है। फिर भी थोड़े से हम यह कह सकते हैं कि प्रशस्तपाद के अनुसार जो सत, अभिधेय और ज्ञेय है, उसी को पदार्थ कह सकते हैं।

मन

न्याय-वैशेषिक का यह सिद्धान्त है कि गन्धादि विषयों का घ्राणादि इन्द्रियों से, इन्द्रियों का मन से और मन का आत्मा से संयोग होने पर ही प्रत्यक्ष ज्ञान होता है। विषय का इन्द्रिय के साथ और इन्द्रिय का आत्मा से अधिष्ठानमूलक सम्पर्क होने पर भी यदि इन्द्रिय और आत्मा के बीच मन संयुक्त या सन्निहित नहीं है तो ज्ञान नहीं होता और संयुक्त या सन्निहित है तो ज्ञान होता है। गन्धादि एकाधिक विषयों के साथ घ्राणादि एकाधिक इन्द्रियों का युगपद संयोग हो जाने पर भी उनमें से केवल एक ही विषय का ज्ञान होता है, क्योंकि मन उनमें से केवल एक ही इन्द्रिय के साथ सम्बद्ध हो सकता है, एक ही समय एकाधिक के साथ नहीं। मन की अव्यापृतता या अन्यत्र व्यापृतता के कारण कभी-कभी इन्द्रियों से संयुक्त होने पर भी विषय का बोध नहीं होता।

अतः कणाद यह कहते हैं कि विषयों और इन्द्रियों के युगपद संयोग की स्थिति में किसी एक विषय में ज्ञान के सद्भाव और अन्य विषय में ज्ञान के अभाव को हेतु मानकर जिस द्रव्य का अनुमान किया जाता है, वह मन कहलाता है। इसके अलावा कणाद का यह भी मानना है कि जैसे वायु स्पर्शादि गुणों का आश्रय होने के कारण द्रव्य और अवान्तर सृष्टि का समारम्भक न होने के कारण नित्य है, वैसे ही संयोगादि गुणों का आश्रय होने के कारण मन द्रव्य है और अपर सामान्य अर्थात् किसी सजातीय अवान्तर द्रव्य का समारम्भक द्रव्य न होने के कारण वह नित्य है। शरीर के प्रत्येक अंग में ही अनेक युगपत प्रयत्न न होने तथा आत्मा में एक काल में ही अनेक युगपद ज्ञान उत्पन्न न होने के कारण यह सिद्ध होता है कि मन प्रति शरीर एक है।

प्रशस्तपाद आदि भाष्यकारों ने कणाद के कथनों को प्रकारात्तर से प्रस्तुत करते हुए यह बताया कि आत्मा, इन्द्रिय तथा विषय के सान्निध्य के होते हुए भी ज्ञान, सुख आदि कार्य कभी होते हैं कभी नहीं होते हैं। अतः आत्मा, इन्द्रिय और विषय इन तीनों के अतिरिक्त चौथा तत्व मन है। प्रशस्तपाद ने मन को संख्या, परिमाण,

पृथक्त्व, संयोग, विभाग, परत्व, अपरत्व और संस्कार नामक आठ गुणों का अचेतन, परार्थक, मूर्त, अणुपरिमाण तथा आशु संचारी कहा है।

प्रशस्तपाद ने स्मृति को भी किसी इन्द्रिय पर आधारित माना है। श्रोत्रेन्द्रिय स्मृति का हेतुभूत जो इन्द्रिय है, वही मन है। सुखादि की प्रतीति का कारण भी मन ही है। इस प्रकार प्रशस्तपाद के अनुसार युगपदि ज्ञानानुत्पत्ति, स्मृति और सुखादि की प्रतीति इन तीन हेतुओं से मन का अनुमान होता है।

व्युत्पत्ति के अनुसार मन का आशय मनन का साधन है। लेकिन मन आन्तरिक अनुभवों में ही नहीं, अपितु बाह्य वस्तुओं के प्रत्यक्ष में भी सहायक होता है। अतः प्रशस्तपाद ने यह बताया कि मन वह द्रव्य है, जो मनस्त्वजाति से युक्त हो।

न्यायभाष्यकार वात्स्यायन का कथन है कि सभी प्रकार के ज्ञान का हेतु जो इन्द्रिय है, वह मन है। मन ज्ञान का आश्रय नहीं, अपितु ज्ञान का कारण है। उदयनाचार्य के मत में मन एक मूर्त द्रव्य है और स्पर्शरहित है। शिवादित्य का यह विचार है कि मन मनस्त्वजाति से युक्त, स्पर्शरहित, क्रिया का अधिकरण द्रव्य है।

वल्लभाचार्य विश्वनाथ आदि आचार्यों के अनुसार सुख-दुःखादि का अनुभव कराने वाली अन्तरिन्द्रिय ही मन है। बाह्य इन्द्रियाँ अपने-अपने विषयों को तभी ग्रहण कर सकती हैं, जब मन भी उनके साथ हो। अतः मन सुख आदि का ग्राहक इन्द्रिय होने के साथ-साथ अन्य इन्द्रियों द्वारा उनके अर्थग्रहण में भी सहायक होता है। ज्ञान के अयोगपथ से यह सिद्ध होता है कि प्रति शरीर भिन्न-भिन्न है, अतः उसमें अनेकत्व है।

श्रीधर के अनुसार दो विभु द्रव्यों के बीच संयोग संभव नहीं है। आत्मा विभु है अतः मन को भी विभु मानना उचित नहीं है। वह अणु है। बाह्य इन्द्रियाँ मन को नहीं देख सकतीं, अतः मन एक अतीन्द्रिय द्रव्य है।

आत्मा

सूत्रकार कणाद के अनुसार प्राण, अपान, निमेष, उन्मेष, जीवन, मनोगति, इन्द्रियान्तर विकार, सुख-दुःख, इच्छा, द्वेष और प्रयत्न नामक लिंगों से आत्मा का अनुमान होता है। ज्ञान आदि गुणों का आश्रय होने के कारण आत्मा एक द्रव्य है और किसी अवान्तर द्रव्य का आरम्भक न होने के कारण नित्य है। आत्मा अदृश्य होती है अर्थात् इसका प्रत्यक्षण करना सम्भव नहीं है। रूप आदि का समान ज्ञान

भी एक गुण है। उसका भी आश्रय कोई द्रव्य होना चाहिए। पृथ्वी आदि अन्य आठ द्रव्य ज्ञान के आश्रय नहीं हैं। अतः परिशेषानुमान से जो द्रव्य ज्ञान का आश्रय है, उसको आत्मा कहा जाता है। सूत्रकार कणाद ने आगे यह भी लिखा है कि ज्ञानादि के आश्रयभूत द्रव्य की आत्मसंज्ञा वेद विहित है। इस वेद विहित आत्मा का अन्य आठ द्रव्यों में अन्तर्भाव नहीं हो सकता। अहं शब्द का आत्मवाचित्व सुप्रसिद्ध है। मैं देवदत्त हूँ ऐसे वाक्यों में शरीर में अहं की प्रतीति उपचारवश होती है। प्रत्येक आत्मा में सुख, दुःख की प्रतीति भिन्न-भिन्न रूप से होती है। अतः जीवात्मा एक नहीं अपितु अनेक हैं।

प्रशस्तपाद ने भी सूत्रकार का अनुवर्तन करते हुए प्रकारान्तर से यह कहा कि सूक्ष्म होने के कारण आत्मा का प्रत्यक्षण नहीं होता, किन्तु जैसे बसूला आदि हथियारों को कोई बढ़ई चलाता है, वैसे ही श्रोत्र आदि कारणों या इन्द्रियों को चलाने वाला भी कोई होगा।

इस प्रकार से करण प्रयोजक के रूप में आत्मा का अनुमान किया जाता है। प्रशस्तपाद ने कई अन्य उदाहरणों के द्वारा भी यह बताया कि प्रवृत्ति-निवृत्ति आदि का प्रेरक भी कोई चेतन ही हो सकता है। वही आत्मा है। सुख, दुःख, इच्छा, द्वेष और प्रयत्न नामक गुणों से भी गुणी आत्मा का अनुमान होता है।

पृथ्वी, शरीर, इन्द्रिय आदि के साथ अहं प्रत्यय का योग नहीं होता। वह केवल आत्मा के साथ होता है। प्रशस्तपाद ने आत्मा में बुद्धि, सुख, दुःख, इच्छा, द्वेष, प्रयत्न, धर्म, अधर्म, संस्कार, संख्या, परिमाण, पृथक्त्व संयोग और विभाग इन चौदह गुणों पर प्रकाश डालते हुए यह लिखा है कि इनमें बुद्धि से लेकर संस्कार पर्यन्त प्रथम आठ आत्मा के विशेष गुण हैं और संख्याआदि शेष छः सामान्य गुण। विशेष गुण का अन्य द्रव्यों में अभाव होता है, जबकि सामान्य अन्य द्रव्यों में भी मिलते हैं।

शंकर मिश्र प्रभृति और मुंह उत्तरवर्ती व्याख्याकारों ने कुछ यह कहा कि आत्म् का मानस प्रत्यक्ष होता है। मैं हूँ- यह ज्ञान, मानसप्रत्यक्ष है, न कि अनुमानजन्य। शंकर मिश्र ने यह भी बताया कि जिस प्रकार वायु के परमाणुओं में अवयवों के विषय में कोई प्रमाण न होने से वे नित्य माने जाते हैं, वैसे ही आत्मा के अवयव मानने में कोई प्रमाण न होने के कारण आत्मा नित्य है तथा अनादि का आश्रय होने के कारण आत्मा एक द्रव्य है।

वेदान्त आदि में ज्ञान को आत्मा का स्वरूप माना जाता है, किन्तु वैशेषिक दर्शन के अनुसार ज्ञान आत्मा का आगन्तुक गुण है। न्यायमंजरी में जयन्त ने भी यह कहा कि स्वरूपतः आत्मा जड़ या अचेतन है। इन्द्रिय और विषय का मन के

साथ संयोग होने से आत्मा में चैतन्य उत्पन्न होता है। आत्मा विभु है। वह न तो अणुपरिमाण है, न मध्यमपरिमाण।

अन्नंभट्ट ने वैशेषिक मत का सारसंग्रह करते हुए यह लिखा है कि ज्ञान का जो अधिकरण है, वह आत्मा है। वह दो प्रकार का है, जीवात्मा और परमात्मा। परमात्मा एक है और जीवात्मा प्रत्येक शरीर में भिन्न-भिन्न होने के कारण अनेक है। इस संदर्भ में उद्योतकर का यह कथन भी स्मरणीय है कि परमात्मा नित्य ज्ञान का अधिकरण है, जबकि जीवात्मा अनित्य ज्ञान का। श्रीधर का मानना है कि जीवात्मा शरीरधारी होती है जबकि परमात्मा कभी भी शरीर धारण नहीं करता।

गुण का स्वरूप और भेद

कणाद का मानना है कि अनुसार समवाय सम्बन्ध से द्रव्य में आश्रय लेने का जिसका स्वभाव हो, जो स्वयं गुण का आश्रय न हो, संयोग और विभाग का कारण न हो और अन्य किसी की अपेक्षा न रखता हो, वह गुण नामक पदार्थ है। प्रशस्तपाद के अनुसार गुणत्व का समवायी होना, द्रव्य में आश्रित होना, गुणरहित होना, क्रियारहित होना सभी गुणों का साधर्मूय है।

केशवमिश्र के मत में जो सामान्य जाति से असमवायिकारण बनने वाला हो, स्पन्दन रहित क्रियावान न हो और द्रव्य पर आश्रित हो, वह गुण कहलाता है।

कणाद ने रू, रस, गन्ध, स्पर्श, संख्या, परिमाण, पृथक्त्व, संयोग, विभाग, परत्व, अपरत्व, बुद्धि, सुख, दुःख, इच्छा, द्वेष और प्रयत्न इन 17 गुणों का वर्णन किया है।

प्रशस्तपाद ने वैशेषिकसूत्र में उल्लिखित च पद को आधार बनाकर गुरुत्व, द्रवत्व, स्नेह, संस्कार, धर्म, अधर्म और शब्द इन 7 गुणों को जोड़कर गुणों की संख्या 24 तक पहुँचा दी। शंकर मिश्र के मतानुसार कणाद ने इन सात गुणों का परिगणन नहीं किया, क्योंकि ये तो प्रसिद्ध हैं ही।

कुछ विद्वानों ने लघुत्व, मृदुत्व, कठिनत्व और आलस्य को जोड़कर गुणों की संख्या 28 करने का प्रयत्न किया है। कई आचार्यों ने परत्व, अपरत्व और पृथक्त्व को अनावश्यक मानकर गुणों की संख्या 21 बताई है। किन्तु सामान्यतया यही माना जाता है कि वैशेषिक दर्शन में गुणों की संख्या 24 है। नव्यन्याय में परत्व, अपरत्व को विप्रकृष्टत्व और सन्निकृष्टत्व या ज्येष्ठत्व और कनिष्ठत्व में अन्तर्निहित मान लिया गया है और पृथक्त्व को अन्योन्याभाव का ही एक रूप बताया गया है। अतः नव्यनैयायिक 21 गुण स्वीकार करते हैं। विश्वनाथ ने उपर्युक्त चौबीस गुणों का वर्गीकरण निम्नलिखित रूप में किया है–

(1) सामान्य-विशेषपरक–विश्वनाथ ने गुणों का वर्गीकरण सामान्य और विशेष रूप में किया है। उनके मतानुसार सामान्य गुण हैं–संख्या, परिमाण, पृथक्त्व, संयोग, विभाग, परत्व, अपरत्व, असांसिद्धिक द्रवत्व, गुरुत्व तथा वेग-संस्कार। और विशेष गुण हैं– बुद्धि, सुख, दुःख, इच्छा, द्वेष, प्रयत्न, रूप, रस, गन्ध, स्पर्श, स्नेह, सांसिद्धिक द्रवत्व, धर्म, अधर्म, भावना, संस्कार तथा शब्द।

(2) आश्रयद्रव्यों की मूर्तामूर्तपरक–केवल मूर्त द्रव्यों में रहने वाले जैसे रूप, रस आदि। केवल अमूर्त द्रव्यों में रहने वाले, जैसे- बुद्धि, सुख आदि। मूर्त और अमूर्त दोनों प्रकार के द्रव्यों में रहने वाले, जैसे- संख्या, परिमाण आदि।

(3) आश्रय-संख्यापरक–इन गुणों में से कुछ एक-एक द्रव्य में रहते हैं और कुछ एकाधिक द्रव्यों में। संयोग, विभाग, संख्या, अनेकाश्रित गुण हैं और अन्य एकाश्रित।

(4) इन्द्रियग्राह्यतापरक–विश्वनाथ ने यह भी बताया है कि इन्द्रियग्राह्यता के आधार पर भी गुणों का निम्नलिखित रूप से वर्गीकरण किया जा सकता है–

(i) एकेन्द्रियग्राह्य–रूप, रस, गन्ध, स्पर्श तथा शब्द।

(ii) द्वीन्द्रियग्राह्य–(चक्षु और त्वक् से) संख्या, परिमाण, पृथक्त्व, संयोग, विभाग, परत्व, अपरत्व, द्रवत्व, स्नेह, वेग-संस्कार।

(iii) अतीन्दिय–गुरुत्व, बुद्धि, सुख, इच्छा, द्वेष, प्रयत्न, धर्म, अधर्म तथा भावना-संस्कार।

गुणों का संक्षिप्त विवरण अन्नंभट्ट द्वारा उल्लेखित क्रमानुसार निम्नलिखित है–

रूप का स्वरूप

चक्षु से ग्रहण किये जाने वाले गुण का नाम रूप है। यहाँ पर ग्रहण का आशय है लौकिक प्रत्यक्ष-योग्य जाति। दृष्ट वस्तु में परिमाणवत्ता, व्यक्तता तथा अन्य गुणों से अनभिभूतता होनी चाहिए तभी उसका रूप चक्षुग्रह्यि होगा। चक्षुमात्रि शब्द के प्रयोग का यह आशय है कि चक्षु से भिन्न बहिरिन्द्रिय द्वारा रूप का ग्रहण नहीं होता। अन्तरिन्द्रिय मन पर यह बात लागू नहीं होती। रूप पृथ्वी, जल और तेज इन तीनों द्रव्यों में विद्यमान होता है तथा शुक्ल, नील, रक्त, पीत, हरित, कपिश और चित्र भेद सात प्रकार का होता है।

रस का स्वरूप

जीभ से प्रत्यक्ष होने वाले गुण को रस कहते हैं। रस छः प्रकार का होता है– मधुर, अम्ल, लवण, कटु, तिक्त तथा कषाय, ये सभी रस के स्वरूप हैं। रस

पृथ्वी और जल में मिलता है। पृथ्वी में छः प्रकार का जल होता है, किन्तु जल में केवल मधुर रस रहता है जो अपाकज होता है। चित्ररस की सत्ता को नैयायिकों ने स्वीकार नहीं किया, क्योंकि आँख किसी वस्तु के विस्तृत भाग के रूपों को एक साथ देख सकती है, किन्तु जिह्वाग्र एक समय एक ही रस का ग्रहण कर सकता है।

गन्ध का स्वरूप

घ्राण इन्द्रिय द्वारा ग्रहण किये जाने योग्य गुण का मान गन्ध है। गन्ध दो प्रकार का होता है–सुगन्ध और दुर्गन्ध। यह सिर्फ पृथ्वी में रहता है और अनित्य है। सुगन्ध और दुर्गन्ध गम्य हैं। नैयायिकों ने चित्रगन्ध की सत्ता को भी स्वीकार नहीं किया। जल में गन्ध का जो आभास होता है, वह पृथ्वी के संयोग के कारण संयुक्त समवाय सम्बन्ध से होता है।

स्पर्श का स्वरूप

केवल त्वचा द्वारा प्रत्यक्ष किये जाने वाले विशेष गुण को स्पर्श कहते हैं। यह तीन प्रकार का होता है और चार द्रव्यों में रहता है–शीत (जल में), उष्ण (तेज में) तथा अनुष्णाशीत (पृथ्वी और वायु में)। यह पृथ्वी, जल, तेज और वायु में रहता है। नव्य नैयायिक कठिन और सुकुमार को भी स्पर्श का भेद मानते हैं, जबकि प्राचीन नैयायिक उनको संयोग में शामिल करते हैं।

संख्या का स्वरूप

संख्या वह सामान्य गुण है, जो एकत्व आदि व्यवहार का निमित्त होता है। वह नौ द्रव्यों में रहती है और एक से लेकर परार्ध पर्यन्त होती है। संख्या दो प्रकार की होती है– एक द्रव्य में रहने वाली एकत्व और अनेक द्रव्यों में रहने वाली- द्वित्व त्रित्व आदि। एकत्व भी दो प्रकार का होता है जिसमें पहला नित्य, जो पृथ्वी, जल, तेज और वायु के परमाणु तथा आकाश, काल, दिक्, आत्मा और मन इन नित्य पदार्थों में रहता है और दूसरा अनित्य, जो अपने आश्रय घट-पट आदि के समवायि कारण तन्तु आदि अनित्य पदार्थों में रहता है। इन पदार्थों के नाश से तद्गत एकत्व भी नष्ट हो जाता है। पट का रूप अपने समवायिकारणों के रूप से उत्पन्न होता है। द्वित्वादि नामक संख्या तो सभी द्रव्यों में अनित्य होती है।

सामान्यः तौर पर संख्या एक प्रतीतिमात्र है, किन्तु न्यायवैशेषिक की दृष्टि से रूप आदि के समान संख्या भी एक गुण है। संक्षेपतः द्वित्व आदि की उत्पत्ति वैशेषिकों के अनुसार इस प्रकार है–

प्रथम क्षण में–इन्द्रिय का घटद्वय से सम्बन्ध।

द्वितीय क्षण में–एकत्वसामान्य का ज्ञान।

तृतीय क्षण में–एक यह इस प्रकार की अपेक्षाबुद्धि का उत्पन्न होना।

चतुर्थ क्षण में–द्वित्व संख्या की उत्पत्ति।

पंचम क्षण में–द्वित्व सामान्य (जाति का ज्ञान)।

षष्ठ क्षण में–द्वित्व संख्या का ज्ञान।

सप्तम क्षण में–द्वित्वसंख्याविशिष्ट दो घट व्यक्ति का ज्ञान।

अष्ठम क्षण में–द्वित्व ज्ञान से आत्रसंस्कार।

परिमाण का स्वरूप

मान के व्यवहार अर्थात् दो सेर आदि नापने और तौलने के असाधारण कारण को परिमाण कहा जाता है। परिमाण नौ द्रव्यों में रहता है और अणु, महत, दीर्ष व ह्स्व भेद से चार प्रकार का होता है। परिमाण का नित्य और अनित्य के रूप में भी वर्गीकरण किया जाता है। नित्य द्रव्यों में रहने वाला परिमाण नित्य और अनित्य द्रव्यों में रहने वाला परिमाण अनित्य होता है। कार्यगत् परिमाण के तीन उपभेद हैं–जिसमें पहला संख्यायोनि, दूसरा परिमाणयोनि और तीसरा प्रचययोनि।

पृथकत्व का स्वरूप

पृथक्ता के व्यवहार के असाधारण कारण को पृथकत्व कहते हैं। यह दो प्रकार का होता है– जहाँ एक वस्तु अन्य वस्तु से पृथक्त् प्रतीत होता हैं, वहाँ एक पृथक्त्व और जहां दो वस्तुओं में अन्य वस्तु या वस्तुओं से पृथक्ता प्रतीत होती है जैसे घट और पट पुस्तक से पृथक् है वहाँ द्विपृथक्त्व आदि। एक पृथक्त्व नित्य द्रव्य में रहता हुआ नित्य होता है और अनित्य द्रव्य में रहता हुआ अनित्य। द्विपृथक्त्य आदि सर्वत्र अनित्य ही होता है, क्योंकि उसका आधार द्वित्व आदि संख्या है, जिसको अनित्य माना जाता है। यह घट उस घट से पृथक् है, इस प्रकार का व्यवहार द्रव्यों के संबन्ध में प्रायः देखा जाता है। इस प्रकार की प्रतीति का निमित्त एक गुण माना जाता है। यही पृथक्त्व है। अन्योन्याभाव के आधार पर यह प्रतीति नहीं हो सकती, क्योंकि अन्योन्याभाव तो घट पट नहीं है–आदि ऐसे उदाहरणों पर चरितार्थ होता है, जिनमें

तादात्म्य का अभाव है। इस प्रकार पृथक्त्व की प्रतीति भावात्मक है, जबकि अन्योन्याभाव की प्रतीति अभावात्मक होती है।

संयोग का स्वरूप

जब कोई दो द्रव्य इस प्रकार जुड़े होते हैं कि उनके बीच कोई व्यवधान न हो तो उनके मेल को संयोग कहते हैं। इस प्रकार संयोग एक सामान्य गुण है, जो दो द्रव्यों पर निर्भर होता है। संयोग अव्याप्यवृत्ति होता है। उदाहरण के लिए पुस्तक और मेज का संयोग दो द्रव्यों से सम्बद्ध होता है परन्तु यह संयोग दोनों द्रव्यों को पूर्ण रूप से नहीं घेरता, केवल उनके एक देश में रहता है। मेज के साथ पुस्तक के एक पार्श्व का और पुस्तक के साथ मेज के एक भाग का ही संयोग होता है। संयोग को केवल व्यवधानाभाव मानना सम्भव नहीं है क्योंकि व्यवधानाभाव तो कुछ दूर पर स्थित द्रव्यों में भी हो सकता है। किन्तु संयोग में तो व्यवधानाभाव के साथ ही मेल होना भी आवश्यक है।

संयोग तीन प्रकार का होता है—अन्यतरकर्मज, उभयकर्मज और संयोगज-संयोगकर्मज। संयोगनाश के दो कारण होते हैं—आश्रय का नाश और विभाग। संयोग का यह वर्गीकरण वैशेषिक दृष्टि से है। नैयायिकों के अनुसार तो संयोग के दो भेद होते हैं—जन्य और अजन्य। जन्य संयोग के तीन उपभेद होते हैं—अन्यतर कर्मज, उभयकर्मज और संयोगज।

अजन्य संयोग विभु द्रव्यों में मिलता है और उसका कोई अवान्तर भेद नहीं होता। वैशेषिक दर्शन आकाश, काल आदि विभु द्रव्यों के नित्य संयोग के सिद्धान्त को नहीं मानता। विभु द्रव्यों में विप्रकर्ष भी नहीं है और विभुत्व के कारण उनमें संयोग मानना भी व्यर्थ है। वैशेषिक मत में नित्य एवं विभु द्रव्यों का परस्पर संयोग नहीं होता। फलस्वरूप आकाश का आत्मा के साथ अथवा दो आत्मा का परस्पर संयोग नहीं होता।

विभाग का स्वरूप

परस्पर मिले हुए पदार्थों के पृथक्-पृथक् हो जाने से संयोग का जो नाश होता है, वह विभाग कहलाता है। वह सभी द्रव्यों में रहता है। केशव मिश्र के अनुसार यह द्रव्य से विभक्त है—इस प्रकार के अलगाव की प्रतीति का असाधारण कारण विभाग कहलाता है। वह संयोगपूर्वक होता है और दो द्रव्यों में होता है। अन्यतरकर्मज, उभयकर्मज और विभागज, ये तीन विभाग के महत्व हैं।

परत्व और अपरत्व का स्वरूप

यह पर है, यह अपर है। इस प्रकार के व्यवहार का असाधारण कारण परत्व एवं अपरत्व है। वे दो प्रकार के हैं–दिक्कृत और कालकृत। दिक्कृत परत्व-अपरत्व एक ही दशा में स्थित दो द्रव्यों में यह द्रव्य इस द्रव्य के समीप है। इस प्रकार के ज्ञान के सहयोग से दिशा और वस्तु के संयोग द्वारा समीपस्थ वस्तु में अपरत्व उत्पन्न होता है। अपरत्व की उत्पत्ति का साधन सन्निकर्ष है। इसी प्रकार यह द्रव्य इस द्रव्य से दूर है। ऐसी बुद्धि के सहयोग से दिग्द्रव्य के संयोग से विप्रकृष्ट द्रव्य में परत्व उत्पन्न होता है। परत्व की उत्पत्ति का साधन विप्रकर्ष है।

कालकृत परत्व और अपरत्व

आधुनिक काल को आधार मानकर दो वस्तुओं या व्यक्तियों में एक अनियत दिशा में स्थित युवक तथा वृद्धि शरीरों में यह (युवक शरीर) इस (वृद्धि शरीर) की अपेक्षा अल्पतर काल से सम्बद्ध है –इस प्रकार वृद्धिरूप निमित्तकारण के सहयोग से कालशरीर-रूप असमवायिकारण से युवा मनुष्य के शरीर रूप आश्रय में अपरत्व उत्पन्न होता है तथा यह (वृद्ध शरीर) इस (युवक शरीर) की अपेक्षा अधिक काल से सम्बन्ध रखता है।

इस प्रतीति से वृद्ध शरीर में परत्व उत्पन्न होता है। यह ज्ञातव्य है कि दिक्कृत परत्वापरत्व केवल एक दिशा में स्थित दो द्रव्यों में ही उत्पन्न हुआ करते हैं, परन्तु कालकृत परत्वापरत्व के लिए पिण्डों का एक ही दिशा में स्थित होना अनिवार्य नहीं है।

गुरुत्व का स्वरूप

गुरुत्व वह धर्मविशेष अथवा गुण कहलाता है जिसके कारण किसी द्रव्य का प्रथम पतन होता है। किसी वस्तु की ऊपर से नीचे की ओर जाने की क्रिया का नाम पतन है। पतन-क्रिया जिस वस्तु में होती है, वह वस्तु पतन का समवायिकारण होती है और स्वयं उस वस्तु का जो अपना भारीपन है वह उस वस्तु में संयोग, वेग या प्रयत्न का अस्तित्व समाप्त हो जाता है। अतः पतन का समवायिकारण कोई न कोई द्रव्य होता है, असमवायिकारण गुरुत्व होता है।

परमाणु का गुरुत्व नित्य होता है। परमाणु से भिन्न पृथ्वी और जल का गुरुत्व अनित्य होता है। पहली पतन-क्रिया से वस्तु में जो वेग उत्पन्न होता है, वह बाद की पतन-क्रिया का असमवायिकारण है। वृन्त से टूट कर भूमि पर पहुँचने तक फल

में अनेक क्रियाएँ होती हैं। उनमें पहली पतन-क्रिया का असमवायिकारण फल का गुरुत्व होता है और बाद की पतनक्रियाओं का असमवायिकारण पहली पतन-क्रिया से उत्पन्न फलगत वेग होता है।

द्रवत्व का स्वरूप

किसी तरल वस्तु के चूने, टपकने या एक स्थान से दूसरे स्थान तक बहकर पहुँचने में अनेक स्पन्दनक्रियाएँ होती हैं। उनमें से प्रथम स्पन्दन का असमवायिकरण होने की क्रिया को द्रवत्व की संज्ञा देते हैं। भूमि, तेज और जल में पाया जाता है। घृत आदि पार्थिव द्रवत्व तथा सुवर्ण आदि में जो द्रवत्व है, वह नैमित्तिक होता है, जबकि जल में जो द्रवत्व है वह स्वाभाविक है। पहली क्रिया के बाद की जो स्पन्दन क्रियाएँ होती हैं, वे असमवायिकारण वेग कहलाती है।

स्नेह का स्वरूप

चिकनापन नामक जो गुण है, उसे स्नेह कहते हैं। वह केवल जल में रहता है। स्नेह ऐसा गुण है, जिसके कारण अलग-अलग रूप से विद्यमान कण या अंश पिण्ड रूप में परिणत हो जाते हैं। स्नेह दो प्रकार का होता है– नित्य और अनित्य। जल के परमाणुओं में नित्य होता है और कार्यरूप जल में अनित्य। अनित्य स्नेह कारण गुणपूर्वक होता है और तभी तक रहता है जब तक उसका आश्रय द्रव्य द्वयणुक आदि रहता है।

शब्द (गुण) का स्वरूप

श्रोत के द्वारा ग्रहण किये गये गुण को शब्द कहा जाता है। शब्द का आश्रय द्रव्य आकाश है। अतः इसे आकाश का विशेष गुण भी कहते हैं। शब्द दो प्रकार का होता है– ध्वन्यात्मक और वर्णात्मक। भेरी आदि से उत्पन्न शब्द को ध्वन्यात्मक और कण्ठ से उत्पन्न शब्द को वर्णात्मक कहते हैं। भेरी आदि दइश में उत्पन्न शब्द श्रोत्र तक कैसे पहुँचता है, इस सम्बन्ध में नैयायिकों ने मुख्यतः जिन दो न्यायों का उल्लेख किया है, वे हैं–वीचितरंगन्याय और कदम्बमुकुलन्याय। न्यायकन्दली में श्रीधर ने वीचितरंगन्याय को अन्यातिकता निरूपित किया है।

बुद्धि का स्वरूप

गुणों में बुद्धि का भी परिगणन किया गया है। बुद्धि आत्मा का गुण है, क्योंकि आत्मा को ही मन तथा बाह्येन्द्रियों के द्वारा अर्थ का प्रकाश अर्थात् ज्ञान होता है।

सांख्य में बुद्धि को महत्वपूर्ण बताया कहा गया है किन्तु वैशेषिक यह मानते हैं कि बुद्धि ज्ञान का पर्याय है।

प्रशस्तपाद ने इस विषय में ठीक वही मत प्रस्तुत किया है जो न्यायसूत्रकार गौतम ने किया था कि बुद्धि, उपलब्धि और ज्ञान पर्यायवाची शब्द हैं। शिवादित्य ने भी आत्माश्रय प्रकाश को बुद्धि कहा है। बुद्धि का मानस प्रत्यक्ष होता है। बुद्धि के प्रमुख दो भेद हैं–विद्या और अविद्या।

विश्वनाथ पंचानन ने विद्या को प्रमा और अविद्या को अप्रमा कहा है। अन्नंभट्ट ने सब प्रकार के व्यवहार हेतु को बुद्धि कहा है। उन्होंने बुद्धि के भेद बताये- स्मृति और अनुभव। अनुभव भी दो प्रकार का होता है– यथार्थ और अयथार्थ। यथार्थ अनुभव को ही प्रमा कहते हैं।

सुख का स्वरूप

जिसे सभी प्राणी चाहें या जो सब लोगों को अनुकूल लगे, उसे सुख की संज्ञा देते हैं। सुख न्याय-वैशेषिक के अनुसार आत्मा का एक विशेष गुण है। मैं सुखी हूँ इस प्रकार के अनुव्यवसाय में जिस ज्ञान की प्रतीति होती है, वही सुख है। आत्मा के उस गुण को भी कतिपय आचार्यों ने सुख की संज्ञा दी है। जिसका असाधारण कारण धर्म है। प्रशस्तपादभाष्य में कारण भेद से निम्न चार प्रकार के सुखों का उल्लेख किया गया है–

(1) सामान्यसुख–वह सुख जो कि प्रिय वस्तुओं की उपलब्धि, अनुषंग आदि से प्राप्त होता है।

(2) स्मृतिसुख–वह सुख जो कि भूतकाल के विषयों के स्मरण से होता है।

(3) संकल्पज–वह सुख जो अनागत विषयों के संकल्प से होता है और

(4) विद्या शमसन्तोषादिजन्यसुख–वह सुख जो कि पूर्वोक्त तीन प्रकार के कारणों से भिन्न विद्या आदि से जन्य एक विशिष्ट सुख होता है।

सुख का वर्गीकरण स्वकीय और परकीय भेद से भी किया जा सकता है। अपने सुख का तो अनुभव होता है, किन्तु परकीय सुख तो अनुमान द्वारा होता है। एक अन्य प्रकार का वर्गीकरण लौकिक और पारलौकिक रूप से भी हो सकता है। लौकिक सुख के भी निम्नलिखित भेद माने जा सकते हैं–

(1) वैषयिक–वह सुख जो सांसारिक वस्तुओं के भोग से मिलता है।

(2) मानसिक–वह सुख जो कि इच्छित विषयों के अनुसरण से प्राप्त होता है।

(3) आभ्यासिक–इस प्रकार का सुख जो किसी क्रिया के लगातार करते रहने से प्राप्त होता है।

(4) आभिमानिक–वह सुख जो वैदुष्य आदि धर्मों के आरोप की अनुभूति से प्राप्त होता है।

दुःख का स्वरूप

गुणों में दुःख की भी गणना की गई है। दुःख सामान्य रूप से पीड़ा को कहते हैं, सामान्यतः कोई भी नहीं चाहता। न्यासूत्र में दुःख की गणना बारह प्रमेयों में की गई है।

इच्छा का स्वरूप

केशव मिश्र ने राग को और अन्नंभट्ट ने काम को इच्छा कहा है। इच्छा का विस्तृत निरूपण प्रशस्तपादभाष्य में मिलता है। सामान्यतः अप्राप्त को प्राप्त करने की अभिलाषा इच्छा कहलाती है, प्राप्ति की अभिलाषा अपने लिये हो चाहे दूसरे के लिए।

यह आत्मा का गुण है। इसकी उत्पत्ति स्मृतिसापेक्ष या सुखादिसापेक्ष आत्ममन संयोगरूपी असमवायिकारण से आत्मा रूप समवायिका करण में होती है इसके दो प्रकार होते हैं–सोपाधिक तथा निरुपाधिक। सुख के प्रति जो इच्छा होती है, वह निरुपाधिक कहलाती है और सुख के साधनों के प्रति जो इच्छा होती है, वह सोपाधिक कहलाती है। इच्छा प्रयत्न, स्मरण, धर्म, अधर्म आदि की देन होती है।

द्वेष का स्वरूप

अन्नंभट्ट के अनुसार क्रोध का ही दूसरा नाम द्वेष है। प्रशस्तपाद के अनुसार द्वेष वह गुण है, जिसके उत्पन्न होने पर प्राणी अपने को प्रज्वलित-सा अनुभव करता है। यह दुःखसापेक्ष अथवा स्मृतिसापेक्ष आत्ममनः संयोग से उत्पन्न होता है और प्रयत्न, स्मृति, धर्म और अधर्म का कारण है। द्रोह के भी कई भेद होते हैं, जैसे–

द्रोह–उपकारी के प्रति भी अपकार कर बैठना,

मन्यु–अपकारी व्यक्ति के प्रति अपकार करने में असमर्थ रहने पर अन्दर ही अन्दर उत्पन्न होने वाला द्वेष,

अक्षमा–दूसरे के गुणों को न सह सकना अर्थात् असहिष्णुता,

अमर्ष–अपने गुणों के तिरस्कार की आशंका से दूसरे में गुणों के प्रति विद्वेष,

अभ्यसूया–अपकार को सहन करने में असमर्थ व्यक्ति के मन में चिरकाल तक रहने वाला द्वेष।

यह सभी द्वेष पुनः स्वकीय और परकीय प्रकार से हो सकते हैं। स्वकीय द्वेष का ज्ञान मानस प्रत्यक्ष से और परकीय द्वेष का ज्ञान अनुमान आदि से होता है।

प्रयत्न का स्वरूप

अन्नंभट्ट ने कृति को प्रयत्न की संज्ञा दी है। प्रशस्तपाद ने प्रयत्न, संरम्भ और उत्साह को पर्यायवाची शब्द माना है। प्रयत्न दो प्रकार का होता है– जीवनपूर्वक और इच्छाद्वेषपूर्वक। सुप्तावस्था में वर्तमान प्राणी के प्राण तथा अपान वायु के श्वास-प्रश्वास रूप व्यापार को चलाने वाला और जाग्रदवस्था में अन्तःकरण को बाह्य इन्द्रियों से संयुक्त करने वाला प्रयत्न जीवनयोनि प्रयत्न कहलाता है। इसमें धर्म तथा अधर्म रूप निमित्त कारण की अपेक्षा करने वाला आत्मा तथा मन का संयोग असमवायिकारण है।

हित की प्राप्ति और अहित की निवृत्ति करानेवाली शरीर की क्रियाओं का हेतु इच्छा या द्वेषमूलक प्रयत्न कहते हैं। इसमें इच्छा अथवा द्वेषरूप निमित्त कारण की अपेक्षा करनेवाला आत्मा तथा मन का संयोग असमवायिकारण है।

धर्म और अधर्म का स्वरूप

अन्नंभट्ट ने विहित कर्मों से जन्य अदृष्ट को धर्म और निषिद्ध कर्मों से उत्पन्न अदृष्ट को अधर्म की संज्ञा दी है।

केशवमिश्र के अनुसार सुख तथा दुःख के असाधारण कारण क्रमशः धर्म और अधर्म कहलाते हैं। इनका ज्ञान प्रत्यक्ष से नहीं, आगम या अनुमान से होता है।

अनुमान का रूप इस प्रकार होगा-देवदत्त के शरीर आदि देवदत्त के विशेष गुणों से उत्पन्न होते हैं (प्रतिज्ञा), क्योंकि ये कार्य होते हुये देवदत्त के भोग के हेतु हैं। (हेतु), जैसे देवदत्त के प्रयत्न से उत्पन्न होने वाली वस्तु वस्त्र आदि (उदाहरण), इस प्रकार शरीर आदि का निमित्त होने वाले विशेष गुण ही धर्म तथा अधर्म हैं।

संस्कार का स्वरूप

वरदराज का मानना है कि जिस गुण में वह कारण उत्पन्न होता है, जो कि उसी जाति का हो जिसका कार्य है, (यद्यपि वह विजातीय होता है) तो वह संस्कार कहलाता है अर्थात् जब भी कोई गुण या कर्म बाह्य सहायता के बिना आन्तरिक शक्ति

से ही उसी प्रकार का कार्य उत्पन्न कर दे तो वह संस्कार होता है। केशव मिश्र ने संस्कार सम्बन्धी व्यवहार के असाधारण कारण को संस्कार माना है।

संस्कार तीन प्रकार के होते हैं– वेग, भावना और स्थितिस्थापक। संस्कार के इन तीन भेदों में वैसे तो भावना ही वस्तुतः संस्कार है, शेष दो संस्कार नहीं हैं, लेकिन कुछ विद्वानों का यह कथन भी ध्यान देने योग्य है कि इन तीनों में बाह्य कारणों के बिना स्वयं ही कार्य करने की क्षमता समानरूप से है।

वैशेषिक दर्शन में गुण-विवेचन

गुण स्वभावतया किसी न किसी द्रव्य पर आश्रित होता है जिसके कारण उसकी कल्पना परतन्त्र पदार्थ के रूप में की जाती है। वैशेषिक दर्शन में 24 गुण माने गए हैं, जो इस प्रकार हैं–

(1) रूप, (2) रस, (3) गन्ध, (4) स्पर्श, (5) संख्या, (6) परिमाण, (7) प्रथकत्व, (8) संयोग, (9) विभाग, (10) परत्व, (11) अपरत्व, (12) गुरुत्व, (13) द्रवत्व, (14) स्नेह, (15) शब्द, (16) बुद्धि, (17) सुख, (18) दुख, (19) इच्छा, (20) द्वेष (21) प्रयत्न, (22) धर्म, (23) अधर्म तथा (24) संस्कार।

कर्म का स्वरूप

वैशेक्षिक दर्शन का तीसरा पदार्थ कर्म है। कर्म का अर्थ क्रिया या गति से है। चलना, फिरना आदि इसका उदाहरण कर्म मूर्त द्रव्य में ही मिलता है। वैशेषिक दर्शन में नित्य द्रव्य को सदा निष्क्रिय माना गया है जिसमें क्रिया के संचालन के लिए कर्म की आवश्यकता होती है। अतः द्रव्य तथा तद्‌गुण से पृथक् होने के कारण कर्म को भी एक पृथक् पदार्थ के रूप में सत् मानना आवश्यक है। गुण के समान कर्म भी केवल द्रव्य में ही रहता है। लेकिन दोनों में अन्तर यह है कि गुण में क्रिया का अभाव होता है और कर्म स्वभावतः चलनात्मक है। वैशेषिक दर्शन में कर्म के पाँच भेद माने गए हैं–

(1) उत्प्रेक्षण (ऊपर जाना), (2) अपक्षेपण (नीचे जाना), (3) आंकुचन (सिकोड़ना, जैसे हाथ का), (4) प्रसारण (फैलाना), (5) गमन (एक स्थान से दूसरे स्थान तक जाना)।

कणाद के अनुसार एक समय एक द्रव्य में रहता हो, गुण से भिन्न हो तथा संयोग एवं विभाग के प्रति साक्षात कारण भी हो वह कर्म है। प्रशस्तपाद ने कणाद के मन्तव्य को स्पष्ट करते हुए कहा कि एक के चलने पर सब में चलने की उत्पत्ति

नहीं होती और जिस स्थल में एक ही समय अनेकों की चलनक्रिया होती है, वहाँ भी कारण अनेक ही हैं, क्योंकि चलनक्रियाओं के कार्य अभिघात तथा आधार में भेद है। नोदन (ढकेलना), गुरुत्व (भारीपन), वेग और प्रयत्न ये चार कर्म के प्रेरक कारण हैं। उत्क्षेपण, अपेक्षेपण, आकुंचन, प्रसारण तथा गमन ये पांच कर्म के प्रमुख भेद हैं।

ऊर्ध्व देश के साथ होने वाले संयोग के प्रति कारणभूत क्रिया उत्क्षेपण और अधोदेश के साथ होने वाले संयोग के प्रति कारणभूत क्रिया अपक्षेपण कहलाती है। शरीर से सन्निकृष्ट संयोग का जनक कर्म आकुंचन तथा शरीर से विप्रकष्ट संयोग का जनक कर्म है– प्रसारण। इनके अतिरिक्त अन्य सब कर्म गमन कहलाते हैं। भ्रमण, रेचन आदि अन्य भी असंख्य कर्म हैं, किन्तु उनका गमन में ही अन्तर्भाव हो जाता है। उत्क्षेपण आदि कर्म नियत दिग्देश-संयोगानुकूल होते हैं, जबकि भ्रमण, रेचन आदि अनियत दिग्देश संयोगानुकूल होते हैं। इसके साथ ही यह भी ज्ञातव्य है कि उत्क्षेपण आदि इच्छा-सापेक्ष कर्म हैं, जबकि रेचन आदि पर यह नियम लागू नहीं होता। उदाहरण के रूप में गेंद को मैदान में पटकने के बाद जो उछाल उसमें आता है, वह उत्क्षेपण नहीं कहला सकता क्योंकि वह उत्प्लवन स्वतः होता है, किसी की इच्छा से नहीं।

सांख्य दर्शन

संख्या शब्द ख्या धातु में सम् उपसर्ग लगाकर व्युत्पन्न किया गया है, जिसका अर्थ है सम्यक् ख्याति। विश्व का कोई भी प्राणी दुःख को नहीं चाहता है। दुःख क्यों होता है, इसे किस तरह सदा के लिए दूर किया जा सकता है, ये ही मनुष्य के लिए शाश्वत ज्वलन्त प्रश्न हैं। इन प्रश्नों का उत्तर ढूँढ़ना ही ज्ञान प्राप्त करना है। कपिल दर्शन में प्रकृति-पुरुष-विवेक-ख्याति (ज्ञान) सत्त्वपुरुषान्यथाख्याति इस ज्ञान को ही कहा जाता है। यह ज्ञानवर्धक ख्याति ही संख्या में निहित ज्ञान रूप है। अतः संख्या शब्द सम्यक् ज्ञान के अर्थ में भी गृहीत होता है। इस ज्ञान को प्रस्तुत करने या निरूपण करने वाले दर्शन को सांख्य दर्शन कहते हैं।

सांख्य शब्द की निष्पत्ति गणनार्थक संख्या से भी मानी जाती है। ऐसा मानने में कोई विसंगति भी नहीं है। डॉ. आद्याप्रसाद मिश्र के अनुसार ऐसा प्रतीत होता है कि जब तत्त्वों की संख्या निश्चित नहीं हो पाई थी तब सांख्य ने सर्वप्रथम इस दृश्यमान भौतिक जगत की सूक्ष्म मीमांसा का प्रयास किया था, जिसके फलस्वरूप उसके मूल में वर्तमान तत्त्वों की संख्या सामान्यतः चौबीस निर्धारित की गई। लेकिन आचार्य उदयवीर शास्त्री गणनार्थक निष्पत्ति को युक्तिसंगत नहीं मानते क्योंकि अन्य

दर्शनों में भी पदार्थों की नियत गणना करके उनका विवेचन किया गया है। सांख्य पद का मूल ज्ञानार्थक संख्या पद है गणनार्थक नहीं। हमारे विचार में गणनार्थक और ज्ञानार्थक दोनों रूपों में सांख्य की सार्थकता है। उद्देश्य-प्राप्ति में विविध रूप में गणना के अर्थ में सांख्य को स्वीकार किया जा सकता है। शान्तिपर्व में दोनों ही अर्थ एक साथ स्वीकार किये गये हैं। प्रकृति पुरुष के विवेक-ज्ञान का उपदेश देने, प्रकृति का प्रतिपादन करने तथा तत्त्वों की संख्या चौबीस निर्धारित करने के कारण ये दार्शनिक सांख्य कहे गये हैं।

संख्या का अर्थ समझाते हुए शांति पर्व में कहा गया है कि जहाँ किसी विशेष अर्थ को अभीष्ट मानकर उसके दोषों और गुणों का प्रमाणयुक्त विभाजन (गणना) किया जाता है, उसे संख्या समझना चाहिए। स्पष्ट है कि तत्त्व-विभाजन या गणना भी प्रमाणपूर्वक ही होती है।

अतः सांख्य को गणनार्थक भी माना जाए तो उसमें ज्ञानार्थक भाव ही प्रधान होता है। थोड़े में यह कहा जा सकता है कि सांख्य शब्द में संख्या ज्ञानार्थक और गणनार्थक दोनों ही है। अब प्रश्न उठता है कि संस्कृत वाङमय में सांख्य शब्द किसी भी प्रकार के मोक्षोन्मुख ज्ञान के लिए प्रयुक्त हुआ है या कपिल प्रणीत सांख्य दर्शन के लिए प्रयुक्त हुआ है?

श्री पुलिन बिहारी चक्रवर्ती ने चरक संहिता के दो प्रसंगों को उद्धृत करते हुए उनके अर्थ के सम्बन्ध में अपना निष्कर्ष प्रस्तुत किया। वे उद्धरण हैं–

सांख्यैः संख्यात-संख्येयैः सहासीनं पुनर्वसुम्।
जगद्धितार्थं पप्रच्छ वह्निवंशः स्वसंशयम्
यथा वा आदित्यप्रकाशकस्तथा सांख्यवचनं प्रकाशमिति
अयनं पुनराख्यातमेतद् योगस्ययोगिभिः।
संख्यातधर्मैः सांख्यैश्च मुक्तौर्मोक्षस्य चायनम्
सर्वभावस्वभावज्ञो यथा भवति निस्पृहः।
योगं यथा साधयते सांख्य सम्पद्यते यथाः

प्रस्तुत प्रथम प्रसंग में श्री चक्रवर्ती संख्या को सम्यक-ज्ञान व ज्ञाता के रूप में प्रयुक्त मानते हैं तथा द्वितीय प्रसंग में स्पष्टतः सांख्य दर्शनबोधक। यहाँ यह विचारणीय है कि चरक संहिताकार के समय तक एक व्यवस्थित दर्शन के रूप में कपिलोक्त दर्शन सांख्य के रूप में सुप्रतिष्ठित था और चरक संहिताकार इस तथ्य से परिचित थे। तब प्रथम प्रसंग में सांख्य शब्द के उपयोग के समय एक दर्शन सम्प्रदाय का ध्यान रखते हुए ही उक्त शब्द का उपयोग किया गया होगा। संभव है

कपिलप्रोक्त दर्शन मूल में चिकित्सकीय शास्त्र में भी अपनी भूमिका निभाता रहा हो और उस दृष्टि से चिकित्सकीय शास्त्र को भी सांख्य कहा गया हो। इससे तो सांख्य दर्शन की व्यापकता का ही संकेत मिलता है। अतः दोनों प्रसंगों में विद्वान, ज्ञान आदि शब्द सांख्य ज्ञान के रूप में ग्राह्य हो सकता है।

अहिर्बुध्न्यसंहिता के बारहवें अध्याय में कहा गया है—

सांख्यरूपेण संकल्पो वैष्णवः कपिलादृषेः।
उदितो यादृशः पूर्वं तादृशं श्रृणु मेऽधुनाः
षष्टिभेदं स्मृतं तन्त्रं सांख्यं नाम महामुनेः

यहाँ पर सांख्य शब्द को सम्यक ज्ञान व कपिल दर्शन सांख्य दोनों ही अर्थों में ग्रहण किया जा सकता है। सांख्य रूप में (सम्यक ज्ञान रूप में) पूर्व में कपिल द्वारा संकल्प जिस रूप में प्रस्तुत किया गया है—मुझसे सुनो। महामुनि का साठ पदार्थों के विवेचन से युक्त शास्त्र सांख्य नाम से जाना जाता है। सांख्यरूपेण उसको सम्यक ज्ञान व सांख्य दर्शन दोनों ही अर्थों में समझा जा सकता है। यहाँ महाभारत शांतिपर्व का यह कथन कि अमूर्त परमात्मा का आकार सांख्य शास्त्र है।

श्वेताश्वतर उपनिषद में प्रयुक्त सांख्ययोगाधिगम्यम् की व्याख्या तत्स्थाने न कर शारीरक भाष्य में शंकर ने सांख्य शब्द को कपिलप्रोक्त शास्त्र से अन्यथा व्याख्यायित करने का प्रयास किया। शंकर कहते हैं कि यत्तु दर्शनमुक्तं तत्कारणं सांख्य- योगाभिपन्नम् इति, वैदिकमेव तत्र ज्ञानम् ध्यानं च सांख्ययोगशब्दाभ्यामभिलप्यते संभवतः यह स्वीकार कर लेने में कोई विसंगति नहीं होगी कि यहाँ सांख्य पद वैदिक ज्ञान के लिए प्रयुक्त हुआ है। लेकिन किस प्रकार के वैदिक ज्ञान का लक्ष्य किया गया है, यह विचारणीय है। श्वेताश्वतर उपनिषद में जिस दर्शन को प्रस्तुत किया गया है वह भोक्ता भोग्यं प्रेरितारं के त्रैत का दर्शन है। ऋग्वेद के द्वा सुपर्णा- मन्त्रांश से भी त्रिविध अज तत्त्वों का दर्शन मिलता है। महाभारत में उपलब्ध सांख्य दर्शन भी प्रायः त्रैतवादी ही है।

डॉ. आद्याप्रसाद मिश्र के अनुसार त्रैत मौलिक सांख्य की अपनी विशिष्टता थी, इससे स्पष्ट होता है कि मौलिक सांख्य दर्शन के इसी त्रैतवाद की पृष्ठभूमि में श्वेताश्वतर की रचना हुई। अतः इस अर्थ में सांख्य शब्द वैदिकज्ञान के अर्थ में ग्रहण किया जाये तब भी निष्कर्ष में इसका लक्ष्यार्थ कपिलोक्त दर्शन ही गृहीत होता है।

भगवद्गीता में सांख्य-योग शब्दों का प्रयोग भी विचारणीय है क्योंकि विद्वानों में यहाँ भी कुछ मतभेद हैं। द्वितीय अध्याय के उन्चालीसवें श्लोक में कहा गया है— एषा तेऽभिहिता सांख्ये बुद्धिर्योगे त्विमां श्रृणु।

अणिमा सेनगुप्ता ने कहा है कि यहाँ यह सांख्य सत्य ज्ञान की प्राप्ति के अतिरिक्त अन्य किसी रूप में व्याख्यायित नहीं किया जा सकता, जबकि आचार्य उदयवीर शास्त्री ने बड़े विस्तार से इसे कपिलप्रोक्त सांख्य के अर्थ में निरूपित किया। उक्त श्लोक में श्रीकृष्ण कह रहे हैं कि यह सब सांख्य बुद्धि (ज्ञान) है अब योग बुद्धि (ज्ञान) सुनो। यहाँ विचारणीय यह है कि यदि सांख्य शब्द ज्ञानर्थक है, सम्प्रदाय-विशेष नहीं, तब सांख्य बुद्धि कहकर पुनरूक्ति की आवश्यकता क्या थी? बुद्धि शब्द से कथनीय ज्ञान का भाव तो सांख्य के ख्याति में आ ही जाता है। सांख्य बुद्धि में यह ध्वनित होता है कि सांख्य मानो कोई प्रणाली या मार्ग है, उसकी बुद्धि या ज्ञान की बात कही गई है। वह चिन्तन की प्रणाली या मार्ग गीता में प्रस्तुत ज्ञान या दर्शन ही होगा। गीता में जिस मुक्त भाव से सांख्य दर्शन के पारिभाषिक शब्दों या अवधारणाओं को व्यवहार में लाया गया है उससे यही पता चलता है कि वह सांख्य ज्ञान ही है।

अतः सांख्य शब्द को गीता का एक पारिभाषिक शब्द मान लेने पर भी उसका लक्ष्यार्थ कपिल का सांख्य शास्त्र ही निरूपित होता है। भगवद्गीता के ही तीसरे अध्याय के तीसरे श्लोक में सांख्य शब्द का प्रयोग हुआ है। कहा गया है–यहाँ भी दो प्रकार के मार्गों या निष्ठा की चर्चा की गई है–ज्ञानमार्ग–कर्म-मार्ग। विचारणीय यह है कि जब कर्मयोगेन योगिनां कहा जा सकता है तब ज्ञानयोगेन ज्ञानिना न कहकर सांख्यानां क्यों कहा गया? निश्चय ही ज्ञानयोगियों के ज्ञान के विशेष स्वरूप का उल्लेख अभीष्ट था। वह विशेष ज्ञान कपिलोक्त शास्त्र ही है, यह गीता तथा महाभारत के शान्ति पर्व से स्पष्ट हो जाता है। यदेव योगा पश्यन्ति सांख्यैस्तदनुगम्यते इसीलिए शान्ति पर्व में वशिष्ठ की ही तरह गीता में श्रीकृष्ण भी कहते हैं–"सांख्ययोगौ पृथग्बालाः प्रवदन्ति न पण्डिता।"

शांतिपर्व तथा गीता में तो समान वाक्य से एक ही बात कही गई है–"एकं साख्यं च योगंचयः पश्यति स पश्यति।" गीता महाभारत का ही अंश है। अतः प्रचलित शब्दावली को समान रूप में ही ग्रहण किया जाना उचित है। गीता में प्रयुक्त सांख्य शब्द भी चाहे वह ज्ञानार्थक मात्र क्यों न प्रतीत होता हो, कपिलप्रोक्त शास्त्र के रूप में ग्रहण करना चाहिए। महाभारत के शांतिपर्व में प्रयुक्त सांख्य शब्द का लक्ष्यार्थ तो इतना स्पष्ट है कि उस पर कुछ कहने की आवश्यकता ही नहीं। इतना ही उल्लेखनीय है कि कपिल और सांख्य का सम्बन्ध और सांख्य दर्शन की शब्दावली का पुरातन व्यापक प्रचार-प्रसार इस बात का द्योतक है कि यह एक अत्यन्त युक्तिसंगत दर्शन रहा है। ऐसे दर्शन की ओर विद्वानों का आकृष्ट होना, उस पर

विचार करना और अपने विचारों को उक्त दर्शन से समर्थित या संयुक्त बताना बहुत स्वाभाविक है। जिस तरह वेदान्त दर्शन की प्रस्थानत्रयी में गीता का इतना महत्त्व है कि प्रायः सभी आचार्यों ने इस पर भाष्य रचे और अपने मत को गीतानुसार बताने का प्रयास किया। इसी तरह ज्ञान के विभिन्न पक्षों में रुचि रखने वाले विद्वानों ने अपने विचारों को सांख्य रूप ही दे दिया हो तो क्या आश्चर्य? ऐसे विकास की प्रक्रिया में मूल दर्शन के व्याख्या-भेद से अनेक सम्प्रदायों का जन्म भी हो जाना स्वाभाविक है। अपनी रुचि, उद्देश्य और आवश्यकता के अनुसार विद्वान विभिन्न पक्षों में से किसी को गौण, किसी को महत्त्वपूर्ण मानते हैं और तदनुरूप ग्रन्थ रचना भी करते हैं।

अतः किसी एक मत को मूल कहकर शेष को अन्यथा घोषित कर देना उचित प्रतीत नहीं होता। समस्त वैदिक साहित्य वेदों की महत्ता, उपयोगिता और आवश्यकतानुसार विभिन्न कालों में प्रस्तुति ही है। कभी कर्म, यज्ञ आदि को महत्त्वपूर्ण मानकर तो कभी जीवन्त, जिज्ञासा को महत्त्वपूर्ण मानकर वेदों की मूल भावना को प्रस्तुत किया गया। इससे किसी एक पक्ष को अवैदिक कहने का तो कोई अर्थ नहीं। महर्षि कपिल ने भी वेदों को दार्शनिक ज्ञान को तर्क बुद्धि पर आधारित करके प्रस्तुत करने का सफल प्रयास किया। इसमें तर्कबुद्धि की पहुँच से परे किसी विषय को छोड़ दिया प्रतीत हो तो इतने मात्र से कपिल दर्शन को अवैदिक कहना उचित नहीं है।

सांख्य दर्शन की ज्ञान मीमांसा

सांख्य-दर्शन के अनुसार ज्ञान को दो भागों में विभाजित किया जा सकता है। पहला–पदार्थ ज्ञान या यथार्थ ज्ञान और दूसरा–प्रकृति-पुरुष के भेद का ज्ञान अथवा विवेकज्ञान। ज्ञान की इस स्थिति को समझने के लिए सांख्य के सृष्टि क्रम को समझना होगा। सांख्य दर्शन में व्यक्त, अव्यक्त एवं ज्ञ इन तीन तत्त्वों के अन्तर्गत पच्चीस तत्त्वों के ज्ञान के द्वारा कैवल्य की प्राप्ति का विधान किया गया है। इन्हीं तीनों के द्वारा सभी वस्तुओं का ज्ञान सम्भव है। सांख्य दर्शन ज्ञान प्राप्त करने के केवल तीन प्रमाण (साधन) मानता है–**प्रत्यक्ष**–सांख्य के अनुसार प्रत्यक्ष केवल इन्द्रिय से ही नहीं होता वरन् उसमें बुद्धि, अहंकार, मन एवं इन्द्रियाँ भी शामिल हैं। **अनुमान**–अनुमान में कारण के द्वारा कार्य का ज्ञान प्राप्त किया जाता है। जैसे गरजते हुए मेघों को देखकर, आनेवाली वर्षा का अनुमान करना। **शब्द**–इसे आगम-प्रमाण भी कहा जाता है। सांख्य शास्त्र में ज्ञ (पुरुष) को त्रिगुणातीय एवं

अतीन्द्रिय बताया गया है। अतः उसके स्वरूप का निर्धारण प्रत्यक्ष अथवा अनुमान से नहीं हो सकता। अतः सांख्य ने ज्ञ की प्रतीति के लिए शब्द को ही एक मात्र साधन माना है।

सांख्य के अनुसार हमें पदार्थों का ज्ञान इन्द्रियों द्वारा होता है। इन्द्रियों से यह ज्ञान मन, मन से अहंकार, अहंकार से बुद्धि और बुद्धि से पुरुष को प्राप्त होता है। दूसरी ओर सांख्य यह मानता है कि पुरुष बुद्धि को प्रकाशित करता है, बुद्धि अहंकार को जागृत करती है, अहंकार मन को क्रियाशील करता है और मन इन्द्रियों को क्रियाशील करता है, उनके और वस्तु के बीच संसर्ग स्थापित करता है। सांख्य का स्पष्टीकरण है कि इन्द्रियाँ, मन, अहंकार और बुद्धि ये सब प्रकृति से निर्मित हैं। अतः ये जड़ हैं और जड़ में ज्ञान का उदय नहीं हो सकता। दूसरी ओर पुरुष केवल चेतन तत्त्व है, बिना जड़ प्रकृति के माध्यम के वह भी ज्ञान प्राप्त नहीं कर सकता। ज्ञान की प्राप्ति के लिए प्रकृति (जड़) और पुरुष (चेतन) दोनों का संयोग आवश्यक होता है। सांख्य के पदार्थ ज्ञान प्राप्त करने की प्रक्रिया को हम निम्नांकित रेखाचित्र द्वारा स्पष्ट कर सकते हैं–

पदार्थ–इन्द्रियाँ–मन–अहंकार–बुद्धि–पुरुष

इस प्रकार वस्तु जगत के ज्ञान के लिए तीनों प्रमाण आवश्यक होते हैं। परन्तु पुरुष तत्त्व का ज्ञान प्राप्त करने के लिए हमें शब्दों पर ही निर्भर रहना होता है। शब्द द्वारा प्राप्त पुरुष तत्त्व के ज्ञान की अनुभूति के लिए सांख्य योग साधन मार्ग का समर्थन करता है।

सांख्य दर्शन की आचार मीमांसा

सांख्य-दर्शन में दुःखमय का वर्णन मिलता है अर्थात् सांख्य के अनुसार दुःख तीन प्रकार के हैं। ये तीन दुःख हैं–(अ) आधिभौतिक, (ब) आध्यात्मिक एवं (स) आधिदैविक।

(अ) आधिभौतिक–आधिभौतिक दुःख वे हैं जो पशु, पक्षी, वृक्षादि बाह्य भौतिक पदार्थों के कारण उत्पन्न होते हैं, जैसे मार्ग में चलते हुए सर्प का काट लेना, अचानक बिजली के तार से स्पर्श हो जाने के कारण मृत्यु होना, नदी में स्नान करते हुए कछुए द्वारा भरा जाना इत्यादि।

(ब) आध्यात्मिक–जो दुःख जीव के शरीर अथवा मन में उत्पन्न होते हैं वह आध्यात्मिक दुःख हैं। उदाहरण के लिए शरीर में ज्वर, अतिसार, वेदना आदि की

उत्पत्ति शारीरिक दुःख है तथा प्रिय का वियोग, अप्रिय का मिलन आदि मानसिक या आध्यात्मिक दुःख हैं।

(स) आधिदैविक–जो दुःख किसी देवशक्ति के कुपित होने पर प्राप्त होते हैं आधिदैविक दुःख हैं। जैसे भूतप्रेतादि बाधा, ग्रहादि के विपरीत होने पर अनायास दुर्भाग्य का उदय।

इस प्रकार इन त्रिविध दुःखों से प्राणिमात्र सदैव संतृप्त होते रहते हैं। इनसे मुक्ति पाने के लिए प्राणी किसी-न-किसी रूप में सतत् प्रयत्नशील रहते हैं। इन तीन प्रकार के दुःखों की आत्यन्तिक निवृत्ति ही प्राणीमात्र का परम् पुरुषार्थ है। जिसे मुक्ति, मोक्ष आदि विभिन्न नामों से बतलाया गया है।

सांख्य दर्शन के अनुसार दुःख का मुख्य कारण अज्ञान है। यह अज्ञान क्या है? जब पुरुष बुद्धि के कार्य को अपना कार्य बना लेता है अर्थात् प्रकृति के सत्व, रज और तम गुणों की अनुभूति करने लगता है तो इसे अज्ञान कहते हैं, इसी कारण वह दुःख-सुख का भोक्ता हो जाता है। अन्यथा वह तो निर्गुण है, उसे सुख-दुःख की अनुभूति नहीं होनी चाहिए। पदार्थों के वास्तविक स्वरूप को जानना बुद्धि, अहंकार, मन और इन्द्रियों के कार्यों को अपना कार्य न समझना ही ज्ञान है, इस ज्ञान की स्थिति में ही मनुष्य सुख-दुःख के अनुभव से अलग हो सकता है। इसकी प्राप्ति के लिए सांख्य योग साधन मार्ग (यम, नियम, आसन, प्राणायाम, प्रत्याहार, धारणा, ध्यान और समाधि) को आवश्यक मानता है। यम का अर्थ है–मन, वचन और कर्म का संयम। इसके लिए योग सत्य, अहिंसा, अत्तेय, अपरिग्रह और ब्रह्मचर्य व्रत्त के पालन को आवश्यक मानता है। योग के अनुसार नियम भी पाँच हैं यथा–सोच, सन्तोष, तप, स्वाध्याय और प्राणीधान। सांख्य दर्शन मोक्ष के इच्छुक को इन सब को अपने आचरण में उतारने का उपदेश देता है। इन नैतिक महाव्रतों एवं नियमों का पालन करने से ही मनुष्य अपनी इन्द्रियों को वश में कर सकता है अपने मन को निर्मल कर सकता है और योग साधना के अन्य छह पदों–आसन, प्राणायाम, प्रत्याहार, धारणा, ध्यान और समाधि का अनुसरण कर सकता है। इन सभी तत्त्वों का ज्ञान कराकर मोक्ष की प्राप्ति कराना ही सांख्य-शास्त्र का उद्देश्य है।

तत्त्व मीमांसा

सांख्य दर्शन के अनुसार दुःख को तीन प्रकार का माना है–आध्यात्मिक, आधिभौतिक और आधिदैविक। इन दुःखों की निवृत्ति के लिए तत्त्वज्ञान परम साधन है। तीनों प्रकार के दुखों को ईश्वरकृष्ण ने दुःखत्रयी के नाम से बताया है। उनका

मानना है कि दुःखमय का विनाश व्यक्त, अव्यक्त और ज्ञ इन तीनों के विवेक से होता है।

(1) **व्यक्त**–बुद्धि, अहंकार, पाँच तन्मात्राएँ, ग्यारह इन्द्रियाँ, पाँच महाभूत 'व्यक्त' हैं।

(2) **अव्यक्त**–प्रधान अथवा प्रकृति 'अव्यक्त' है।

(3) **ज्ञ**–'ज्ञ' पुरुष है।

सांख्य प्रमाण मीमांसा

भारतीय एवं सांख्य दोनों दर्शन मानव केन्द्रित हैं। तत्त्व गणना या विवेचना साध्य नहीं है। यह साधन है मानव के अन्तर्निहित और स्पष्ट उद्देश्य की प्राप्ति का। उद्देश्य संसार के दुःखों से स्वयं को मुक्त करने की मानवी प्रवृत्ति ही रही है। अतः तदनुरूप ही सांख्याचार्यों ने उन विषयों की गणना को सबसे अधिक प्राथमिकता प्रदान की जिनसे उद्देश्य की प्राप्ति हो सके।

मानव मात्र दुःख से निवृत्ति चाहता है। संसार में दुःख है– इस ज्ञान के लिए किसी प्रमाण की आवश्यकता नहीं है, दुख से मुक्ति हेतु प्रवृत्ति भी प्रमाणापेक्षी नहीं है। दुःखनिवृत्ति के मानवकृत सामान्य प्रयासों से तात्कालिक निवृत्ति तो होती है लेकिन ऐकान्तिक और आत्यन्तिक निवृत्ति नहीं होती। दुःख क्यों होता है, कैसे उत्पन्न होता है, मानव दुःख से क्यों मुक्त होना चाहता है–आदि प्रश्न गंभीर चिन्तनापेक्षी और उत्तरापेक्षी हैं। यह चिन्तन और तदनुसार उत्तर ही दुःख निवृत्ति में साधक हो सकते हैं। यह क्षेत्र ही ज्ञान का है। अतः सांख्याचार्य अपनी दार्शनिक विवेचना का आरंभ ही दुःख-विवेचना से करते हैं। दुःखनिवृत्ति की जिज्ञासा ज्ञाता-जिज्ञासु की अभीप्सा है कुछ जानने की। लेकिन कुछ जाना जा सकता है, जाना गया कुछ सत्य है, प्रामाणिक है– ऐसा मानने के लिए ज्ञान की सीमा और ज्ञान की साधनभूत कसौटियों का निर्धारण आवश्यक है। यही प्रमाण मीमांसा का क्षेत्र है।

सांख्य दर्शन की प्रमाण-मीमांसा

बुद्धि और पुरुष दोनों में से एक का पूर्व से अनधिगत अर्थ का अवधारण प्रमा है और उस प्रमा (यथार्थ ज्ञान) का जो अतिशय साधक (करण) है, उसे प्रमाण कहते हैं। प्रमा अर्थात ज्ञान की परिभाषा में अनधिगत और अवधारण दो महत्त्वपूर्ण शर्ते हैं यथार्थ ज्ञान या प्रमा होने में। अनधिगत या जो पहले से ज्ञात नहीं है, उसे ही जाना जाता है। यदि पहले से ही ज्ञात हो तो उसकी स्मृति होगी यथार्थ ज्ञान नहीं। फिर

अवधारणा अर्थात् भली-भांति या निश्चयात्मक रूप से धारण करना भी एक शर्त है। अनिश्चित ज्ञान संशय रूप होगा। अतः परिच्छित्ति या अवधारणा प्रमा से संशय को पृथक् करता है। यथार्थ ज्ञान की परिभाषा में इसे बुद्धि और पुरुष दोनों में से एक भी कहा गया है ज्ञान बुद्धि को भी और पुरुष को भी। दोनों ही दशाओं में बुद्धि पुरुष संयोग अनिवार्य है। पुरुष शुद्ध चौतन्य है, असंग है। अतः विषय अवधारण तो बुद्धि में ही होता हैं परन्तु पुरुष में उपचरित होता है। विचारणीय यह है कि बुद्धि तो अचेतन या जड़ है, उसे ज्ञान होता है, कहना भी संगत नहीं होगा। अतः ज्ञान तो पुरुष को ही होता है, ऐसा मानना होगा। फिर, समस्त विकार पुरुषार्थ हेतुक हैं। अतः पुरुषार्थ के लिए बुद्धिवृत्ति भी साधन ही कही जाएगी। सूत्रकार बुद्धि और पुरुष दोनों के ज्ञान की संभावना को मानते हैं। विज्ञान भिक्षु इस स्थिति को प्रमाता-साक्षी-भेद करके स्पष्ट करते हैं। उनके अनुसार पुरुष प्रमा का साक्षी है। प्रमा चाहे बुद्धिनिष्ठ (बुद्धिवृत्ति) हो चाहे पुरुषनिष्ठ या पौरुषेयबोध या दोनों का हो, प्रमा का जो साधकतम कारण होगा, वही प्रमाण कहलायेगा और यदि बुद्धिवृत्ति को प्रमा कहें तब इन्द्रिय सन्निकर्ष को प्रमाण कहा जाएगा।

प्रमेय मीमांसा

प्रमेयों के विषय में अध्ययन करने से पहले सत्कार्यवादी अध्ययन कर लेना आवश्यक है। सभी दर्शन-सम्प्रदाय प्रायः सृष्टि को कार्य या परिणाम के रूप में ग्रहण करते हैं और इसके मूल कारण की खोज करते हैं। इनकी खोज करने से पहले एक तथ्य विश्वास के रूप में होना अनिवार्य है। कारण की खोज करने से पूर्व कारण का अस्तित्व है, ऐसा विश्वास यदि न हो तो कारण की खोज निरर्थक होगी। कारण के अस्तित्व का यह विश्वास प्रत्यक्ष पर आधृत अनुमान का ही रूप है। मृत्तिका से घट तथा तिल से तेल का उत्पन्न होना प्रत्यक्ष सिद्ध है।

यदि कुछ उत्पन्न हुआ है तो उत्पन्न होने से पूर्व उसकी कोई अवस्था अवश्य रहनी चाहिए। जिस प्रकार घट का निर्माण होने से पहले मृत्तिका घट की पूर्वावस्था होती है, उसी तरह हर कार्य की उत्पत्ति किसी न किसी कारण से ही होनी चाहिए। यदि कार्य नहीं है या असत है तो उसकी उत्पत्ति की चर्चा भी निरर्थक होगी। अतः कार्य के सत होने या मानने पर ही कारण चर्चा या उत्पत्ति चर्चा का औचित्य है। सृष्टि के स्वरूप, लक्षण, धर्म आदि की चर्चा अवश्य की जा सकती है। भगवान कपिल कहते हैं—मनुष्य के सींग के समान असत वस्तु की उत्पत्ति नहीं होती। सांख्य दर्शन के सत्कार्यवाद का यही आधार है।

सत्कार्यवाद के सिद्धान्त को सिद्ध करने के लिए अन्य चार हेतु सूत्रकार ने प्रस्तुत किए है। प्रत्येक कार्य का उपादान नियम होने से, सर्वत्र, हमेशा किसी भी एक कारण से सभी कार्यों की उत्पत्ति न होने से, विशेष शक्ति से सम्पन्न कारण ही विशेष कार्य को उत्पन्न करने में सक्षम होने से तथा कार्य का कारण भावात्मक होने से सत्कार्यवाद की सिद्धि होती है। कार्य यदि है तो वह कभी असत नहीं हो सकता। अतः कार्य सत है। साथ ही कार्य अपनी उत्पत्ति से पूर्व किसी रूप में या अवस्था में असत है तब भी कार्य की उत्पत्ति असम्भव है।

अतः कार्य कारण रूप में भी पूर्व से ही सत्तावान है। मृत्तिका से घट उत्पन्न होता है, लेकिन घट की उत्पत्ति जल से नहीं होती। फिर मृत्तिका के अभाव में कुंभकार घट बन सकता है। अतः घट बने के लिए उपादान जो घट में परिणत हो सके-होना आवश्यक तो है साथ ही, पद आदि अन्य कार्यों के लिए पृथक्-पृथक् उपादान की व्यवस्था है, इसीलिए यह भी लोकप्रसिद्ध है कि सभी कारणों से सभी कार्य हमेशा उत्पन्न नहीं होते हैं। कार्य उत्पन्न करने की विशेष क्षमता होने पर ही विशेष कार्य सम्पन्न होते हैं।

यद्यपि मृत्तिका से घट उत्पन्न होता है तथापि पथरीली सूखी मिट्टी घट रूप में परिणत नहीं की जा सकती। मृत्तिका को एक विशेष रूप से साफ करके गीला करने पर ही घट बनेगा। घट का निर्माण हो जाने के पश्चात मृत्तिका का नाश नहीं होता। मृत्तिका ही घट रूप में परिणत होती है। अतः कार्य में कारण के गुण भी विद्यमान रहते हैं, ऐसा मानना होगा।

इन सभी प्रत्यक्ष तथ्यों से यह सिद्ध होता है कि कार्य उत्पत्ति की शर्तों तथा कारण-कार्य सम्बन्ध के स्वरूप के आधार पर कार्य सत है।

इसीलिए सांख्यदर्शन में प्रत्यक्ष के विषयों के कारणों की खोज में कार्य के आधार पर न केवल कारण का अनुमान करते हैं वरन् कारण के लक्षणों या धर्मों का अनुमान भी करते हैं। समस्त प्रमेयों को सांख्य दर्शन में व्यक्त (प्रकट), अव्यक्त (अप्रकट) तथा ज्ञ इन तीन वर्गों में बांटा गया है। फिर व्यक्त तथा अव्यक्त में साधर्म्य की चर्चा करते हुए पुरुष के साथ उनका साधर्म्य-वैधर्म्य भी बताया गया। प्रकट (व्यक्त), अप्रकट (अव्यक्त) तथा ज्ञ रूप में प्रमेयों का वर्गीकरण प्रमाणों की ओर भी संकेत करता है। प्रत्यक्ष के द्वारा व्यक्त, अनुमान के द्वारा अव्यक्त तथा ज्ञ या क्षेत्रज्ञ (हमारे मत में सर्वज्ञ परमात्मा भी) का ज्ञान शब्द प्रमाण द्वारा होता है।

प्रायः विद्वान अव्यक्त तथा व्यक्त पदों को सर्वत्र प्रकृति और उसके कार्य के ही अर्थ में ग्रहण करते हैं, क्योंकि प्रकृति के अर्थ में अव्यक्त को पारिभाषिक शब्द

समझा जाता है। प्रकृति के अर्थ में यह जानना रोचक होगा कि सम्पूर्ण सांख्य सूत्र ग्रन्थ में केवल एक बार ही इस शब्द को व्यवहार में लाया गया है। प्रधान और प्रकृति का प्रयोग अनेकशः हुआ है।

जिस सूत्र में अव्यक्त शब्द को व्यवहार में लाया गया है वहां यह नपुसंकलिंगी प्रयोग है जिसका अर्थ अप्रकट है। वहां कहा गया है त्रिगुणात्मक लिंग जो कि प्रथम व्यक्ततत्त्व है से अव्यक्त (अप्रकट कारण) का अनुमान होता है। इससे पूर्व सूत्र में त्रिगुणातुः पद अव्यक्त रूप कारण को प्रकृति के अर्थ में ग्रहण कराने के लिए है। सांख्यकारिका में अव्यक्तम् शब्द का प्रयोग 5 स्थानों पर हुआ है जिनमें से दूसरी, दसवीं तथा चौदहवीं कारिका में अप्रकट के ही अर्थ में हुआ है। सोलहवीं कारिका में त्रिगुणतः शब्द के प्रयोग से अप्रकट प्रकृति के अर्थ में, अठावनवीं कारिका में पुरुषस्य विमोक्षार्थ होने से अप्रकट प्रकृति के अर्थ में प्रयुक्त हुआ है। अर्थात् सूत्र/कारिका में यह प्रयुक्त अव्यक्त पद अप्रकट के अर्थ में हुआ है। प्रकृति के लिए इसका प्रयोग त्रिगुणसाम्यावस्था के अर्थ में किया गया है।

अतः स्पष्ट है कि जहां भी अव्यक्त शब्द दिखे, उसे सीधे प्रकृति के अर्थ में ग्रहण न कर, अप्रकट के अर्थ में ग्रहण करने पर कारिका दर्शन की ऐसी व्याख्या संभव है जो महाभारत, गीता आदि में वर्णित सांख्य दर्शन के अनुरूप हो। साथ ही सांख्य तत्त्वों या प्रमेयों का उनके इष्ट प्रमाणों से सीधे संगति भी स्पष्ट हो सके। प्रत्यक्ष केवल व्यक्त का होता है। यद्यपि व्यक्त केवल प्रत्यक्ष तक सीमित नहीं है। अव्यक्त तो अनुमान का विषय है ही। इसीलिए समस्त प्रमेयों को व्यक्त-अव्यक्त दो वर्गों में बांटा गया। व्यक्त हेतुमत् (कारणयुक्त) अनित्य, अव्यापि, अनेक, आश्रित, लीन होने वाला, सावयव परतंत्र है। लक्षणों वाला अव्यक्त है अर्थात् अव्यक्त अहेतुमत् (जिसका कोई कारण न हो) नित्य व्यापी, अक्रिय, एक, अनाश्रित (अपनी सला के लिए अन्य पर आश्रित न होना) अलिंग, (लीन न होने वाला) निरवयव, स्वतंत्र है।

त्रिगुणत्व, अविवेकित्व, विषयत्व, सामान्यत्व, अचेतनत्व और प्रसवधर्मिता व्यक्त के अन्य लक्षण हैं। प्रधान में भी ये लक्षण हैं। पुरुष उसके विपरीत है और समान भी। ग्यारहवीं कारिकोक्त तद्विपरीतस्तथाच पुमान की व्याख्या-संगति में प्रायः व्याख्याकार अस्पष्ट प्रतीत होते हैं।

अव्यक्त से पुरुष का साधर्म्य निरूपण करते समय व्यक्त के अनेक के विपरीत अव्यक्त को एक कहकर पुरुष को अनेक कह दिया अर्थात् एकत्व के अतिरिक्त शेष सभी लक्षण पुरुष पर घटित किए गए। ऐसा पुरुषबहुत्व की स्थापित सांख्यावधारणा के कारण किया गया प्रतीत होता है। इससे तो माठर और गौडपाद भी परिचित रहे

होंगे। लेकिन इन दोनों व्याख्याकारों ने अव्यक्त के सभी लक्षणों को पुरुष पर घटित किया। ऐसा प्रतीत होता है कि इन दोनों व्याख्याकारों को पुरुष की एकता और बहुत्व में कोई असंगति नहीं प्रतीत हुई होगी। ऐसा दो कारणों से हो सकता है। एक तो यह कि एकत्व से इनका अभिप्राय प्रत्येक पुरुष के अनेक जन्मों में एक बना रहना या फिर पुरुष की दो अवस्थाएँ या दो प्रकार के पुरुष तत्त्व को ये सांख्यसम्मत समझते हों।

पहले अर्थ में शाब्दिक खींचतान ही अधिक प्रतीत होता है जबकि दूसरे अर्थ को स्वीकार करने पर सांख्यदर्शन का रूप वेदान्त सदृश ही हो जाता है कि अव्यक्तावस्था में पुरुष एक रहता है और व्यक्तावस्था में अनेक रूप प्रतीत होने लगते हैं एक तीसरी संभावना कारिकोक्त दर्शन के त्रेतवादी निरूपण का है। यहाँ इतना ही ध्यातव्य है कि व्यक्त-अव्यक्त साधर्मूय-वैधर्मूय की प्रचलित परिपाटी निर्दोष नहीं है।

सांख्याभिमत प्रमेयों के प्रमाण वर्ग के आधार पर वर्गीकरण करने के उपरान्त अब सांख्यसम्मत 25 तत्त्वों की चर्चा की जाएगी। सत्वरजस्तमसां साम्यावस्था प्रकृतिः प्रकृतेर्महान् महतोऽहंकारोऽहंकारात् पूंचतन्मात्राण्युभयमिन्द्रियं, तन्मात्रेभ्यः स्थूलभूतानि पुरुष इति पचविंशतिर्गणः

मूलप्रकृतिरविकृतिमर्हदाद्याः प्रकृतिविकृतयः सप्त।
षोडषकस्तु विकारो ने प्रकृतिर्न विकृतिः पुरुषः
अष्टौ प्रकृतयः/षोडषविकाराः पुरुषः।

सत्व, रजत् तथा तमस की साम्यावस्था प्रकृति है महत, अहंकार, पूंचन्मात्राएँ, एकादशेन्द्रिय, पंचस्थूलभूत तथा पुरुष ये सांख्यसम्मत पच्चीस तत्त्व हैं। प्रकृति-पुरुष-विवेक (भेद) कहें या व्यक्तकव्यक्तज्ञ कहें–इनमें ये पच्चीस तत्त्व ही प्रमेय कहे गए हैं। त्रिगुण की साम्यावस्था प्रकृति है–ऐसा सांख्यकारिका में उल्लेख नहीं मिलता। संभवतः कारिका–रचना से पूर्व तक प्रकृति की अव्यक्त रूप गुणसाम्य के रूप में प्रसिद्धि हो जाने के कारण कारिकाकार को ऐसा कहने की आवश्यकता नहीं रही होगी। यद्यपि मूलप्रकृति के लिए अविकृति पद के प्रयोग में यह अर्थ भी निहित है।

महाभारत के प्रकृति विषयक उल्लेखों में तथा तत्त्वसमाससूत्र में अष्टप्रकृति की की चर्चा गई है। कारिका में मूलप्रकृति के साथ सात और तत्त्वों को विकृति के साथ-साथ प्रकृति कहकर मान्यता के साथ सामंजस्य रखा गया है। षोडश विकारों के समूह का उल्लेख तत्त्वसमाससूत्र, महाभारत आदि तथा सांख्यकारिका में उपलब्ध

है। पुरुष न तो प्रकृति (कारण) है न विकृति (कार्य) अब इन तत्त्वों का परिचय दिया जा रहा है।

मोक्ष मीमांसा

दुःखों का अत्यन्त निवृत्ति रूप पुरुषार्थ ही विवेक का केन्द्रीय लक्ष्य है। परन्तु इसका अर्थ यह नहीं लगाना चाहिए कि सांख्य दर्शन संसार को केवल दुःखमय मानकर संसार से ही निवृत्ति को लक्ष्य मानता हो। सुख मात्रा व तीव्रता में कितना भी अल्प क्यों न हो, उसे त्याज्य नहीं कहा गया।

साथ ही एक तर्कप्रधान दर्शन से ऐसी अपेक्षा भी नहीं को जानी चाहिए कि वह ऐसा लक्ष्य स्वीकार करे जो कहीं प्रत्यक्ष में संकेतित न होता हो जीवेषणा और सुख-भोगेच्छा तो चेतना-स्वभाव है। स्वभाव के त्याग की कल्पना भी भला की जा सकती है? हां, प्राणी मात्र की दुःख से निवृत्ति हेतु व्याकुलता अवश्य प्रत्यक्ष सिद्ध है। अतः सांख्य दर्शन में मोक्ष का अर्थ दुःख निवृत्ति ही है। इसे कुछ हासिल करने तथा कुछ त्यागने के अर्थ में ग्रहण करना चाहिए। न तो पुरुष का प्रकृति से संयोग बन्धन है और न ही प्रकृति-पुरुष-वियोग मोक्ष है। जीवन के लक्ष्य या पुरुषार्थ रूप मोक्ष केवल दुःख से मुक्ति मात्र है।

सांख्य मत में त्रिविध दुःख कहे गए हैं--आध्यात्मिक, आधिदैविक तथा आधिभौतिक। आध्यात्मिक दुःख दो प्रकार का होता है--दैहिक तथा मानसिक।

मानसिक वात, पित्त, कफ की विषमता से उत्पन्न दुःख शारीरिक दुःख है। सांख्यकारिका के व्याख्याकारों ने मानसिक दुख के अन्तर्गत काम, क्रोधादि से उत्पन्न दुःख, प्रिय से वियोग तथा अप्रिय से संयोग आदि के कारण उत्पन्न दुःखों को सम्मिलित किया है। दुःखों के समस्त वर्गीकरण दुःख उत्पादक कारणों के वर्गीकरण पर निर्भर है। अन्यथा समस्त दुःख तो मन के अनुभव रूप ही हैं। सृष्टि में पुरुष के लिए दुःख स्वभाविक है।

सृष्टि में लिंग या लिंग शरीर या बुद्धि से निवृत्ति पर्यन्त पुरुष के लिए दुःख स्वाभाविक है। बन्धन-जिस अवस्था से मुक्ति का लक्ष्य पुरुषार्थ है वही अवस्था बन्धना है। सांख्य मत में निर्विवादतः दुःख से मुक्ति को लक्ष्य के रूप में स्वीकार गया है। अतः दुःख ही बन्धन है।

पुरुष को असंग, अपरिणामी चौतन्यस्वरूप माना गया है। अतः ऐसे स्वरूप वाले पुरुष का दुःखी होना या बन्धन में पड़ना संभव नहीं है। दूसरी ओर दुःखों को भोक्ता होना भी कैवल्यार्थ प्रवृत्ति से स्पष्ट है। तब बन्धन का स्वरूप क्या होगा? सांख्य

मत में प्रकृति-पुरुष-विवेक से दुःख निवृत्ति होती है। अतः अविवेक को ही दुःख का ही कारण समझना होगा। लेकिन विज्ञानभिक्षु के अनुसार अविवेक भी संयोग द्वारा ही बन्धन का कारण बनता है।

सांख्य मत में अविवेक का आशय अभेद और विवेक का आशय भेद है। जीवात्मा का प्रकृति और उसके विकारों से भेद न करने पर प्रकृति के गुणों के प्रभावों को पुरुष अभिमानवश स्वयं में मानने लगता है। अहंकार रजस प्रधान और रजोगुण दुःख प्रधान है। अतः पुरुष दुःख रूप बन्धन में स्वयं को पाता है।

तत्त्वसमाससूत्र में त्रिविधो बन्धः की व्याख्या में भावागणेश ने पुंचशिख के मतानुसार प्राकृतिक, वैकृतिक तथा दक्षिण-तीन प्रकार के बन्धनों का उल्लेख किया है। अष्ट प्रकृतियों में अभिमान से प्राकृतिक बन्ध होता है। प्रकृति के विकारों को ही अन्तिम मानने पर उन्हें ही श्रेयस मानने पर वैकृतिक या वैकारिक बन्ध होता है तथा दान-दक्षिणा देने से दक्षिणा बन्ध होता है।

न्याय दर्शन

यह एक आस्तिक दर्शन है। वेदों को प्रामाण्य बनाने में इसका मुख्य स्थान है। वेद भार्गानुगामी षड्दर्शन में न्याय दर्शन की गणना पहले करने के दो कारण हैं। प्रथम—इस दर्शन की तत्त्व-विवेचना व्यावहारिक दृष्टिकोण पर आश्रित होने के कारण अन्य दर्शनों की अपेक्षा आसान है। द्वितीय—इस दर्शन की प्रमाण-विवेचना को समझे बिना किसी भी दर्शन की तत्त्वानुभूति एक तरह से असम्भव है, यही कारण है कि प्राचीन भारतीय शिक्षा पद्धति में सर्वप्रथम न्याय दर्शन पढ़ाने की प्रथा थी। इस प्रकार षड्दर्शन में सबसे पहले न्याय को गिना जाता है। व्याकरण की भाँति न्यायदर्शन का अध्ययन संस्कृत शिक्षा का आवश्यक अंग था।

न्याय का अर्थ है—उचित, वांछनीय, सत्य, याय दर्शन में तर्कों के आधार पर उचित की, वांछनीय की, सत्य की,खोज की गई है इसीलिए इसका नाम न्याय दर्शन रखा गया मालूम होता है। वात्स्यायन न्याय सूत्र भाष्य के अनुसार न्याय का अर्थ है ज्यादातर प्रमाणों की मदद से वस्तु तत्त्व की परीक्षा। न्याय दर्शन में प्रभावों की सहायता से वस्तु तत्त्व की परीक्षा की गई है इसीलिए उसे न्याय दर्शन कहा गया है।

वेद मूलक षट् दर्शनों में से न्याय दर्शन एक है। इसके प्रतिपादक महर्षि गौतम (अक्षपाद गौतम) हैं। 'न्याय सूत्र' इनका न्याय दर्शन का सर्वप्रथम ग्रन्थ है। ज्यादातर विद्वानों के मत में न्याय सूत्र की रचना ईसा पूर्व चौथी शताब्दी में हुई थी। न्याय सूत्र में षोडश पदार्थों (प्रमाण, प्रमेय, संशय, प्रयोजन, दृष्टान्त, सिद्धान्त, तर्क, अवयव,

वाद, निर्णय, कल्प, हेत्वामास, वितण्डा, छल, जाति तथा निग्रह स्थान) के यथार्थ स्वरूप का निरूपण किया गया है। ईसा पूर्व प्रथम शतक में वात्स्यायीन ने न्याय सूत्र पर विस्तृत भाष्य लिखा। उनके बाद समय-समय पर अनेक अन्य विद्वानों ने न्याय दर्शन की व्याख्या की और इस प्रकार यह चिन्तन धारा हमारे देश में अबाध गति से प्रवाहित होती आ रही है।

न्याय पदार्थ के अस्तित्त्व को स्वीकार करता है। इसलिए कुछ विद्वान इसे वास्तववादी दर्शनों की कोटि में रखते हैं। यह अनेक तत्त्वों के अस्तित्त्व को स्वीकार करता है इसलिए कुछ विद्वान इसे बहुतत्ववादी दर्शनों की कोटि में रखते हैं। यह दर्शन तर्क के आधार पर खड़ा है इसलिए कुछ विद्वान् इसे तर्क शास्त्र के रूप में आदर देते हैं। यह दर्शन मुख्य रूप से अपनी ज्ञान मीमांसा के लिए प्रसिद्ध है, इसलिए शिक्षा की दृष्टि से इसका बड़ा महत्त्व है।

वैशेषिक दर्शन ने मूलतः जहाँ वस्तुगत यथार्थ तथा उसके विविध पक्षों की विवेचना की है, वहाँ न्याय-दर्शन ने यथार्थ के सम्बन्ध में ज्ञान की समस्या की खोज पर अपना ध्यान केन्द्रित किया है।

इसी कारण इस दर्शन को हेतु विद्या (सच्ची तर्क प्रणाली और उचित न्याय का विज्ञान) और प्रमाणशास्त्र (वैध ज्ञान का विज्ञान) के नाम से पुकारा जाता है। इस दर्शन की उत्पत्ति सार्वजनिक वाद-विवाद के रीति विज्ञान के अध्ययन से हुई है। इसके ज्ञान के किसी भी क्षेत्र में विषयों और वस्तुओं की तर्कसंगत विश्लेषण करने तथा उसका आलोचनात्मक अध्ययन करने की प्रणाली की स्थापना की है। इसकी सहायता से जीवन तथा यथार्थ की समस्याओं का हल ढूंढ़ने का प्रयास किया गया है। इस दर्शन के प्रतिस्थापक गौतम अक्षपाद माने जाते हैं।

वात्स्यानन ने न्याय को परिभाषित करते हुए लिखा है–"न्याय तार्किक प्रमाण के नियमों द्वारा ज्ञान की वस्तुओं की आलोचनात्मक परीक्षा है। डॉ. राधाकृष्णन् के अनुसार–"न्याय शब्द का अर्थ है। वह प्रक्रिया जिसके द्वारा मस्तिष्क तक पहुँचा जा सके। इस प्रकार न्याय तर्क का पर्यायवाची शब्द है और वह दर्शन, जो अन्य दर्शनों की अपेक्षा अधिक पूर्णता के साथ तर्क विषय का प्रतिपादन करता है न्याय-दर्शन के नाम से जाना जाता है।"

न्याय का परम उद्देश्य मनुष्य के उस दुःखभोग को समाप्त करना है जिसका मूल कारण वास्तविकता की अज्ञानता है। अन्य प्रणालियों के अनुसार, इसमें भी यह स्वीकार किया जाता है कि सम्यक ज्ञान से ही मुक्ति मिल सकती है। इसके बाद यह मुख्यतः सम्यक ज्ञान के साधनों की व्याख्या करता है।

अपनी तत्त्व मीमांसा में न्याय, वैशेषिक प्रणाली के साथ जुड़ा है और 10वीं शताब्दी से इन दोनों संकल्पनाओं को प्रायः संयुक्त रूप में प्रस्तुत किया जाता है। न्याय का प्रमुख ग्रंथ न्याय सूत्र है, जिसका श्रेय गौतम (लगभग दूसरी शताब्दी ई. पू.) को दिया जाता है।

न्याय प्रणाली गौतम और उनके महत्त्वपूर्ण आरंभिक भाष्यकार वात्स्यायन (लगभग 450 ई.) से लेकर उदयन (10वीं शताब्दी) तक प्राचीन न्याय के रूप में स्थापित रही, जब तक कि बंगाल में न्याय के नए मत नव्य न्याय या नया न्याय का उदय नहीं हुआ। नव्य न्याय के सबसे प्रख्यात दार्शनिक इसके संस्थापक गणेश (13वीं शताब्दी) थे। उन्होंने दार्शनिक वक्तव्यों के प्रतिपादन की नई तकनीक की खोज की और न्यायिक यथार्थ तथा प्रमाणिक ज्ञान बनाए रखने के संबंध में नए मार्ग ढूँढे।

न्याय मत के अनुसार ज्ञान के चार मान्य साधन हैं–अनुभूति (प्रत्यक्ष), अर्थ निकालना (अनुमान), तुलना करना (उपमान) और शब्द (साक्य)। अप्रामाणिक ज्ञान में स्मृति, शंका, भूल और काल्पनिक वाद-विवाद शामिल हैं।

कारण-कार्य संबंध के न्याय सिद्धांत में कारण को प्रभाव के सहज (बिना शर्त के) और अपरिवर्तनीय पूर्ववर्ती के रूप में परिभाषित किया गया है। प्रभाव अपने कारण में पहले से अस्तित्व नहीं रखता है, इस परिणाम पर बल देने के कारण न्याय सिद्धांत सांख्य योग तथा वेदांती संकल्पनाएं हैं।

तीन प्रकार के कारणों का उल्लेख है–अंतर्निहित या भौतिक कारण (तत्त्व, जिससे प्रभाव की उत्पत्ति होती है), गैर अंतर्निहित कारण (जो कारण की उत्पत्ति में सहायता करता है) और सक्षम कारण (वस्तु, क्रिया या शक्ति, जो भौतिक कारण के उत्पादन में सहायता करती है। न्याय सिद्धांत में ईश्वर ब्रह्मांड का भौतिक कारण नहीं है, क्योंकि अणु और आत्माएं भी शाश्वत हैं। वह तो सक्षम कारण है।

न्याय दर्शन का आस्तिक दर्शनों में अत्यधिक महत्व है। वैदिक धर्म के स्वरूप के अनुसन्धान के लिए न्याय की परम् उपादेयता है। इसीलिए मनुस्मृति में श्रुत्यनुगामी तर्क की सहायता से ही धर्म के रहस्य को जानने की बात कही गई है। वात्स्यायन ने न्याय को समस्त विद्याओं का प्रदीप कहा है।

न्याय का व्यापक अर्थ है– विभिन्न प्रमाणों की सहायता से वस्तुतत्त्व की परीक्षा प्रमाणों के स्वरूप वर्णन परीक्षण प्रणाली के व्यावहारिक रूप के प्रकटन के कारण यह न्याय दर्शन के नाम से अभिहित है। न्याय का दूसरा नाम है आन्वीक्षिकी

अर्थात् अन्वीक्षा के द्वारा प्रवर्तित होने वाली विद्या। अन्वीक्षा का अर्थ है– प्रत्यक्ष या आगम पर आश्रित अनुमान अथवा प्रत्यक्ष तथा शब्द प्रमाण की सहायता से अवगत विषय का अनु-पश्चात ईक्षणपर्यालोचन - ज्ञान अर्थात अनुमति। अन्वीक्षा के द्वारा प्रवृत्त होने से न्याय विद्या आन्वीक्षिकी है।

योग दर्शन

गीता में कहा गया है कि जहाँ समत्व है, सन्तुलन है, अद्वन्द है, सामंजस्य है, लयबद्धता है–वहाँ योग है। इसके विपरीत जहाँ द्वन्द है, असन्तुलन है, असामंजस्य है, असंगति है, संघर्ष है, विग्रह है वहाँ रोग है। एक योगी व्यक्ति अपने आप से, अपने शरीर से, प्राणशक्ति से, मन से, अपने चारों ओर की परिस्थितियों और वातावरण से और अन्ततः समष्टि से सामंजस्य स्थापित कर लेता है। गीता के अनुसार जो अपने में समष्टि को और समष्टि में अपने को देखता है वही सच्चे अर्थों में योगी है।

एक उदार और सम्यक मानसिक दृष्टिकोण अपनाने पर योग पद्धति ज्यादा बल देती है। अपटांग योग में हम यम और नियम ऐसे दृष्टिकोण का निरूपण करते हैं। यम व्यक्ति और समाज के बीच सामंजस्य स्थापित करने वाले मौलिक नियम हैं। ये पांच हैं–

1. सत्य,
2. अहिंसा,
3. असत्य,
4. अपरिगृह,
5. ब्रह्मचर्य।

इस तरह यम की 'वसुधैवकुटुम्बकम' की भावना सारे मानसिक द्वन्दों और संघर्षों को मिटाने में सक्षम है।

यम के समान नियम भी पाँच हैं जो इस तरह हैं–

1. तप,
2. सन्तोष,
3. स्वाध्याय,
4. शौच,
5. ईश्वर प्राणिधान।

यह सभी अपने आपको शुद्ध और स्वस्थ रखने के नियम हैं।

आर्य जाति की प्राचीनतम् विद्या के रूप में योग स्थापित है। इसे मोक्षोपाय में सर्वोत्तम माना गया है। भव ताप सन्तप्त जीव को ईश्वर से मिलाने में योग ही भक्ति और ज्ञान का प्रधान साधन है।

चित्तवृत्तियों का निरोध ही योग है– योगश्चित्तवृत्ति-निरोधः। यद्यपि उपलब्ध योगसूत्रों के रचयिता महर्षि पतंजलि माने जाते हैं, किन्तु योग पतंजलि से भी प्राचीन अध्यात्म-प्रक्रिया है।

संहिताओं, ब्राह्मणों तथा उपनिषदों में अनेकत्र इसका संकेत एवं विवेचन उपलब्ध है। योग सांख्य-अभिमत तत्त्व को स्वीकारता है, परन्तु ईश्वर की सत्ता मानकर उसे छब्बीसवाँ तत्त्व मानता है। इसीलिए योग को सेश्वर सांख्य भी कहा जाता है। योग दर्शन सूत्र रूप है। इन सूत्रों के रचयिता महर्षि पतंजलि हैं। इन्होंने 195 सूत्रों में सम्पूर्ण योग दर्शन को विभाजित किया है।

योग का विषय अत्यंत व्यापक रहा है। वेद, उपनिषद्, भागवत् पुराण, रामायण, महाभारत, आयुर्वेद, अलंकार आदि ऐसा कोई भी शास्त्र नहीं है, जिसमें योग का उल्लेख न मिलता हो।

पतंजलि कृत दर्शन में योग की व्यापक चर्चा होने के कारण उनका शास्त्र योग दर्शन के नाम से विभूषित हुआ। योग की अनेक शाखा-प्रशाखाएँ हैं। विश्लेषण के आधार भिन्न-भिन्न होने से वह अनेकविध नामों से पुकारा जाने लगा। योगसिद्धान्तचन्द्रिका के रचयिता नारायणतीर्थ ने 'योग' को क्रिया योग, चर्या योग, कर्म योग, हठ योग, मन्त्र योग, ज्ञान योग, अद्वैत योग, लक्ष्य योग, ब्रह्म योग, शिव योग, सिद्धि योग, वासना योग, लय योग, ध्यान योग तथा प्रेमभक्ति योग द्वारा साध्य माना है एवं अनेक योगों से ध्रुवीकृत योग अर्थात् समाधि को राजयोग नाम से अभिहित किया है।

भारतीय दर्शन में न्याय वैशेषिक की भाँति सांख्य-योग को समान तन्त्र कहते हैं। शास्त्रीय सिद्धान्तों में विभिन्नता की अपेक्षा समानता अधिक होने के कारण दो शास्त्रों को 'समानतन्त्र' की संज्ञा प्रदान की जाती है। यही कारण है कि व्यासभाष्य के प्रत्येक पाद की समाप्ति पर व्यासदेव ने योग को 'सांख्यप्रवचन योगशास्त्र' कहा है। आचार्य विज्ञानभिक्षु ने योगवार्त्तिक में सांख्य-योग के 'समानतन्त्र' होने की स्थान-स्थान पर पुष्टि की है।

इसके कुछ प्रमुख प्रकरण अधोलिखित हैं सांख्य तथा योग दोनों दर्शनों में बुद्धि और पुरुष में अनादि स्वस्वामिभावसम्बन्ध को स्थापित किया गया है। पुरुषार्थवती बुद्धि प्रतिबिम्बविधया पुरुष का विषय बनती है। विषयप्रयोग और विवेक ख्याति ये

दो पुरुषार्थ बुद्धि के कहे जाते हैं। पुरुषार्थशून्य बुद्धि में पुरुष का विषय बनने की क्षमता नहीं है। योग के इस सिद्धान्त को विज्ञानभिक्षु समानतन्त्र सांख्य से परिपुष्ट करते हैं–

योग शब्द समाध्यर्थक युज् धातु से निष्पन्न होता है, जिसका अर्थ समाधि है। पतंजलि का योगलक्षण है–योगश्चित्तवृत्तिनिरोधः अर्थात् चित्त की वृत्तियों को रोकना है। चित्त का अर्था अन्तःकरण मन, बुद्धि, है, सत्त्वादिगुणों के तर-तमभाव से चित्तवृत्ति में तारतम्य उत्पन्न होता है। उस कारण वह बहिर्मुख और अन्तर्मुख भी होता रहता है।

चित्त सत्त्वप्रधान प्रकृति-परिणाम है। चित्त प्राकृत होने से जड़ और प्रतिक्षण परिणामशाली है। इस चित्त की पाँच अवस्थायें क्षिप्त, मूढ़, विक्षिप्त, एकाग्र और निरुद्ध होती हैं।

चित्त की वृत्तियों में प्रमुख प्रमाण, विपर्यय, विकल्प, निद्रा और स्मृति हैं। चित्त की समस्त अवस्थाओं का अन्तर्भाव इन्हीं पाँचों वृत्तियों में हो जाता है। योगसिद्धि में चित्तवृत्तियों के साथ ही उनके संस्कारों का भी निरोध आवश्यक है। अतः चित्त की स्थूल वृत्तियों और सूक्ष्म-संस्कारों के निरोध होने पर ही योग की पूर्णता सिद्ध होती है।

13

वैदिक वाङ्मय का शास्त्रीय स्वरूप

संस्कृत साहित्य की शब्द-रचना की दृष्टि से वेद शब्द का अर्थ ज्ञान होता है, परंतु इसका प्रयोग साधारणतया ज्ञान के अर्थ में नहीं किया जाता। हमारे महर्षियों ने अपनी तपस्या के द्वारा जिस शाश्वत ज्योति का परम्परागत शब्द-रूप से साक्षात्कार किया, वही शब्द-राशि वेद है। वेद अनादि हैं और परमात्मा के स्वरूप हैं। महर्षियों द्वारा प्रत्यक्ष दृष्ट होने के कारण इनमें कहीं भी असत्य या अविश्वास के लिये स्थान नहीं है। ये नित्य हैं और मूल में पुरुष-जाति से असम्बद्ध होने के कारण अपौरुषेय कहे जाते हैं।

प्रामाणिकता

वेद अनादि अपौरुषेय और नित्य हैं तथा उनकी प्रामाणिकता स्वतः सिद्ध है, इस प्रकार का मत आस्तिक सिद्धान्तवाले सभी पौराणिकों एवं सांख्य, योग, मीमांसा और वेदान्त के दार्शनिकों का है। न्याय और वैशेषिक के दार्शनिकों ने वेद को अपौरुपेय नहीं माना है, पर वे भी इन्हें परमेश्वर (पुरुषोत्तम)- द्वारा निर्मित, परंतु पूर्वानुरूपी का ही मानते हैं। इन दोनों शाखाओं के दार्शनिकों ने वेद को परम प्रमाण माना है और आनुपूर्वी (शब्दोच्चारणक्रम)- को सृष्टि के आरम्भ से लेकर अब तक अविच्छिन्न-रूप से प्रवृत्त माना है।

जो वेद को प्रमाण नहीं मानते, वे आस्तिक नहीं कहे जाते। अतः सभी आस्तिक मतवाले वेद को प्रमाण मानने में एकमत हैं, केवल न्याय और वैशेषिक दार्शनिकों की अपौरुषेय मानने की शैली भिन्न है। नास्तिक दार्शनिकों ने वेदों

को भिन्न-भिन्न व्यक्तियों द्वारा रचा हुआ ग्रन्थ माना है। चार्वाक मतवालों ने तो वेद को निष्क्रिय लोगों की जीविका का साधन तक कह डाला है। अतः नास्तिक दर्शन वाले वेद को न तो अनादि न अपौरुषेय, और न नित्य ही मानते हैं तथा न इनकी प्रामणिकता में ही विश्वास करते हैं। इसीलिये वे नास्तिक कहलाते हैं। आस्तिक दर्शनशास्त्रों ने इस मत का युक्ति, तर्क एवं प्रमाण से पूरा खण्डन किया है।

वेद चार हैं—वर्तमान काल में वेद चार माने जाते हैं। उनके नाम हैं—

1. ऋग्वेद,
2. यजुर्वेद,
3. सामवेद और
4. अथर्ववेद।

द्वापर युग की समाप्ति के पूर्व वेदों के उक्त चार विभाग अलग-अलग नहीं थे। उस समय तो ऋक, यजुरू और साम- इन तीन शब्द-शैलियों की संग्रहात्मक एक विशिष्ट अध्ययनीय शब्द-राशि ही वेद कहलाती थी। यहाँ यह कहना भी अप्रासंगिक नहीं होगा कि परमपिता परमेश्वर ने प्रत्येक कल्प के आरम्भ में सर्वप्रथम ब्रह्माजी (परमेष्ठी प्रजापति)- के हृदय में समस्त वेदों का प्रादुर्भाव कराया था, जो उनके चारों मुखों में सर्वदा विद्यमान रहते हैं। ब्रह्मा जी की ऋषि संतानों ने आगे चलकर तपस्या द्वारा इसी शब्द-राशि का साक्षात्कार किया और पठन-पाठन की प्रणाली से इनका संरक्षण किया।

त्रयी

विश्व में शब्द-प्रयोग की तीन ही शैलियाँ होती हैंय जो पद्य (कविता), गद्य और गान रूप से जन-साधारण में प्रसिद्ध हैं। पद्य में अक्षर-संख्या तथा पाद एवं विराम का निश्चित नियम रहता है। अतः निश्चित अक्षर-संख्या और पाद एवं विराम वाले वेद-मन्त्रों की संज्ञा ऋक है। जिन मन्त्रों में छन्द के नियमानुसार अक्षर-संख्या और पाद एवं विराम ऋषिदृष्ट नहीं हैं, वे गद्यात्मक मन्त्र यजुरू कहलाते हैं और जितने मन्त्र गानात्मक हैं, वे मन्त्र साम कहलाते हैं। इन तीन प्रकार की शब्द-प्रकाशन-शैलियों के आधार पर ही शास्त्र एवं लोक में वेद के लिये त्रयी शब्द का भी व्यवहार किया जाता है। त्रयी शब्द से ऐसा नहीं समझना चाहिये कि वेदों की संख्या ही तीन हैं, क्योंकि त्रयी शब्द का व्यवहार शब्द-प्रयोग की शैली के आधार पर है।

श्रुति-आम्नाय

वेद के पठन-पाठन के क्रम में गुरु मुख से श्रवण कर स्वयं अभ्यास करने की प्रक्रिया अब तक है। आज भी गुरु मुख से श्रवण किये बिना केवल पुस्तक के आधार पर ही मन्त्राभ्यास करना निन्दनीय एवं निष्फल माना जाता है। इस प्रकार वेद के संरक्षण एवं सफलता की दृष्टि से गुरु मुख से श्रवण करने एवं उसे याद करने का अत्यन्त महत्त्व है। इसी कारण वेद को श्रुति भी कहते हैं। वेद परिश्रमपूर्वक अभ्यास द्वारा संरक्षणीय है। इस कारण इसका नाम आम्नाय भी है। त्रयी, श्रुति और आम्नाय- ये तीनों शब्द आस्तिक ग्रन्थों में वेद के लिये व्यवहृत किये जाते हैं।

चार वेद

उस समय (द्वापरयुग की समाप्ति के समय) में भी वेद का पढ़ाना और अभ्यास करना सरल कार्य नहीं था। कलि युग में मनुष्यों की शक्तिहीनता और कम आयु होने की बात को ध्यान में रखकर वेद पुरुष भगवान नारायण के अवतार श्रीकृष्णद्वैपायन वेदव्यास जी महाराज ने यज्ञानुष्ठान के उपयोग को दृष्टिगत रखकर उस एक वेद के चार विभाग कर दिये और इन चारों विभागों की शिक्षा चार शिष्यों को दी। ये ही चार विभाग आजकल ऋग्वेद, यजुर्वेद और अथर्ववेद के नाम से प्रसिद्ध हैं। पैल, वैशम्पायन, जैमिनि और सुमन्तु नामक- इन चार शिष्यों ने अपने-अपने अधीत वेदों के संरक्षण एवं प्रसार के लिये शाकल आदि भिन्न-भिन्न शिष्यों को पढ़ाया। उन शिष्यों के मनोयोग एवं प्रचार के कारण वे शाखाएँ उन्हीं के नाम से आज तक प्रसिद्ध हो रही हैं। यहाँ यह कहना अनुचित नहीं होगा कि शाखा के नाम से सम्बन्धित कोई भी मुनि मन्त्रद्रष्टा ऋषि नहीं है और न वह शाखा उसकी रचना है। शाखा के नाम से सम्बन्धित व्यक्ति का उस वेदशाखा की रचना से सम्बन्ध नहीं है, अपितु प्रचार एवं संरक्षण के कारण सम्बन्ध है।

कर्मकाण्ड में भिन्न वर्गीकरण

वेदों का प्रधान लक्ष्य आध्यात्मिक ज्ञान देना ही है, जिससे प्राणि मात्र इस असार संसार के बन्धनों के मूलभूत कारणों को समझकर इससे मुक्ति पा सके। अतः वेद में कर्मकाण्ड और ज्ञानकाण्ड दृइन दोनों विषयों का सर्वांगीण निरूपण किया गया है। वेदों का प्रारम्भिक भाग कर्मकाण्ड है और वह ज्ञानकाण्ड वाले भाग से बहुत अधिक है। कर्मकाण्ड में यज्ञानुष्ठान-सम्बन्धी विधि-निषेध आदि का सर्वांगीण

विवेचन है। इस भाग का प्रधान उपयोग यज्ञानुष्ठान में होता है। जिन अधिकारी वैदिक विद्वानों को यज्ञ कराने का यजमान द्वारा अधिकार प्राप्त होता है, उनको ऋत्विक कहते हैं। श्रौतयज्ञ में इन ऋत्विजों के चार गण हैं। समस्त ऋत्विक् चार वर्गों में बँटकर अपना-अपना कार्य करते हुए यज्ञ को सर्वांगीण बनाते हैं। गणों के नाम हैं–

1. होतृगण,
2. अध्वर्युगण,
3. उद्गातृगण और
4. ब्रह्मगण।

उपर्युक्त चारों गणों या वर्गों के लिये उपयोगी मन्त्रों के संग्रह के अनुसार वेद चार हुए हैं। उनका विभाजन इस प्रकार किया गया है–

ऋग्वेद–इसमें होतृवर्ग के लिये उपयोगी मन्त्रों का संकलन है। इसका नाम ऋग्वेद इसलिये पड़ा है कि इसमें ऋक संज्ञक (पद्यबद्ध) मन्त्रों की अधिकता है। इसमें होतृवर्ग के उपयोगी गद्यात्मक (यजुरू) स्वरूप के भी कुछ मन्त्र हैं। इसकी मन्त्र-संख्या अन्य वेदों की अपेक्षा अधिक है। इसके कई मन्त्र अन्य वेदों में भी मिलते हैं। सामवेद में तो ऋग्वेद के मन्त्र ही अधिक हैं। स्वतन्त्र मन्त्र कम हैं।

यजुर्वेद–इसमें यज्ञानुष्टान-सम्बन्धी अध्वर्युवर्ग के उपयोगी मन्त्रों का संकलन है। इसका नाम यजुर्वेद इसलिये पड़ा है कि इसमें गद्यात्मक मन्त्रों की अधिकता है। इसमें कुछ पद्यबद्ध, मन्त्र भी हैं जो अध्वर्युवर्ग के उपयोगी हैं। इसके कुछ मन्त्र अथर्ववेद में भी पाये जाते हैं। यजुर्वेद के दो विभाग हैं- (1) शुक्लयजुर्वेद और (2) कृष्णयजुर्वेद।

सामवेद–इसमें यज्ञानुष्ठान के उद्गातृवर्ग के उपयोगी मन्त्रों का संकलन है। इसका नाम सामवेद इसलिये पड़ा है कि इसमें गायन-पद्धति के निश्चित मन्त्र ही हैं। इसके अधिकांश मन्त्र ऋग्वेद में उपलब्ध होते हैं, कुछ मन्त्र स्वतन्त्र भी हैं।

अथर्ववेद–इसमें यज्ञानुष्ठान के ब्रह्मवर्ग के उपयोगी मन्त्रों का संकलन है। इस ब्रह्मवर्ग का कार्य है यज्ञ की देख-रेख करना, समय-समय पर नियमानुसार निर्देश देना, यज्ञ में ऋत्विजों एवं यजमान के द्वारा कोई भूल हो जाय या कमी रह जाय तो उसका सुधार या प्रायश्चित्त करना। अथर्व का अर्थ है कमियों को हटाकर ठीक करना या कमी-रहित बनाना। अतः इसमें यज्ञ-सम्बन्धी एवं व्यक्ति-सम्बन्धी सुधार या कमी-पूर्ति करने वाले भी मन्त्र हैं। इसमें पद्यात्मक मन्त्रों के साथ कुछ गद्यात्मक मन्त्र भी उपलब्ध हैं। इस वेद का नामकरण अन्य वेदों की भाँति शब्द-शैली के आधार पर

नहीं है, अपितु इसके प्रतिपाद्य विषय के अनुसार है। इस वैदिक शब्दराशि का प्रचार एवं प्रयोग मुख्यतः अथर्व नाम के महार्षि द्वारा किया गया। इसलिये भी इसका नाम अथर्ववेद है।

कुछ मन्त्र सभी वेदों में या एक-दो वेदों में समान-रूप से मिलते हैं, जिसका कारण यह है कि चारों वेदों का विभाजन यज्ञानुष्ठान के ऋत्विक जनों के उपयोगी होने के आधार पर किया गया है। अतः विभिन्न यज्ञावसरों पर विभिन्न वर्गों के ऋत्विजों के लिये उपयोगी मन्त्रों का उस वेद में आ जाना स्वाभाविक है, भले ही वह मन्त्र दूसरे ऋत्विक के लिये भी अन्य अवसर पर उपयोगी होने के कारण अन्यत्र भी मिलता हो।

वेदों का विभाजन और शाखा-विस्तार

आधुनिक विचारधारा के अनुसार चारों वेदों की शब्द राशि के विस्तार में तीन दृष्टियाँ पायी जाती हैं–

1. याज्ञिक दृष्टि,
2. प्रायोगिक दृष्टि और
3. साहित्यिक दृष्टि।

याज्ञिक दृष्टि

इसके अनुसार वेदोक्त यज्ञों का अनुष्ठान ही वेद के शब्दों का मुख्य उपयोग माना गया है। सृष्टि के आरम्भ से ही यज्ञ करने में साधारणतया मन्त्रोच्चारण की शैली, मन्त्राक्षर एवं कर्म-विधि में विविधता रही है। इस विविधता के कारण ही वेदों की शाखा का विस्तार हुआ है। प्रत्येक वेद की अनेक शाखाएँ बतायी गयी हैं। यथा-ऋग्वेद की 21 शाखा, यजुर्वेद की 101 शाखा, सामवेद की 1,000 शाखा और अथर्ववेद की 9 शाखा- इस प्रकार कुल 1,131 शाखाएँ हैं। इस संख्या का उल्लेख महर्षि पतृजलि ने अपने महाभाष्य में भी किया है। अन्य वेदों की अपेक्षा ऋग्वेद में मन्त्र-संख्या अधिक है, फिर भी इसका शाखा-विस्तार यजुर्वेद और सामवेद की अपेक्षा कम है। इसका कारण यह है कि ऋग्वेद में देवताओं के स्तुति रूप मन्त्रों का भण्डार है। स्तुति-वाक्यों की अपेक्षा कर्मप्रयोग की शैली में भिन्नता होनी स्वाभाविक है। अतः ऋग्वेद की अपेक्षा यजुर्वेद की शाखाएँ अधिक हैं। गायन-शैली की शाखाओं का सर्वाधिक होना आश्चर्यजनक नहीं है। अतः सामवेद की 1000 शाखाएँ बतायी गयी हैं। फलतः कोई भी वेद शाखा-विस्तार के कारण

एक-दूसरे से उपयोगिता, श्रद्धा एवं महत्त्व में कम-ज्यादा नहीं है। चारों का महत्त्व समान है। उपर्युक्त 1,131 शाखाओं में से वर्तमान में केवल 12 शाखाएँ ही मूल ग्रन्थों में उपलब्ध हैं। वे हैं–

ऋग्वेद की 21 शाखाओं में से केवल 2 शाखाओं के ही ग्रन्थ प्राप्त हैं–

1. शाकल-शाखा और
2. शांखायन-शाखा।

यजुर्वेद में कृष्णयजुर्वेद की 86 शाखाओं में से केवल 4 शाखाओं के ग्रन्थ ही प्राप्त हैं–

1. तैत्तिरीय शाखा,
2. मैत्रायणीय शाखा,
3. कठ शाखा और
4. कपिष्ठल शाखा।

शुक्लयजुर्वेद की 15 शाखाओं में से केवल 2 शाखाओं के ग्रन्थ ही प्राप्त हैं–

1. माध्यन्दिनीय-शाखा और
2. काण्व-शाखा।

सामवेद की 1000 शाखाओं में से केवल 2 शाखाओं के ही ग्रन्थ प्राप्त हैं–

1. कौथुम-शाखा और
2. जैमिनीय-शाखा।

अथर्ववेद की 9 शाखाओं में से केवल 2 शाखाओं के ही ग्रन्थ प्राप्त हैं–

1. शौनक-शाखा और
2. पैप्पलाद-शाखा।

अध्ययन-शैली

उपर्युक्त 12 शाखाओं में से केवल 6 शाखाओं की अध्ययन-शैली प्राप्त है, जो नीचे दी जा रही है- ऋग्वेद में केवल शाकल-शाखा, कृष्णयजुर्वेद में केवल तैत्तिरीय शाखा और शुक्लयजुर्वेद में केवल माध्यन्दिनीय शाखा तथा काण्व-शाखा, सामवेद में केवल कौथुम-शाखा, अथर्ववेद में केवल शौनक-शाखा। यह कहना भी अनुपयुक्त नहीं होगा कि अन्य शाखाओं के कुछ और भी ग्रन्थ उपलब्ध हैं, किंतु उनसे उस शाखा का पूरा परिचय नहीं मिल सकता एवं बहुत-सी शाखाओं के तो नाम भी उपलब्ध नहीं हैं। कृष्णयजुर्वेद की मैत्रायणी शाखा महाराष्ट्र में तथा सामवेद की जैमिनीय शाखा केरल के कुछ व्यक्तियों के ही उच्चारण में सीमित हैं।

प्रायोगिक दृष्टि

इसके अनुसार प्रत्येक शाखा के दो भाग बताये गये हैं। एक मन्त्र-भाग और दूसरा ब्राह्मण-भाग।

मन्त्र-भाग

मन्त्र-भाग उस शब्दराशि को कहते हैं, जो यज्ञ में साक्षात-रूप से प्रयोग में आती है।

ब्राह्मण-भाग

ब्राह्मण शब्द से उस शब्दराशि का संकेत है, जिसमें विधि (आज्ञाबोधक शब्द), कथा, आख्यायिका एवं स्तुति द्वारा यज्ञ कराने की प्रवृत्ति उत्पन्न कराना, यज्ञानुष्ठान करने की पद्धति बताना, उसकी उपपत्ति और विवेचन के साथ उसके रहस्य का निरूपण करना है। इस प्रायोगिक दृष्टि के दो विभाजनों में साहित्यिक दृष्टि के चार विभाजनों का समावेश हो जाता है।

साहित्यिक दृष्टि

इसके अनुसार प्रत्येक शाखा की वैदिक शब्द-राशि का वर्गीकरण–

संहिता

वेद का जो भाग प्रतिदिन विशेषतः अध्ययनीय है, उसे संहिता कहते हैं। इस शब्द राशि का उपयोग श्रौत एवं स्मार्त दोनों प्रकार के यज्ञानुष्ठानों में होता है। प्रत्येक वेद की अलग-अलग शाखा की एक-एक संहिता है।

वेदों के अनुसार उनको–

1. ऋग्वेद-संहिता,
2. यजुर्वेद-संहिता,
3. सामवेद-संहिता और
4. अथर्ववेद-संहिता कहा जाता है।

इन संहिताओं के पाठ में उनके अक्षर, वर्ण, स्वर आदि का किंचित मात्र भी उलट-पुलट न होने पाये, इसलिये प्राचीन अध्ययन-अध्यापन के सम्प्रदाय में

संहिता-पाठ,

पद-पाठ,

क्रम-पाठ-ये तीन प्रकृति पाठ और

जटा,

माला,

शिखा,

रेखा,

ध्वज,

दण्ड,

रथ तथा

घन-ये आठ विकृति पाठ प्रचलित हैं।

ब्राह्मण

वह वेद-भाग जिसमें विशेषतया यज्ञानुष्ठान की पद्धति के साथ-ही-साथ तदुपयोगी प्रवृत्ति का उद्बोधन कराना, उसको दृढ़ करना तथा उसके द्वारा फल-प्राप्ति आदि का निरूपण विधि एवं अर्थवाद के द्वारा किया गया है, ब्राह्मण कहा जाता है।

आरण्यक

वह वेद-भाग जिसमें यज्ञानुष्ठान-पद्धति, याज्ञिक मन्त्र, पदार्थ एवं फल आदि में आध्यात्मिकता का संकेत दिया गया है, आरण्यक कहलाता है। यह भाग मनुष्य को आध्यात्मिक बोध की ओर झुकाकर सांसारिक बन्धनों से ऊपर उठाता है। अतः इसका विशेष अध्ययन भी संसार के त्याग की भावना के कारण वानप्रस्थाश्रम के लिये अरण्य (जंगल)- में किया जाता है। इसीलिये इसका नाम आरण्यक प्रसिद्ध हुआ है।

उपनिषद

वह वेद-भाग जिसमें विशुद्ध रीति से आध्यात्मिक चिन्तन को ही प्रधानता दी गयी है और फल सम्बन्धी फलानुबन्धी कर्मों के दृढानुराग को शिथिल करना सुझाया गया है, उपनिषद कहलाता है। वेद का यह भाग उसकी सभी शाखाओं में है परंतु यह बात स्पष्ट-रूप से समझ लेनी चाहिये कि वर्तमान में उपनिषद संज्ञा के नाम से जितने ग्रन्थ उपलब्ध हैं, उनमें से कुछ उपनिषदों (ईशावास्य, बृहदारण्यक, तैत्तिरीय, छान्दोग्य आदि)- को छोड़कर बाकी के सभी उपनिषद—भाग में उपलब्ध हों, ऐसी बात नहीं है। शाखागत उपनिषदों में से कुछ अंश को सामयिक, सामाजिक या वैयक्तिक

आवश्यकता के आधार पर उपनिषद संज्ञा दे दी गयी है। इसीलिए इनकी संख्या एवं उपलब्धियों में विविधता मिलती है। वेदों में जो उपनिषद-भाग हैं, वे अपनी शाखाओं में सर्वथा अक्षुण्ण हैं। उनको तथा उन्हीं शाखाओं के नाम से जो उपनिषद-संज्ञा के ग्रन्थ उपलब्ध हैं, दोनों को एक नहीं समझना चाहिये। उपलब्ध उपनिषद-ग्रन्थों की संख्या में से ईशादि 10 उपनिषद तो सर्वमान्य हैं। इनके अतिरिक्त 5 और उपनिषद (श्वेताश्वतरादि), जिन पर आचार्यो की टीकाएँ तथा प्रमाण-उद्धरण आदि मिलते हैं, सर्वसम्मत कहे जाते हैं। इन 15 के अतिरिक्त जो उपनिषद उपलब्ध हैं, उनकी शब्दगत ओजस्विता तथा प्रतिपादनशैली आदि की विभिन्नता होने पर भी यह अवश्य कहा जा सकता है कि इनका प्रतिपाद्य ब्रह्म या आत्मतत्त्व निश्चयपूर्वक अपौरुषेय, नित्य, स्वतरूप्रमाण वेद-शब्द-राशि से सम्बद्ध है।

ऋषि, छन्द और देवता

वेद के प्रत्येक मन्त्र में किसी-न-किसी ऋषि, छन्द एवं देवता का उल्लेख होना आवश्यक है। कहीं-कहीं एक ही मन्त्र में एक से अधिक ऋषि, छन्द और देवता के नाम मिलते हैं। इसलिये यह आवश्यक है कि एक ही मन्त्र में एक से अधिक ऋषि, छन्द और देवता क्यों हैं, यह स्पष्ट कर दिया जाय। इसका विवेचन निम्न पंक्तियों में किया गया है–

ऋषि

यह वह व्यक्ति है, जिसने मन्त्र के स्वरूप को यथार्थ रूप में समझा है। यथार्थ-ज्ञान प्रायः चार प्रकार से होता है–

1. परम्परा के मूल पुरुष होने से,
2. उस तत्त्व के साक्षात दर्शन से,
3. श्रद्धापूर्वक प्रयोग तथा साक्षात्कार से और
4. इच्छित (अभिलषित)-पूर्ण सफलता के साक्षात्कार से। अतएव इन चार कारणों से मन्त्र-सम्बन्धित ऋषियों का निर्देश ग्रन्थों में मिलता है। जैसे–

कल्प के आदि में सर्वप्रथम इस अनादि वैदिक शब्द-राशि का प्रथम उपदेश ब्रह्माजी के हृदय में हुआ और ब्रह्माजी से परम्परागत अध्ययन-अध्यापन होता रहा, जिसका निर्देश वंश-ब्राह्मण आदि ग्रन्थों में उपलब्ध होता है। अतः समस्त वेद की परम्परा के मूल पुरुष ब्रह्मा (ऋषि) हैं। इनका स्मरण परमेष्ठी प्रजापति ऋषि के रूप में किया जाता है।

इसी परमेष्ठी प्रजापति की परम्परा की वैदिक शब्दराशि के किसी अंश के शब्द तत्त्व का जिस ऋषि ने अपनी तपश्चर्या के द्वारा किसी विशेष अवसर पर प्रत्यक्ष दर्शन किया, वह भी उस मन्त्र का ऋषि कहलाया। उस ऋषि का यह ऋषित्व शब्दतत्त्व के साक्षात्कार का कारण माना गया है। इस प्रकार एक ही मन्त्र का शब्दतत्त्व-साक्षात्कार अनेक ऋषियों को भिन्न-भिन्न रूप से या सामूहिक रूप से हुआ था। अतः वे सभी उस मन्त्र के ऋषि माने गये हैं।

कल्प ग्रन्थों के निर्देशों में ऐसे व्यक्तियों को भी ऋषि कहा गया है, जिन्होंने उस मन्त्र या कर्म का प्रयोग तथा साक्षात्कार अति श्रद्धापूर्वक किया है।

वैदिक ग्रन्थों विशेषतया पुराण-ग्रन्थों के मनन से यह भी पता लगता है कि जिन व्यक्तियों ने किसी मन्त्र का एक विशेष प्रकार के प्रयोग तथा साक्षात्कार से सफलता प्राप्त की है, वे भी उस मन्त्र के ऋषि माने गये हैं।

उक्त निर्देशों को ध्यान में रखने के साथ यह भी समझ लेना चाहिये कि एक ही मन्त्र को उक्त चारों प्रकार से या एक ही प्रकार से देखने वाले भिन्न-भिन्न व्यक्ति ऋषि हुए हैं। फलतः एक मन्त्र के अनेक ऋषि होने में परस्पर कोई विरोध नहीं है, क्योंकि मन्त्र ऋषियों की रचना या अनुभूति से सम्बन्ध नहीं रखताय अपितु ऋषि ही उस मन्त्र से बहिरंग रूप से सम्बद्ध व्यक्ति है।

छन्द

मन्त्र से सम्बन्धित (मन्त्र के स्वरूप में अनुस्यूत) अक्षर, पाद, विराम की विशेषता के आधार पर दी गयी जो संज्ञा है, वही छन्द है। एक ही पदार्थ की संज्ञा विभिन्न सिद्धान्त या व्यक्ति के विश्लेषण के भाव से नाना प्रकार की हो सकती है। अतः एक ही मन्त्र के भिन्न नाम के छन्द शास्त्रों में पाये जाते हैं। किसी भी संज्ञा का नियमन उसके तत्त्वज्ञ आप्त व्यक्ति के द्वारा ही होता है। अतः कात्यायन, शौनक, पिंगल आदि छन्दरूशास्त्र के आचार्यों की एवं सर्वानुक्रमणीकारों की उक्तियाँ ही इस सम्बन्ध में मान्य होती हैं। इसलिये एक मन्त्र में भिन्न नामों के छन्दों के मिलने से भ्रम नहीं होना चाहिये।

देवता

मन्त्रों के अक्षर किसी पदार्थ या व्यक्ति के सम्बन्ध में कुछ कहते हैं। यह कथन जिस व्यक्ति या पदार्थ के निमित्त होता है, वही उस मन्त्र का देवता होता है, परंतु यह स्मरण रखना चाहिये कि कौन मन्त्र, किस व्यक्ति या पदार्थ के लिये कब और कैसे

प्रयोग किया जाय, इसका निर्णय वेद का ब्राह्मण-भाग या तत्त्वज्ञ ऋषियों के शास्त्र-वचन ही करते हैं। एक ही मन्त्र का प्रयोग कई यज्ञिय अवसरों तथा कई कामनाओं के लिये मिलता है। ऐसी स्थिति में उस एक ही मन्त्र के अनेक देवता बताये जाते हैं। अतः उन निर्देशों के आधार पर ही कोई पदार्थ या व्यक्ति देवता कहा जाता है। मन्त्र के द्वारा जो प्रार्थना की गयी है, उसकी पूर्ति करने की क्षमता उस देवता में रहती है। लौकिक व्यक्ति या पदार्थ ही जहाँ देवता हैं, वहाँ वस्तुतः वह दृय जड पदार्थ ही जहाँ देवता हैं, वहाँ वस्तुतः वह दृय जड पदार्थ या अक्षम व्यक्ति देवता नहीं है, अपितु उसमें अन्तर्हित एक प्रभु-त्तिसम्पन्न देवता-तत्त्व है, जिससे हम प्रार्थना करते हैं। यही बात अभिमानीव्यपदेश शब्द से शास्त्रों में स्पष्ट की गयी है। लौकिक पदार्थ या व्यक्ति का अधिष्ठाता देवता-तत्त्व मन्त्रात्मक शब्द-तत्त्व से अभिन्न है, यह मीमांसा-दर्शन का विचार है। वेदान्तशास्त्र में मन्त्र से प्रतिपादित देवता-तत्त्व को शरीरधारी चेतन और अतीन्द्रिय कहा गया है। पुराणों में कुछ देवताओं के स्थान, चरित्र, इतिहास आदि का वर्णन करके भारतीय संस्कृति के इस देवता-तत्त्व के प्रभुत्व को हृदयंगम कराया गया है। निष्कर्ष यही है कि इच्छा की पूर्ति कर सकने वाले अतीन्द्रिय मन्त्र से प्रतिपादित तत्त्व को देवता कहते हैं और उस देवता का संकेत शास्त्र-वचनों से ही मिलता है। अतः वचनों के अनुसार अवसर-भेद से एक मन्त्र के विभिन्न देवता हो सकते हैं।

वेद के अंग, उपांग एवं उपवेद

वेदों के सर्वागींण अनुशीलन के लिये शिक्षा, कल्प, व्याकरण, निरुक्त छन्द और ज्योतिष-इन 6 अंगों के ग्रन्थ हैं। प्रतिपदसूत्र, अनुपद, छन्दोभाषा (प्रातिशाख्य), धर्मशास्त्र, न्याय तथा वैशेषिक- ये 6 उपांग ग्रन्थ भी उपलब्ध हैं। आयुर्वेद, धनुर्वेद, गान्धर्ववेद तथा स्थापत्यवेद-ये क्रमशरू चारों वेदों के उपवेद कात्यायन ने बतलाये हैं।

विशेष उपयोगी ग्रन्थ

वैदिक शब्दों के अर्थ एवं उनके प्रयोग की पूरी जानकारी के लिये वेदांग आदि शास्त्रों की व्यवस्था मानी गयी है। उसमें वैदिक स्वर और शब्दों की व्यवस्था के लिये शिक्षा तथा व्याकरण दोनों अंगों के ग्रन्थ वेद के विशिष्ट शब्दार्थ के उपयोग के लिये अलग-अलग उपांग ग्रन्थ प्रातिशाख्य हैं, जिन्हें वैदिक व्याकरण भी कहते हैं। प्रयोग-पद्धति की सुव्यवस्था के लिये कल्पशास्त्र माना जाता है। इसके चार भेद हैं- (1) श्रौतसूत्र, (2) गृह्यसूत्र, (3) धर्मसूत्र और (4) शुल्बसूत्र। इनका स्पष्टीकरण निम्न प्रकार हैं-

श्रौतसूत्र

इसमें श्रौत-अग्नि (आवहनीय-गार्हपत्य एवं दक्षिणाग्नि)- में होने वाले यज्ञ-सम्बन्धी विषयों का स्पष्ट निरूपण किया गया है।

गृह्यसूत्र

इसमें गृह्य (औपासन)-अग्नि में होने वाले कर्मों एवं उपनयन, विवाह आदि संस्कारों का निरूपण किया गया है।

धर्मसूत्र

इसमें वर्ण तथा आश्रम-सम्बन्धी धर्म, आचार, व्यवहार आदि का निरूपण है।

शुल्बसूत्र

इसमें यज्ञ-वेदी आदि के निर्माण की ज्यामितीय प्रक्रिया तथा अन्य तत्सम्बद्ध निरूपण है। इस प्रकार से प्रत्येक शाखा के लिये अलग-अलग व्याकरण और कल्पसूत्र हैं, जिससे उस शाखा का पूरा ज्ञान हो जाता है और कर्मानुष्ठान में सुविधा होती है। इस बात को भी ध्यान में रखना चाहिये कि यथार्थ में ज्ञानस्वरूप होते हुए भी वेदय कोई वेदान्त-सूत्र की तरह केवल दार्शनिक ग्रन्थ नहीं हैं, जहाँ केवल आध्यात्मिक चिन्तन का ही समावेश हो। ज्ञान-भण्डार में लौकिक और अलौकिक सभी विषयों का समावेश रहता है और साक्षात या परम्परा से ये सभी विषय परम तत्त्व की प्राप्ति में सहायक होते हैं। यद्यपि किसी दार्शनिक विषय का सांगोपांग विचार वेद में किसी एक स्थान पर नहीं मिलता, किंतु छोटे-से-छोटे तथा बड़े-से-बड़े तत्त्वों के स्वरूप का साक्षात दर्शन तो ऋषियों को हुआ था और वे सब अनुभव वेद में व्यक्त रूप से किसी न किसी स्थान पर वर्णित हैं। उनमें लौकिक और अलौकिक सभी बातें हैं। स्थूलतम तथा सूक्ष्मतम रूप से भिन्न-भिन्न तत्त्वों का परिचय वेद के अध्ययन से प्राप्त होता है। अतः वेद के सम्बन्ध में यह नहीं कहा जा सकता कि वेद का एक ही प्रतिपाद्य विषय है या एक ही दर्शन है या एक ही मन्तव्य है। यह तो साक्षात दृप्राप्त ज्ञान के स्वरूपों का शब्द-भण्डार है। इसी शब्दराशि के तत्त्वों को निकाल कर आचार्यों ने अपनी-अपनी अनुभूति, दृष्टि एवं गुरु-परम्परा के आधार पर विभिन्न दर्शनों तथा दार्शनिक प्रस्थानों (मौलिक दृष्टि से सुविचारित मतों)- का संचयन किया है। इस कारण भारतीय दृष्टि से वेद विश्व का संविधान है। अनुव्रतः पितुरू पुत्रो मात्रा भवतु संमनाः।

14

उपनिषद् एवं आरण्यक

उपनिषद् हिन्दू धर्म के महत्त्वपूर्ण श्रुति धर्मग्रन्थ हैं। ये वैदिक वांग्मय के अभिन्न भाग हैं। इनमें परमेश्वर, परमात्मा-ब्रह्म और आत्मा के स्वभाव और सम्बन्ध का बहुत ही दार्शनिक और ज्ञानपूर्वक वर्णन दिया गया है। उपनिषद ही समस्त भारतीय दर्शनों के मूल स्त्रोत हैं, चाहे वो वेदान्त हो या सांख्य या जैन धर्म या बौद्ध धर्म। उपनिषदों को स्वयं भी वेदान्त कहा गया है। दुनिया के कई दार्शनिक उपनिषदों को सबसे बेहतरीन ज्ञानकोश मानते हैं। उपनिषद् भारतीय सभ्यता की विश्व को अमूल्य धरोहर है। मुख्य उपनिषद 12 या 13 हैं। हरेक किसी न किसी वेद से जुड़ा हुआ है। ये संस्कृत में लिखे गये हैं। 17वी सदी में दारा शिकोह ने अनेक उपनिषदों का फारसी में अनुवाद कराया। 19वीं सदी में जर्मन तत्त्ववेता शोपेनहावर और मैक्समूलर ने इन ग्रन्थों में जो रुचि दिखलाकर इनके अनुवाद किए वह सर्वविदित हैं और माननीय हैं।

उपनिषद शब्द का अर्थ

उपनिषद् शब्द का साधारण अर्थ है - 'समीप उपवेशन' या समीप बैठना (ब्रह्म विद्या की प्राप्ति के लिए शिष्य का गुरु के पास बैठना)। यह शब्द 'उप', 'नि' उपसर्ग तथा, 'सद्' धातु से निष्पन्न हुआ है। सद् धातु के तीन अर्थ हैंरू विवरण-नाश होनाय गति-पाना या जानना तथा अवसादन-शिथिल होना। उपनिषद् में ऋषि और शिष्य के बीच बहुत सुन्दर और गूढ संवाद है जो पाठक को वेद के मर्म तक पहुंचाता है।

आध्यात्मिक चिंतन की अमूल्य निधि

उपनिषद भारतीय आध्यात्मिक चिंतन के मूलाधार है, भारतीय आध्यात्मिक दर्शन स्त्रोत हैं। वे ब्रह्मविद्या हैं। जिज्ञासाओं के ऋषियों द्वारा खोजे हुए उत्तर हैं। वे चिंतनशील ऋषियों की ज्ञानचर्चाओं का सार हैं। वे कवि-हृदय ऋषियों की काव्यमय आध्यात्मिक रचनाएँ हैं, अज्ञात की खोज के प्रयास हैं, वर्णनातीत परमशक्ति को शब्दों में बाँधने की कोशिशें हैं और उस निराकार, निर्विकार, असीम, अपार को अंतर्दृष्टि से समझने और परिभाषित करने की अदम्य आकांक्षा के लेखबद्ध विवरण हैं।

उपनिषदकाल के पहले : वैदिक युग

वैदिक युग सांसारिक आनंद एवं उपभोग का युग था। मानव मन की निश्चिंतता, पवित्रता, भावुकता, भोलेपन व निष्पापता का युग था। जीवन को संपूर्ण अल्हड़पन से जीना ही उस काल के लोगों का प्रेय व श्रेय था। प्रकृति के विभिन्न मनोहारी स्वरूपों को देखकर उस समय के लोगों के भावुक मनों में जो उद्‌गार स्वयंस्फूर्त आलोकित तरंगों के रूप में उभरे उन मनोभावों को उन्होंने प्रशस्तियों, स्तुतियों, दिव्यगानों व काव्य रचनाओं के रूप में शब्दबद्ध किया और वे वैदिक ऋचाएँ या मंत्र बन गए। उन लोगों के मन सांसारिक आनंद से भरे थे, संपन्नता से संतुष्ट थे, प्राकृतिक दिव्यताओं से भाव-विभोर हो उठते थे। अतः उनके गीतों में यह कामना है कि यह आनंद सदा बना रहे, बढ़ता रहे और कभी समाप्त न हो। उन्होंने कामना की कि इस आनंद को हम पूर्ण आयु सौ वर्षों तक भोगें और हमारे बाद की पीढियाँ भी इसी प्रकार तृप्त रहें। यही नहीं कामना यह भी की गई कि इस जीवन के समाप्त होने पर हम स्वर्ग में जाएँ और इस सुख व आनंद की निरंतरता वहाँ भी बनी रहे। इस उद्देश्य की प्राप्ति के लिए विभिन्न अनुष्ठान भी किए गए और देवताओं को प्रसन्न करने के आयोजन करके उनसे ये वरदान भी माँगे गए। जब प्रकृति करवट लेती थी तो प्राकृतिक विपदाओं का सामना होता था। तब उन विपत्तियों केकाल्पनिक नियंत्रक देवताओं यथा मरुत, अग्नि, रुद्र आदि को तुष्ट व प्रसन्न करने के अनुष्ठान किए जाते थे और उनसे प्रार्थना की जाती थी कि ऐसी विपत्तियों को आने न दें और उनके आने पर प्रजा की रक्षा करें। कुल मिलाकर वैदिक काल के लोगों का जीवन प्रफुल्लित, आह्लादमय, सुखाकांक्षी, आशावादी औरध जिजीविषापूर्ण था। उनमें विषाद, पाप या कष्टमय जीवन के विचार की छाया नहीं थी। नरक व उसमें मिलने वाली यातनाओं की कल्पना तक नहीं की गई थी। कर्म को यज्ञ और यज्ञ को ही कर्म माना

गया था और उसी के सभी सुखों की प्राप्ति तथा संकटों का निवारण हो जाने की अवधारणा थी। यह जीवनशैली दीर्घकाल तक चली। पर ऐसा कब तक चलता। एक न एक दिन तो मनुष्य के अनंत जिज्ञासु मस्तिष्क में और वर्तमान से कभी संतुष्ट न होने वाले मन में यह जिज्ञासा, यह प्रश्न उठना ही था कि प्रकृति की इस विशाल रंगभूमि के पीछे सूत्रधार कौन है, इसका सृष्टाधनिर्माता कौन है, इसका उद्गम कहाँ है, हम कौन हैं, कहाँ से आए हैं, यह सृष्टि अंततः कहाँ जाएगी। हमारा क्या होगा? शनैरू-शनैरू ये प्रश्न अंकुरित हुए। और फिर शुरू हुई इन सबके उत्तर खोजने की ललक तथा जिज्ञासु मन-मस्तिष्क की अनंत खोज यात्रा।

उपनिषदकालीन विचारों का उदय

ऐसा नहीं है कि आत्मा, पुनर्जन्म और कर्मफलवाद के विषय में वैदिक ऋषियों ने कभी सोचा ही नहीं था। ऐसा भी नहीं था कि इस जीवन के बारे में उनका कोई ध्यान न था। ऋषियों ने यदा-कदा इस विषय पर विचार किया भी था। इसके बीज वेदों में यत्र-तत्र मिलते हैं, परंतु यह केवल विचार मात्र था। कोई चिंता या भय नहीं। आत्मा शरीर से भिन्न तत्व है और इस जीवन की समाप्ति के बाद वह परलोक को जाती है इस सिद्धांत का आभास वैदिक ऋचाओं में मिलता अवश्य है परंतु संसार में आत्मा का आवागमन क्यों होता है, इसकी खोज में वैदिक ऋषि प्रवृत्त नहीं हुए। अपनी समस्त सीमाओं के साथ सांसारिक जीवन वैदिक ऋषियों का प्रेय था। प्रेय को छोड़कर श्रेय की ओर बढ़ने की आतुरता उपनिषदों के समय जगी, तब मोक्ष के सामने ग्रहस्थ जीवन निस्सार हो गया एवं जब लोग जीवन से आनंद लेने के बजाय उससे पीठ फेरकर संन्यास लेने लगे। हाँ, यह भी हुआ कि वैदिक ऋषि जहाँ यह पूछ कर शांत हो जाते थे कि यह सृष्टि किसने बनाई है? और कौन देवता है जिसकी हम उपासना करें? वहाँ उपनिषदों के ऋषियों ने सृष्टि बनाने वाले के संबंध में कुछ सिद्धांतों का निश्चय कर दिया और उस सत का भी पता पा लिया जो पूजा और उपासना का वस्तुतः अधिकार है। वैदिक धर्म का पुराना आख्यान वेद और नवीन आख्यान उपनिषद हैं।वेदों में यज्ञ-धर्म का प्रतिपादन किया गया और लोगों को यह सीख दी गई कि इस जीवन में सुखी, संपन्न तथा सर्वत्र सफल व विजयी रहने के लिए आवश्यक है कि देवताओं की तुष्टि व प्रसन्नता के लिए यज्ञ किए जाएँ। विश्व की उत्पत्ति का स्थान यज्ञ है। सभी कर्मों में श्रेष्ठ कर्म यज्ञ है। यज्ञ के कर्मफल से स्वर्ग की प्राप्ति होती है। ये ही सूत्र चारों ओर गुँजित थे। दूसरे, जब ब्राह्मण ग्रंथों

ने यज्ञ को बहुत अधिक महत्व दे दिया और पुरोहितवाद तथा पुरोहितों की मनमानी अत्यधिक बढ़ गई तब इस व्यवस्था के विरुद्ध प्रतिक्रिया हुई और विरोध की भावना का सूत्रपात हुआ। लोग सोचने लगे कि यज्ञों का वास्तविक अर्थ क्या है? उनके भीतर कौन सा रहस्य है? वे धर्म के किस रूप के प्रतीक हैं? क्या वे हमें जीवन के चरम लक्ष्य तक पहुँचा देंगे? इस प्रकार, कर्मकाण्ड पर बहुत अधिक जोर तथा कर्मकाण्डों को ही जीवन की सभी समस्याओं के हल के रूप में प्रतिपादित किए जाने की प्रवृत्ति ने विचारवान लोगों को उनके बारे में पुनर्विचार करने को प्रेरित किया। प्रकृति के प्रत्येक रूप में एक नियंत्रक देवता की कल्पना करते-करते वैदिक आर्य बहुदेववादी हो गए थे। उनके देवताओं में उल्लेखनीय हैं- इंद्र, वरुण, अग्नि, सविता, सोम, अश्विनीकुमार, मरुत, पूषन, मित्र, पितर, यम आदि। तब एक बौद्धिक व्यग्रता प्रारंभ हुई उस एक परमशक्ति के दर्शन करने या उसके वास्तविक स्वरूप को समझने की कि जो संपूर्ण सृष्टि का रचयिता और इन देवताओं के ऊपर की सत्ता है। इस व्यग्रता ने उपनिषद के चिंतनों का मार्ग प्रशस्त किया।

उपनिषदों का स्वरूप

उपनिषद चिंतनशील एवं कल्पाशील मनीषियों की दार्शनिक काव्य रचनाएँ हैं। जहाँ गद्य लिख गए हैं वे भी पद्यमय गद्य-रचनाओं में ऐसी शब्द-शक्ति, ध्वन्यात्मकता, लव एवं अर्थगर्भिता है कि वे किसी दैवी शक्ति की रचनाओं का आभास देते हैं। यह सचमुच अत्युक्ति नहीं है कि उन्हें मंत्र या ऋचा कहा गया। वास्तव में मंत्र या ऋचा का संबंध वेद से है परंतु उपनिषदों की हमत्ता दर्शाने के लिए इन संज्ञाओं का उपयोग यहाँ भी कतिपय विद्वानों द्वारा किया जाता है। उपनिषद अपने आसपास के दृश्य संसार के पीछे झाँकने के प्रयत्न हैं। इसके लिए न कोई उपकरण उपलब्ध हैं और न किसी प्रकार की प्रयोग-अनुसंधान सुविधाएँ संभव है। अपनी मनश्चेतना, मानसिक अनुभूति या अंतर्दृष्टि के आधार पर हुए आध्यात्मिक स्फुरण या दिव्य प्रकाश को ही वर्णन का आधार बनाया गया है। उपनिषद अध्यात्मविद्या के विविध अध्याय हैं जो विभिन्न अंतरूप्रेरित ऋषियों द्वारा लिखे गए हैं। इनमें विश्व की परमसत्ता के स्वरूप, उसके अवस्थान, विभिन्न प्राकृतिक शक्तियों के साथ उसके संबंध, मानवीय आत्मा में उसकी एक किरण की झलक या सूक्ष्म प्रतिबिंब की उपस्थिति आदि को विभिन्न रूपकों और प्रतीकों के रूप में वर्णित किया गया है। सृष्टि के उद्घगम एवं उसकी रचना के संबंध में गहन चिंतन तथा स्वयंफूर्त कल्पना

से उपजे रूपांकन को विविध बिंबों और प्रतीकों के माध्यम से प्रस्तुत करने का प्रयत्न किया गया है। अंत में कहा यह गया कि हमारी श्रेष्ठ परिकल्पना के आधार पर जो कुछ हम समझ सके, वह यह है। इसके आगे इस रहस्य को शायद परमात्मा ही जानता हो और शायद वह भी नहीं जानता हो।

संक्षेप में, वेदों में इस संसार में दृश्यमान एवं प्रकट प्राकृतिक शक्तियों के स्वरूप को समझने, उन्हें अपनी कल्पनानुसार विभिन्न देवताओं का जामा पहनाकर उनकी आराधना करने, उन्हें तुष्ट करने तथा उनसे सांसारिक सफलता व संपन्नता एवं सुरक्षा पाने के प्रयत्न किए गए थे। उन तक अपनी श्रद्धा को पहुँचाने का माध्यम यज्ञों को बनाया गया था। उपनिषदों में उन अनेक प्रयत्नों का विवरण है जो इन प्राकृतिक शक्तियों के पीछे की परमशक्ति या सृष्टि की सर्वोच्च सत्ता से साक्षात्कार करने की मनोकामना के साथ किए गए। मानवीय कल्पना, चिंतन-क्षमता, अंतर्दृष्टि की क्षमता जहाँ तक उस समय के दार्शनिकों, मनीषियों या ऋषियों को पहुँचा सकीं उन्होंने पहुँचने का भरसक प्रयत्न किया। यही उनका तप था।

विषय-वस्तु

वेद के चार भाग हैं—संहिता, ब्राह्मण, आरण्यक और उपनिषद्।

(1) संहिता में वैदिक देवी देवताओं की स्तुति के मंत्र हैं।

(2) ब्राह्मण में वैदिक कर्मकाण्ड और यज्ञों का वर्णन है।

(3) आरण्यक में कर्मकाण्ड और यज्ञों की रूपक कथाएँ और तत् सम्बन्धी दार्शनिक व्याख्याएँ हैं और

(4) उपनिषद् में वास्तविक वैदिक दर्शन का सार है।

उपनिषद् में आत्म और अनात्म तत्त्वों का निरूपण किया गया है जो वेद के मौलिक रहस्यों का प्रतिपादन करता है। प्रायः उपनिषद् वेद के अन्त में ही आते हैं। इसलिए ये वेदान्त के नाम से भी प्रख्यात हैं। वैदिक धर्म के मौलिक सिद्धान्तों को तीन प्रमुख ग्रन्थ प्रमाणित करते हैं जो प्रस्थानत्रयी के नाम से विख्यात हैं, ये हैं—उपनिषद्, ब्रह्मसूत्र और श्रीमद्भगवद्गीता।

उपनिषद् ब्रह्म विद्या का द्योतक है। कहते हैं इस विद्या के अभ्यास से मुमुक्षुजन की अविद्या, नष्ट हो जाती है (विवरण)य वह ब्रह्म की प्राप्ति करा देती है (गति)य जिससे मनुष्यों के गर्भवास आदि सांसारिक दुरूख सर्वथा शिथिल हो जाते हैं (अवसादन)। फलतः उपनिषद् वे 'तत्त्व' प्रतिपादक ग्रंथ माने जाते हैं जिनके अभ्यास से मनुष्य को ब्रह्म अथवा परमात्मा का साक्षात्कार होता है।

108 उपनिषद एवं उनका वर्गीकरण–108 उपनिषदों को निम्नलिखित श्रेणियों में विभाजित किया जाता है–

(1) ऋग्वेदीय– 10 उपनिषद्

(2) शुक्ल यजुर्वेदीय– 19 उपनिषद्

(3) कृष्ण यजुर्वेदीय– 32 उपनिषद्

(4) सामवेदीय– 16 उपनिषद्

(5) अथर्ववेदीय– 31 उपनिषद्

कुल– 108 उपनिषद्

इनके अतिरिक्त नारायण, नृसिंह, रामतापनी तथा गोपाल चार उपनिषद् और हैं।

मुख्य उपनिषद

विषय की गम्भीरता तथा विवेचन की विशदता के कारण 13 उपनिषद् विशेष मान्य तथा प्राचीन माने जाते हैं।

जगद्गुरु आदि शंकराचार्य ने 10 पर अपना भाष्य दिया है–

(1) ईश, (2) ऐतरेय (3) कठ (4) केन (5) छांदोग्य (6) प्रश्न (7) तैत्तिरीय (8) बृहदारण्यक (9) मांडूक्य और (10) मुंडक।

उन्होने निम्न तीन को प्रमाण कोटि में रखा है–

(1) श्वेताश्वतर (2) कौषीतकि तथा (3) मैत्रायणी।

अन्य उपनिषद् तत्तद् देवता विषयक होने के कारण तांत्रिक माने जाते हैं। ऐसे उपनिषदों में शैव, शाक्त, वैष्णव तथा योग विषयक उपनिषदों की प्रधान गणना है।

प्रतिपाद्य विषय

डॉ. डासन, डॉ. बेल्वेकर तथा रानडे ने उपनिषदों का विभाजन प्रतिपाद्य विषय की दृष्टि से इस प्रकार किया है–

प्राचीनतम

1. ईश, 2. ऐतरेय, 3. छांदोग्य, 4. प्रश्न, 5. तैत्तिरीय, 6. बृहदारण्यक, 7. मांडूक्य और 8. मुंडक।

प्राचीन

1. कठ, 2. केन।

अवांतरकालीन

1. कौषीतकि, 2. मैत्री (मैत्राणयी) तथा 3. श्वेताश्वतर।

भाषा तथा उपनिषदों के विकास क्रम के आधार पर

भाषा तथा उपनिषदों के विकास क्रम की दृष्टि से डॉ. डासन ने उनका विभाजन चार स्तर में किया है–

1. गद्यात्मक उपनिषद्–

1. ऐतरेय, 2. केन, 3. छांदोग्य, 4. तैत्तिरीय, 5. बृहदारण्यक तथा 6. कौषीतकि।

इनका गद्य ब्राह्मणों के गद्य के समान सरल, लघुकाय तथा प्राचीन है।

2.पद्यात्मक उपनिषद्–

1. ईश, 2. कठ, 3. श्वेताश्वतर तथा नारायण।

इनका पद्य वैदिक मंत्रों के अनुरूप सरल, प्राचीन तथा सुबोध है।

3. अवांतर गद्योपनिषद्–

1.प्रश्न, 2.मैत्री (मैत्रायणी) तथा 3.मांडूक्य।

4. आथर्वण (अर्थात् कर्मकाण्डी) उपनिषद्–

अन्य अवांतरकालीन उपनिषदों की गणना इस श्रेणी में की जाती है।

उपनिषदों की भौगोलिक स्थिति एवं काल

उपनिषदों की भौगोलिक स्थिति मध्यदेश के कुरुपांचाल से लेकर विदेह (मिथिला) तक फैली हुई है। उपनिषदों के काल के विषय मे निश्चित मत नही है पर उपनिषदो का काल 3000 ईसा पूर्व से 3500 ई पू माना गया है। वेदो का रचना काल भी यही समय माना गया है। उपनिषद् काल का आरम्भ बुद्ध से पर्याप्त पूर्व है। ग्रेट एजेज आफ मैन के सम्पादक इसे लगभग 800 ई.पू. बतलाते हैं।

उपनिषदों के रचनाकाल के सम्बन्ध में विद्वानों का एक मत नहीं है। कुछ उपनिषदों को वेदों की मूल संहिताओं का अंश माना गया है। ये सर्वाधिक प्राचीन हैं। कुछ उपनिषद 'ब्राह्मण' और 'आरण्यक' ग्रन्थों के अंश माने गये हैं। इनका रचनाकाल संहिताओं के बाद का है। उपनिषदों के काल के विषय मे निश्चित मत नही है समान्यत उपनिषदो का काल रचनाकाल 3000 ईसा पूर्व से 500 ईसा पूर्व माना गया है। उपनिषदों के काल-निर्णय के लिए निम्न मुख्य तथ्यों को आधार माना गया है–

- पुरातत्व एवं भौगोलिक परिस्थितियां
- पौराणिक अथवा वैदिक घषियों के नाम
- सूर्यवंशी-चन्द्रवंशी राजाओं के समयकाल
- उपनिषदों में वर्णित खगोलीय विवरण

आरण्यक

ब्राह्मण ग्रन्थ के जो भाग अरण्य में पठनीय हैं, उन्हें आरण्यक कहा गया या यों कहें कि वेद का वह भाग, जिसमें यज्ञानुष्ठान-पद्धति, याज्ञिक मन्त्र, पदार्थ एवं फलादि में आध्यात्मिकता का संकेत दिया गया, वे आरण्यक हैं। जो मनुष्य को आध्यात्मिक बोध की ओर झुका कर सांसारिक बंधनों से ऊपर उठते हैं। वानप्रस्थाश्रम में संसार-त्याग के उपरांत अरण्य में अध्ययन होने के कारण भी इन्हें आरण्यक कहा गया। आरयण्कों में दार्शनिक एवं रहस्यात्मक विषयों यथा, आत्मा, मृत्यु, जीवन आदि का वर्णन होता है। इन ग्रंथों को आरयण्क इसलिए कहा जाता है क्योंकि इन ग्रंथों का मनन अरण्य अर्थात् वन में किया जाता था। ये ग्रन्थ अरण्यों (जंगलों) में निवास करने वाले संन्यासियों के मार्गदर्शन के लिए लिखे गए थे। आरण्यकों में ऐतरेय आरण्यक, शांखायन्त आरण्यक, बृहदारण्यक, मैत्रायणी उपनिषद् आरण्यक तथा तवलकार आरण्यक (इसे जैमिनीयोपनिषद् ब्राह्मण भी कहते हैं) मुख्य हैं। ऐतरेय तथा शांखायन ऋग्वेद से, बृहदारण्यक शुक्ल यजुर्वेद से, मैत्रायणी उपनिषद् आरण्यक कृष्ण यजुर्वेद से तथा तवलकार आरण्यक सामवेद से सम्बद्ध हैं। अथर्ववेद का कोई आरण्यक उपलब्ध नहीं है। आरण्यक ग्रन्थों में प्राण विद्या मी महिमा का प्रतिपादन विशेष रूप से मिलता है। इनमें कुछ ऐतिहासिक तथ्य भी हैं, जैसे- तैत्तिरीय आरण्यक में कुरू, पंचाल, काशी, विदेह आदि महाजनपदों का उल्लेख है।

वेद एवं संबधित आरयण्क

	वेद	सम्बन्धित आरण्यक
1.	ऋग्वेद	ऐतरेय आरण्यक, शांखायन आरण्यक या कौषीतकि आरण्यक
2.	यजुर्वेद	बृहदारण्यक, मैत्रायणी, तैत्तिरीयारण्यक
3.	सामवेद	जैमनीयोपनिषद या तवलकार आरण्यक
4.	अथर्ववेद	कोई आरण्यक नहीं

आरण्यक-साहित्य की पृष्ठभूमि

स्थूल के विरुद्ध सूक्ष्म के प्रति आकर्षण स्वभावतः उत्पन्न हो जाता है। श्रौतयागों के सन्दर्भ में भी, जनमानस में, विशेष रूप से प्रबुद्ध वर्ग में, इसी प्रकार का आकर्षण शनैःशनैः उत्तरोत्तर अभिवृद्ध हुआ। यज्ञ के द्रव्यात्मक स्वरूप के बहुविध स्वरूपदृविस्तार में, जब उसका वास्तविक मर्म ओझल होने लगा, तो यह आवश्यकता गहराई से अनुभव की गई कि श्रौतयागों की आध्यात्मिक व्याख्या की जाए। ब्राह्मण ग्रन्थों के उत्तरार्द्‌ध में, इसी दृष्टिकोण को प्रधानता प्राप्त हुई और उसमें वैदिक यागों के अन्तर्तम में निहित गम्भीर अर्थवत्ता, वास्तविक मर्म और आध्यात्मिक रहस्यों के सन्धान के लिए जिस चिन्तन को आकार मिला, उसी का नामकरण आरण्यकदृसाहित्य के रूप में हुआ। आरण्यक ग्रन्थ ब्राह्मण ग्रन्थों एवं उपनिषदों के मध्य की कड़ी है। उपनिषदों में जिन आध्यात्मिक तत्त्वों को हम अत्युच्च शिखर पर आरूढ़ देखते हैं, उनकी पृष्ठभूमि आरण्यकों में ही निहित है। वेदोक्त सामाजिक व्यवस्था में, आश्रमदृप्रणाली का विशेष महत्त्व है। ब्राह्मणग्रन्थोक्त श्रौतयागों के अनुष्ठान के अधिकारी गृहस्थाश्रमी माने गए हैं। इसके पश्चात् वानप्रस्थाश्रम में प्रविष्ट व्यक्तियों के लिए, वैदिक वाङ्मय में, आरण्यकदृसाहित्य विशेष उपादेय समझा गया है। पचास वर्ष से अधिक अवस्था वाले ऐसे व्यक्तियों में जो श्रौतायोगों के स्थूल द्रव्यात्मक स्वरूप से सुपरिचित थे, अब इस स्वरूप के वास्तविक मर्म की जिज्ञासा स्वभावतः अधिक थी। इन्हीं की बौद्धिक जिज्ञासाओं के शमन के लिए आरण्यकदृसाहित्य का प्रणयन हुआ।

नामकरण और महत्त्व

आरण्यक नाम से स्पष्ट है कि इन ग्रन्थों का घनिष्ठ सम्बन्ध अरण्य अथवा वन से है। अरण्यों के एकान्त वातावरण में, गम्भीर आध्यात्मिक रहस्यों के अनुसन्धान की चेष्टा स्वाभाविक ही नहीं, सुकर भी थी। आरण्यकों में सकाम कर्म के अनुष्ठान तथा उसके फल के प्रति आसक्ति की भावना विद्यमान नहीं दिखलाई देती। इसी कारण इनका आध्यात्मिक महत्त्व ब्राह्मण ग्रन्थों की अपेक्षा अधिक है। उपनिषदों के तत्त्वज्ञान को समझने के लिए भी आरण्यकों का पहले अनुशीलन आवश्यक है। उपनिषदों में बहुसंख्यक ऐसे प्रसंग हैं, जिनके यथार्थ परिज्ञान के लिए उनके उन मूलाधारों को जानना आवश्यक है, जो आरण्यकों में निहित हैं। भाषा की दृष्टि से भी आरण्यक साहित्य महत्त्वपूर्ण है, क्योंकि इनका प्रणयन वैदिकी और

लौकिक संस्कृत की मध्यवर्तनी भाषा में हुआ है। कर्मकाण्ड की दृष्टि से ब्राह्मण एवं आरण्यक परस्पर अत्यधिक सम्बद्ध हैं, इसलिए बौधायन धर्मसूत्र में, आरण्यकों को भी ब्राह्मण आख्या से संयुक्त किया गया है—

विज्ञायते कर्मादिष्वेतैर्जुहुयात् पूतो देवलोकात् समश्नुते इति हि ब्राह्मणमिति हि ब्राह्मण।

तैत्तिरीयारण्यक-भाष्यभूमिका में सायणाचार्य का कथन है कि अरण्यों अर्थात् वनों में पढ़े-पढ़ाये जाने के कारण आरण्यक नामकरण सम्पन्न हुआ—अरण्याध्ययना-देतदारण्यकमितीर्यते। अरण्ये तदधीयीतेत्येवं वाक्यं प्रवक्ष्यते।। ब्रह्मचर्य के नियमों का पालन करने वाला ही इन ग्रन्थों के अध्ययन का अधिकारी है—एतदारण्यकं सर्व नाव्रती श्रोतुमर्हति। व्युत्पत्ति की दृष्टि से आरण्यक शब्द अरण्य में वु (भावार्थक) प्रत्यय के योग से निष्पन्न होता है—इस प्रकार से इसका अर्थ है, अरण्य में होने वाला - अरण्ये भवमिति आरण्यम। बृहदारण्यक में भी इसी का समर्थन किया गया है—अरण्येऽनूच्यमानत्वात् आरण्यकम। उपर्युक्त विवरण से यह स्पष्ट है कि आरण्यकों का अध्ययन सामान्यतः वनों में ही किया जाता था, किन्तु यह अनिवार्यता नहीं थी। तैत्तियारण्यक के कुछ अंशों से विदित होता है कि वैदिकयुग में, वनों के साथ ही ग्रामों में भी कोई बन्धन नहीं था। यही नहीं, चलते हुए, बैठे हुए, लेटे हुए तथा निद्रोन्मुख स्थितियों में भी कोई यदि इनका अध्ययन कर लेता था, तो वह सभी लोकों की उपलब्धि का भाजन हो जाता था। इससे स्पष्ट है कि प्रारम्भ में, आरण्यकों का अनुशीलन सर्वत्र किया जाता था, किन्तु कालान्तर में इन्हें वनों में ही पढ़े जाने को अधिक श्रेयस्कर माना जाने लगा।

पाश्चात्य विद्वानों का मन ब्राह्मण ग्रन्थों में यद्यपि कम रमा है, किन्तु उन्होंने भी आरण्यकों की प्रशंसा उन्मुक्त हृदय से की है। ओल्डेनबर्ग और मैक्डॉनेल जैसे मनीषी इन पवित्र ग्रन्थों की गरिमा से पूर्णतया आश्वस्त प्रतीत होते हैं। महाभारत में कहा गया है कि जैसे दधि से नवनीत, मलयगिरि से चन्दन और औषधियों से अमृत प्राप्त किया जाता है, उसी प्रकार वेदों से आरण्यक ले लिया जाता है।

आरण्यकों का ब्राह्मणों के साथ सम्बन्ध

आरण्यक—ग्रन्थ ब्राह्मणदृग्रन्थों की ही शृंखला में, वस्तुतः, उनके उत्तरार्द्ध भाग में संकलित हैं। कर्मकाण्ड के साथ दोनों का ही सम्बन्ध है, इसलिए ये एक ही परम्परा से अनुस्यूत हैं। राजा जनक के द्वारा सर्वश्रेष्ठ सत्त्वेत्ता को 100 गाय देने की आख्यायिका शतपथ ब्राह्मण के साथ ही बृहदारण्यक में भी उपलब्ध होती है।

बृहदारण्यक में केवल इतनी विशिष्टता है कि उसमें याज्ञवल्क्य और तत्कालीन अन्य तत्वचिन्तकों के मध्य हुआ दार्शनिक तत्वों पर विशद विचार-विमर्श भी सम्मिलित है। इससे स्पष्ट है कि आरण्यक भाग ब्राह्मणग्रन्थों पर निर्भर है। इस सन्दर्भ में, इतना और ज्ञातव्य है कि आरण्यक-ग्रन्थ ब्राह्मणग्रन्थों के विशद तथा दार्शनिक स्वरूप के परिचायक है। डॉ. राधाकृष्णन के अनुसार ब्राह्मणग्रन्थों में उन कर्मकाण्डों का विवेचन है, जिनका विधान गृहस्थ के लिए था, किन्तु वृद्धावस्था में जब वह वनों का आश्रय लेता है तो, कर्मकाण्ड के स्थान पर किसी अन्य वस्तु की उसे आवश्यकता होती थी और आरण्यक उसी विषय की पूर्ति करते हैं।

आरण्यकों का मुख्य प्रतिपाद्य विषय भी याज्ञिक कर्मकाण्ड के दार्शनिक पक्ष का उदघाटन है। दुर्गाचार्य ने निरुक्त-भाष्य में ऐतरेयके रहस्य-ब्राह्मणे कहकर आरण्यकों के लिए रहस्य-ब्राह्मण नाम का उल्लेख किया है। गोपथ ब्राह्मण में भी रहस्य शब्द का व्यवहार इस सन्दर्भ में दिखलाई देता है।

आरण्यकों का मुख्य प्रतिपाद्य-विषय

आचार्य बलदेव उपाध्याय के अनुसार, आरण्यक यज्ञ के गूढ़ रहस्य का प्रतिपादन करते हैं। रहस्य शब्द से अभिहित की जाने वाली ब्रह्मविद्या की भी इसमें सत्ता है। आरण्यकों का मुख्य प्रतिपाद्य विषय प्राणविद्या तथा प्रतीकापासना है। वे प्राणविद्या को अपनी अनोखी सूझ नहीं बतलाते, प्रत्युत ऋग्वेद के मन्त्रों को अपनी पुष्टि में उदधृत करते हैं, जिनमें प्राणविद्या की दीर्घकालीन परम्परा का इतिहास मिलता है। उपनिषदों के समान आरण्यक-ग्रन्थ भी एक ही मूलसत्ता को मानते हैं, जिसका विकास इस सृष्टि के रूप में हुआ है। विभिन्न वस्तुओं में एक ही तत्त्व कैसे अनुस्यूत है, इसका निरूपण ऐतरेयारण्यक में इस प्रकार से हुआ है–

एतं ह्येव बह्वृचा महत्युक्थे मीमांसन्त एतमग्नावध्वर्यव एतं महाव्रते छन्दोगा एतमस्यामेतं दिव्येतं वायावेतमाकाश

एतमप्स्वेतमोषधीष्वेतं वनस्पतिष्वेतं चन्द्रमस्येतं नक्षत्रेष्वेतं सर्वेषु भूतेष्वेतमेव ब्रह्म इत्याचक्षते।

तैत्तिरीय-आरण्यक में काल का निदर्शन बहुत सुन्दरता से किया गया है। काल निरन्तर प्रवाहमान है। अखण्ड संवत्सर के रूप में हम इसी पारमार्थिक काल के दर्शन करते हैं। व्यावहारिक काल अनेक तथा अनित्य है। व्यवहार की दृष्टि से उसके अनेक भाग मुहूर्त्त, दिन, रात, पक्ष, मास इत्यादि रूपों में किए जाने पर भी वस्तुतः वह एकरूप अथवा एकाकार ही रहता है। इस सन्दर्भ में नदी का दृष्टान्त

दिया गया है, जो अक्षय्य स्रोत से प्रवाहित होती है, जिसे नाना सहायक नदियाँ आकर पुष्ट बनाती हैं, तथा जो विस्तीर्ण होकर भी नहीं सूखती हैं। यही स्थिति काल के सन्दर्भ में संवत्सर की है–

नदीव प्रभवात् काचिदक्षय्यात् स्यन्दते यथा।
तां नद्योऽभिसमायान्ति सोरुः सती न निवर्तते।।
एवं नाना समुत्थानाः कालाः संवत्सरं श्रिताः।

प्राणविद्या के महत्त्व का निरूपण आरण्यकों में विशेष रूप से है। ऐतेरेयदृआरण्यक का यह विशिष्ट प्रतिपाद्य है। तदनुसार प्राण इस विश्व का धारक है, प्राण की शक्ति से जैसे यह आकाश अपने स्थान पर स्थित है, उसी प्रकार सर्वोच्च प्राणी से लेकर चींटी तक समस्त प्राणी इसी प्राण के द्वारा प्रतिष्ठित हैं–

सोऽयमाकाशः प्राणेन बृहत्या विष्टबधः, तद्यथायमाकाशः प्राणेन बृहत्या विष्टब्ध एवं सर्वाणि भूतान्यापिपीलिकाभ्यः प्राणेन बृहत्या विष्टब्धानीत्येवं विद्यात

प्राण ही आयु का कारण है, कौषीतकि-उपनिषद् से भी इसकी पुष्टि होती हैदृयावद्ध्यस्मिन् शरीरे प्राणो वसति तावदायुः। इसीलिस जैसे पुत्र अपने सत्कर्मों से पिता की सेवा करता है, उसी प्रकार अन्तरिक्ष और वायु भी प्राण की सेवा में संलग्न रहते हैं–

प्राणेन सृष्टावन्तरिक्षं च वायुश्च।
अन्तरिक्षं वा अनुचरन्ति अन्तरिक्षमनुश्रृण्वन्ति।
वायुरस्मै पुण्यं गन्धमावहति।
एवमेतौ प्राणंपतरं परिचरतोऽन्तरिक्षं च वायु।

सभी ऋचाएँ, यहाँ तक की सभी वेद और ध्वनियाँ प्राण में ही सन्निहित है–

ता वा एताः सर्वा ऋचः सर्वे घोषाः एकैव व्याहतिः
प्राण एव प्राण ऋच इत्येवं विद्यात।

प्राण के विभिन्न रूपों के ध्यान से ध्याता को विभिन्न फलों की प्राप्ति होती है। अहोरात्र के रूप में प्राण कालात्मक है। प्रातःकाल प्राण का प्रसरण दिखलाई पड़ता है। सायंकाल इन्द्रियों में जो संकोच आता है, वह प्राण के कारण ही है। हिरण्यदन नामक ऋषि ने प्राण की देवात्मक रूप में उपासना की थी। ऐतरेय आरण्यक में ही प्राणों की ऋषिरूप में भी उपासना निर्दिष्ट है। गृत्समद, विश्वामित्र, वामदेव, अत्रि, भारद्वाज, वसिष्ठ प्रभृति सभी ऋषि प्राण ही हैं। गृत्समद नाम में विद्यमान गृत्स और मद का, इस सन्दर्भ में पृथकदृपृथक निर्वचन करते हुए कहा गया है कि शयन ही

के समय वाक्, चक्षु इत्यादि इन्द्रियों के निगरण करने के कारण गृत्स है और रीतिदृक्रिया के समय वीर्यस्लखन रूप मद को उत्पन्न करने के कारण मद कहलाता है। इस प्रकार गृत्समद का तात्पर्य है प्राण और अपान का संयोग। प्राण ही विश्वामित्र है, क्योंकि समस्त विश्व इस प्राण देवता का भोग्य होने के कारण मित्र हैदृविश्वः मित्रं यस्य असौ विश्वामित्रः। वामदेव नामगत वाम शब्द प्राण की वन्दनीया, भजनीयता और सेवानीयता का द्योक है। समस्त विश्व को पाप से बचाने के कारण अत्रि भी प्राण ही है—सर्व पाप्मनोऽत्रायत इति अत्रिः। भरद्वाज के सन्दर्भ में कहा गया है कि गति सम्पन्न होने से मनुष्य देह वाज है और प्राण इस शरीर में प्रवेश करके निरन्तर उसका भरण करता है। वसिष्ठ भी प्राण ही है, क्योंकि इस शरीर में इन्द्रियों के निवास करने का कारण प्राण ही है। इस प्रकार, ऋषि—भावना से प्राणोपासना का निर्देश आरण्यकों में अन्त्यन्त विस्तार से उपलबध होता है। मैत्रायणी—आरण्यक में प्राण, अग्नि और परमात्मा शब्दों को समानार्थक बतलाया गया है—प्राणोऽग्निः परमात्मा।

ऐतिहासिक सन्दर्भों में उपादेय अनेक तथ्यों का परिज्ञान भी आरण्यकों से होता है। तदनुसार यज्ञोपवीत का सर्वप्रथम उल्लेख तैत्तिरीय आरण्यक में है। वहाँ कहा गया है कि यज्ञोपवीत—धारण करके जो व्यक्ति यज्ञानुष्ठान करता है, उसका यज्ञ भलीभाँति स्वीकार किया जाता है—ऐसा यज्ञोपवीतधारी व्यक्ति जो कुछ भी पढ़ता है, वह यज्ञ ही है। श्रमण शब्द का प्रयोग तैत्तिरीय आरण्यक में तपस्वी के अर्थ में हुआ है। कालान्तर से, बौद्ध काल में, यह शब्द बौद्धभिक्षुओं का ज्ञापक बन गया। इसी आरण्यक में एक सहस्र धुरों वाले, बहुसंख्यक चक्रों वाले तथा सहस्र अश्वों वाले एक विलक्षण रथ का वर्णन है। काण्वशाखीय बृहदारण्यक में सन्यास का विधान स्पष्ट शब्दों में है। कहा गया है कि आत्मा का ज्ञान प्राप्त करने के पश्चात् ही कोई मुनि होता है। इसी ब्रह्मलोक की इच्छा से संन्यासी संन्यास धारण करते हैं।

आरण्यकों के प्रवचनकर्ता

अधिकांश आरण्यक ब्राह्मणग्रन्थों के अन्तिम भाग हैं, इसलिए उन ब्राह्मणों के प्रवचनकर्ता ही, कतिपय अपवादों को छोड़कर, आरण्यकों के प्रवचनकर्ता हैं। उदाहरण के लिए ऐतरेय आरण्यक परम्परा के अनुसार, ऐतरेय-ब्राह्मण का अन्तिम भाग है, इसलिए ऐतरेय-ब्राह्मण के प्रवक्ता महिदास ऐतरेय को ही ऐतरेय-आरण्यक (तृतीय आरण्यक तक) का भी प्रवचनकर्ता माना जाता है। इस प्रकार का उल्लेख भी ऐतरेय-आरण्यक में है-एतद्ध स्म वै तद्विद्वानाह महिदास ऐतरेयः। यद्यपि प्रो. कीथ इस उल्लेख को ही आधार मानकर महिदास को ऐतरेयारण्यक की रचना का श्रेय नहीं

देते, किन्तु अधिकांश विद्वान उनसे असहमत हैं। इसलिए यह निश्चित है कि ऐतरेय आरण्यक के तृतीय आरण्यकान्त भाग के प्रवचनकर्ता महिदास ऐतरेय ही हैं। इनका विशद परिचय ऐतरेय-ब्राह्मण के अन्तर्गत दिया जा चुका है। ऐतरेय आरण्यक के अन्तर्गत चतुर्थारण्यक के प्रवचनकर्ता आश्वलायन तथा पूचम के शौनक माने जाते हैं। ऐतरेयारण्यक के भाष्य में सायण की भी यही धारणा है-अतएव पूचमे शौनकेनोदाहताः। ताश्च पूचमे शौनकेन शाखान्तरमाश्रित्य पठिताः।

शांखायन–आरण्यक के द्रष्टा का नाम गुणाख्य शाङ्खायन है। इनके गुरु का नाम था कहोल कौषीतकि, जैसा कि इस आरण्यक के 15वें अध्याय में सुस्पष्ट उल्लेख है–नमो ब्रह्मणे नम आचार्येभ्यो गुणाख्याच्छाङ्खायनादस्माभिरधीतं गुणाख्यः शाङ्खायनः कहोलात्कौषीतकेः। बृहदारण्यक क प्रवचनकर्ता, परम्परा से महर्षि याज्ञवल्क्य माने जाते हैं, क्योंकि वही सम्पूर्ण शतपथ–ब्राह्मण के प्रवक्ता हैं और बृहदारण्यक शतपथान्तर्गत ही है। सायणाचार्य के अनुसार तैत्तिरीय–आरण्यक के रूप में प्रख्यात कृष्णयजुर्वेदीय आरण्यक के दृष्टा ऋषि कठ हैं–इस प्रकार इसे काठक–आरण्यक के नाम से अभिहित किया जाना चाहि–

कठन मुनिना दृष्टं काठकं परिकीर्तूयते।
सावित्रो नाचिकेतश्च चातुर्होत्रस्तृतीयकः।।
तुर्यो वैश्वसृजस्तद्वद् वह्निरारुणकेतुकः।
स्वाध्यायब्राह्मणं चेति सर्व काठकमीरितम।।

मैत्रायणीय-आरण्यक ही मैत्रायणीय-उपनिषद् के रूप में विख्यात है। जैमिनीयोपनिषद ब्राह्मण, सामवेद के अन्तर्गत् तलवकार-आरण्यक के नाम से प्रसिद्ध है। इसके अन्त में कश्यप से गुप्त लौहित्य तक ऋषि-नामों की सुदीर्घ शृंखला दी गई है।

आरण्यकों का देश-काल

आरण्यकों का देश-काल वही है, जो ब्राह्मणग्रन्थों का है। तैत्तिरीयारण्यक में गंगा-यमुना का तटवर्ती मध्यदेश अत्यन्त पवित्र तथा मुनियों का निवास बतलाया गया है। इसी आरण्यक में आगे कुरुक्षेत्र तथा खाण्डवन का वर्णन है, जिससे ज्ञात होता है कि इसका सम्बन्ध कुरुपाचाल जनपदों से रहा है। शांखायन आरण्यक में उशीनर, मत्स्य, कुरु-पांचाल और काशी तथा विदेह जनपदों का वर्णन है। मैत्रायणीय-आरण्यक में तत्कालीन भारत के अनेक प्रतापी सम्राटों के नाम मिलते हैं–अथ किमेतैर्वा परेऽन्ये महाधनुर्धराश्चक्रवर्तिनः।

केचित् सुद्युम्न-भूरिद्युम्न-इन्द्रद्युम्न-कुवलयाश्च-यौवनाश्ववध्र्यश्व-अश्वपति-शशबिन्दु-हरिश्चन्द्र-अम्बरीषनन्क्तु-शर्याति-ययाति-अनरणि- अक्षसेनादयः।

उपर्युक्त उल्लेखों से स्पष्ट है कि आरण्यकग्रन्थों का प्रदेश प्राचीन भारत का प्रायः मध्यभाग है।

आरण्यकों की भाषा एवं शैली

आरण्यकों की भाषा सामान्यतः ब्राह्मणों के सदृश ही हैं ऐतरेयदृआरण्यक में, अनेक स्थलों पर ऐतरेयदृब्राह्मण के वाक्य भी ज्यों के त्यों उदधृत हैं। प्रायः यह वैदिकी और लौकिक-संस्कृत के मध्य की भाषा है। जैमिनीय शाखा के तलवकारदृआरण्यक की भाषा में अन्य आरण्यकों की अपेक्षा, अधिक प्राचीन रूप सुरक्षित है। शैली में वर्णनात्मकता अधिक है। मन्त्रों के उद्धरणपूर्वक अपने प्रतिपाद्य का निरूपण करने की शैली आरण्यकग्रन्थों में प्रायः पाई जाती है। आरण्यकों के उन भागों में, जो आज उपनिषद के रूप में प्रतिष्ठित हैं, संवादमूलक संप्रश्न-शैली दिखलाई देती है।

आरण्यकों का परिचय

सम्प्रति केवल छह आरण्यक ही उपलब्ध होते हैं।

ऋग्वेद के दो आरण्यक हैं—ऐतरेय और शांखायन।

संदर्भ-ग्रन्थ सूची

- अथर्ववेद का पृथक से कोई आरण्यक प्राप्त नहीं होता है।
- कृष्ण यजुर्वेद (तैत्तिरीय आरण्यक)।
- अथर्ववेद का पृथक से कोई आरण्यक यद्यपि प्राप्त नहीं होता, लेकिन उससे सम्बद्ध गोपथ—ब्राह्मण के पूर्वार्ध में बहुत-सी सामग्री ऐसी है जो आरण्यकों के अनुरूप ही है।
- इण्डियन ऐण्टीक्वेरी, भाग 23, 1894, पृ0 157
- इण्डियन ऐण्टीक्वेरी, भाग 23, 1894, पृ0 157
- इण्डियन ऐण्टीक्वेरी, भाग 23, 1894, पृ0 245 आगे
- इण्डियन एण्टीक्वेरी भाग 23, 1894 में प्रकाशित लेख नोट आन प्रोफेसर याकोबीज़् एज आफ द वेद एण्ड आन प्रोफेसर तिलकाज ओरायन, पृ0 240-48
- कृष्णयजुर्वेद की तैत्तिरीय और काठक शाखाओं का एक ही प्रतिनिधि ब्राह्मण है—तैत्तिरीयारण्यक।
- गीता 2.53 - श्रुति विप्रतिपन्ना ते यदा स्थास्यति निश्चला। समाधावचला बुद्धिस्तदा योगमवाप्यसि।। - यानि (हे अर्जुन) यदि तुम्हारा मन श्रुति में घुसकर भी शांत रहे, समाधि में बुद्धि अविचल रहे तभी तुम्हें सच्चा दिव्य योग मिला है।
- मैत्रायणीयारण्यक नाम से मैत्रायणी—शाखा का आरण्यक पृथक से उपलब्ध है।

- शुक्ल यजुर्वेद (शतपथ ब्राह्मण के माध्यंदिन शाखा का 14वां काण्ड एवं काण्वशाखा का 17वां काण्ड)य
- शुक्लयजुर्वेद से समबद्ध बृहदारण्यक है जो काण्व और माध्यन्दिन दोनों शाखाओं में प्राप्त है।
- सामवेद (तलवकार आरण्यक या जैमिनीयोपनिषद)।
- डा. व्रजविहारी चौबे, वैदिक वाङ्मयः एक अनुशीलन, भूमिका खण्ड, कात्यायन वैदिक साहित्य प्रकाशन, होशियारपुर 1972, पृ0 144-210
- मैक्समूलर,हिस्ट्री ऑफ एंशियेंट संस्कृत लिटरेचर, पृ0 244-45
- मैक्समूलर, हिस्ट्री ऑफ एंशियेंट संस्कृत लिटरेचर, पृ0 435
- मैक्समूलर, हिस्ट्री ऑफ एंशियेंट संस्कृत लिटरेचर, पृ0 497
- मैक्समूलर,हिस्ट्री ऑफ एंशियेंट संस्कृत लिटरेचर, पृ0 572
- विल्सन, एडिनवर्ग रिव्यू, 1860, पृ0 375य ट्रान्सलेशन आफ द ऋग्वेद, भाग 1, पृ0 45
- मार्टिन हाग, ऐतरेय ब्राह्मण भाग, 1, 1863, भू0, पृ0 47 आगे
- मार्टिन हाग, ऐतरेय ब्राह्मण भाग, 1, 1863, भू0, पृ0 47 आगे
- मैक्समूलर फिजीकल रिलीजन (कलेक्टेड वर्क्स आफ मैक्समूलर, भाग 2), 1890, पृ0 91
- तिलक, ओरायन, पूना, 1893, पृ0 33-62य 221
- तिलक, ओरायन, पूना, 1893, पृ0 33-62य 220
- चित्रापूर्णमासे दीक्षेरन् मुखं वा एतत्संवत्सरस्य यच्चित्रा पूर्णमासो मुखत एवं संवत्सरमारम्य दीक्षन्ते। तैतरीय संहिता 7.4.8य
- हिटनी आन ए रेसेण्ट अटेम्प्ट बाई याकोवी एण्ड तिलक टु डिटरमिन ओन एष्ट्रोनॉमिकल एविडेन्स द डेट आफ द अर्लिएस्ट वेदिक पीरिएड एज 4000 बी0सी0, इण्डियन एण्टीक्वेरी, अप्रैल 1895, पृ0 362-65
- थिबौत, इण्डियन एण्टीक्वेरी, अप्रैल 1895 में प्रकाशित लेख आन सम रिसेण्ट अटेम्प्ट्स टु डिटरमिन द एण्टीक्वेरी आफ वेदिक सिविलिजेशन पृ0 87-96
- दयान्नद सरस्वती. सत्यार्थ प्रकाश. प. 24-25.
- नरेन्द्रनाथ ला एज ऑफ द ऋग्वेद, 1965।